KB236678

HSK 어법
완전정복

옮긴이 | 박미영

경남대학교 국제언어문화학부 중국언어문화전공 졸업. 중국 천진외국어대학 유학.
전, 현대통역 · 번역 및 외국어학원 중국어 강사. 현, 경남대학교 대회협력본부 중화권 담당.

HSK 어법 완전정복

지은이 | 위평
옮긴이 | 박미영

펴낸곳 | 북포스
펴낸이 | 김보영

첫책 찍은날 | 2004년 6월 25일
첫책 펴낸날 | 2004년 6월 28일

출판등록 | 2004년 2월 3일 제313-00026호
주소 | 서울시 마포구 서교동 390-4 2층 (121-839)
편집부 | 02-333-7825
영업부 | 02-333-7838
팩스 | 02-333-7851
홈페이지 | www.gosubook.com
전자우편 | gosubook@hanmail.net

ISBN 89-91120-00-8   13720

HSK 어법 완전정복

초 · 중등

위펑于鹏 엮음   박미영 옮김

북포스

한 · 중 양국의 문자교류 역사는 유구하다. 하지만 1948년 한국이 한글전용을 실행함에 따라 한자의 지위가 급속도로 낮아졌다. 이러한 국면은 1992년 한 · 중 양국이 외교관계를 맺음에 따라 비로소 바뀌기 시작하여 양국의 경제무역, 문화 등의 교류가 날로 늘어나기 시작했다.

"갑자기 밤에 봄바람 불어(忽如一夜春風來), 온갖 나무들 사이에 눈꽃이 피었네(千樹萬樹梨花開)."

위의 시를 빌어 10여 년 간의 한국에서의 중국어 열풍을 설명하는 것이 가장 적당한 것 같다.

우리는 한국어와 중국어는 다른 계통의 언어라는 것을 잘 안다. 중국어는 일종의 독립어로, 형태변화가 거의 없고 종종 어순과 허사로 다른 의미를 표현한다. 그러나 한국어는 일종의 교착어로 형태변화가 아주 풍부하다. 두 언어는 어법상 뚜렷한 차이가 있다. 그래서 한국 학생들이 중국어를 공부하면서 종종 어려움을 겪곤 한다.

중국어를 공부하는 많은 한국 학생들이 HSK를 통하여 자신의 중국어 실력을 테스트해 보고 싶어한다. HSK는 현재 중국어를 모국어로 하지 않는 사람들이 종합적인 중국어 실력을 평가받는 가장 권위 있는 국제적인 시험으로 그 증서는 국제적인 효력을 지니고 있다. 이미 대학입학 · 졸업 · 취업 등의 기준이 되고 있어 근래에 한국 학생들 사이에 "HSK 열풍"이 불고 있는 것이다. 초중급 · 고급할 것 없이 고사장은 언제나 만원이다.

현재 HSK와 관련된 서적들이 이미 많이 나와 있긴 하지만 대부분이 표준화된 연습문제집으로 학생들이 학습욕구를 충족시켜주기에는 아직 미흡하다. 왜냐하면 학생들은 보편적으로 쉽고 간결한, 그리고 HSK와 긴밀히 결합된 문법책을 원하고 있기 때문이다. 현대한어 어법이론에 대해서 설명하면서 현실과 결부되는, 학교에서 교재로 쓸 수 있고 또 혼자서 복습할 때 참고서도 될 수 있는 그런 책을 학생들은 필요로 한다.

위펑 선생님이 쓴 이 책은 중국어를 공부하고 있는 학생의 눈높이에서 출발하여 위의 몇 가지 지적한 사항들을 아주 잘 포함하고 있다. 제목 선정, 디자인 편집에서 내용에 이르기까지 매우 독창적이며 한국 학생들이 중국어 어법의 특징과 난점을 놓치지 않고 잘 파악하도록 하여 실용적인 가치를 높인 책이다. 이 책은 한어 어법을 간략하게 설명한 참고서이자 동시에 체계적이고 효율적으로 어법을 공부하여 HSK를 준비하는 지도서이다.

기존의 HSK연습문제집과는 전혀 다른 개념의 책으로 개인적으로 한국 유학생들에게 이 책을 적극 추천하는 바이다.

2004년 6월

중국 천진사범대학 교수

漕聪孙

　한어수평고시(약칭 HSK)는 현재 전 세계적으로 중국어를 모국어로 하지 않는 사람들에게 과학적이고 체계적인 방법으로 종합적인 중국어 수준을 측정하는 가장 권위 있는 시험으로, "중국어토플"이라 불리우며, 매년 정기적으로 국내·외에서 시행되고 있다. 현재 많은 중국어 학습자들이 HSK에 응시하여 고등 증서를 가지고 있다. 이 증서는 중국어 실력이 어느 정도 되는지를 증명해주는 잣대 역할을 하며 이미 중국 4년제 대학 입학 및 졸업에 요구(입학자격 인문계 4급 이상, 이·공·농·의과 6급 이상)되는 등 널리 사용되고 있다. 중국경제의 끊임없는 발전과 대외교류의 확대에 따라 세계적인 "중국어 열풍"은 더욱더 거세질 것이라 믿는다. 뿐만 아니라 더 많은 학생들이 HSK를 통하여 자신의 중국어 실력을 시험할 것이다.

　HSK는 듣기, 어법, 독해, 종합 네 가지 영역으로 구성되어 있다. 조사에 따르면 중국에서 유학을 한 학생들의 HSK 성적 중에서 어법 성적이 다른 영역의 성적보다 보편적으로 낮다. 더욱 안타까운 것은 비록 총점이 6급에 해당하는 점수더라도 어법 성적이 이에 미치지 못해 6급을 받지 못하는 경우가 종종 있다는 것이다. 학생들은 보편적으로 알기 쉽고 설명이 간단 명료하고, 핵심을 찌르는, 뿐만 아니라 HSK어법과 긴밀한 연관이 있고, 회화에서도 많이 쓰이는 현대 중국어 어법책을 필요로 한다. 이 책이 바로 그들의 가려운 곳을 긁어주기 위해서 쓰여진 것이다.

　이 책의 특징은 아래와 같다.

　1. 독창적인 구성. 이 책은 어법설명과 연습문제를 결합하여 학습자들로 하여금 문제를 풀

면서 어법을 익힐 수 있도록 하였다. 모두 열여덟 개의 제목으로 나누어 품사별로 정리를 하였
을 뿐만 아니라 다른 품사들과 연관지어 학습함으로써 전체 어법을 유기적으로 연계시켜 완벽
한 하나를 만들었다. 학습자들은 자신의 필요에 따라 어법 참고서 혹은 시험 대비용으로 활용
할 수 있을 것이다.

   2. 시험출제 범위에 맞춘 설명. 본 교재에 수록된 어휘는 《한어수평 어휘와 한자등급요강》에
맞추어, 양사, 대명사, 접속사, 전치사, 성어, 관용어의 어휘표 안에 어휘의 등급을 표시하였다.
   갑, 을, 병, 정으로 표기하며 "갑"이 가장 쉬운 어휘이다. HSK의 어법시험의 유형에 따라 문
제마다 자세한 해설을 수록하여 학생들이 혼자서도 공부할 수 있게 하였다.

   3. 체계적이고, 명쾌한 요점정리. 본 교재의 집필 과정에서 저자는 과학적이고, 정확하며,
다양한 지식을 전달함과 동시에 불필요한 중복 설명을 피하기 위해 많은 노력을 하였다.
   14개의 표와 성어, 관용어, 조사에 주석을 달아 분석, 비교 등의 방법을 통해 학습자들이 명
확한 어법 체계를 세우고, 이해하고 기억하기 쉬우며, 스스로 생각할 수 있는 능력을 길러 단
지 문제나 어구에만 국한되지 않도록 설명하였다.

   4. 중요한 부분과 틀리기 쉬운 부분의 자세한 설명. 학생들이 공부를 하거나 회화를 할 때
나타날 수 있는 문제는, 각 장과 절 뒤에 어법의 중요한 부분과, 틀리기 쉬운 부분에 대해서 설

명하고, 각 연습문제에 자세한 주석을 달았다. 본 교재에서 어려운 부분과 틀리기 쉬운 부분에 대한 설명을 아끼지 않은 것은 학생들이 확실히 이해하고, 어법에 정통할 수 있기를 바라기 때문이다. 책의 뒷부분에는 20회 분량의 HSK 어법영역 모의고사가 수록되어 있어 학생들이 스스로 평가할 수 있게 하였다.

외국어는 연습으로 이루어지는 것이지 단지 배우기만 해서 되는 것이 아니다. 저자는 본 교재를 통해서 어법 공부에 있어 해결하기 어려운 문제를 직면하게 되는 학생들을 도와 그들이 순조롭게 HSK를 통과하기를 바라는 바이다.

이 교제가 출판되도록 도와주신 깐수(甘肅) 인민출판사 사장님, 한후이옌(韓惠言) 주임 및 편집책임자 리엔링윈(连凌云) 선생님께 감사드립니다. 동시에 천진외국어대학 한언어학원의 지아오위메이(焦毓梅) 선생님의 자료제공 및 조언에 이 자리를 빌어 감사의 말씀 전합니다.

2004년 6월
위펑(于鵬)

차 례

01 명사 名词

(一) 명사는 사람이나 사물의 명칭을 나타내는 말이다.

1. 사람을 나타내는 명사 : 妈妈, 老师, 学生, 记者, 厨师
2. 사물을 나타내는 명사 : 词典, 自行车, 飞机, 楼房, 山
3. 장소를 나타내는 명사 : 天津, 操场, 教室, 远处, 里屋
4. 시간을 나타내는 명사 : 年, 月, 日, 星期, 小时, 点(钟), 钟头, 分, 当时, 这会儿
5. 방위를 나타내는 명사 : 东, 西, 中间, 之外, 跟前, 面前

방위사는 방향과 위치를 나타내는 명사로서 동, 서, 남, 북, 위, 아래, 왼쪽, 오른쪽, 앞, 뒤, 안쪽, 바깥쪽, 가운데, 옆쪽, 안쪽을 나타낸다. 이러한 단어들은 단독으로 쓰이기도 하고, "边, 部, 方, 面"의 앞에 혹은 "以, 之" 뒤에 놓여서 복합방위사를 구성한다. 표1-1 참고.

표1-1. 단순방위사와 복합방위사

	+边	+部	+方	+面	+头	+以	+之
东	○	○	○	○	○	○	○
西	○	○	○	○	○	○	○
南	○	○	○	○	○	○	○
北	○	○	○	○	○	○	○
上	○	○	○	○	○	○	○
下	○	○	○	○	○	○	○
左	○	○	○	○	×	×	×
右	○	○	○	○	×	×	×
前	○	○	○	○	○	○	○

后	○	○	○	○	○	○	○
里	○	×	×	○	○	×	×
外	○	○	×	○	○	○	○
中	×	○	×	×	×	×	○
旁	○	×	×	×	×	×	×
内	×	○	×	×	×	○	○

그중 "○"는 결합하여 사용할 수 있고, "×"는 결합할 수 없다.

(二) 명사의 특징

1. 명사는 문장 안에서 주어와 목적어 역할을 한다.
2. 명사 앞에는 수량사가 들어갈 수 있고, 일반적으로 부사의 수식을 받지 않는다.
3. 양사 성질을 지니고 있는 단음절 명사를 중첩할 수 있다.(예 : 년, 월, 일, 사람, 가정) "每(…마다)+명사"와 의미가 같다.
4. 사람을 가리키는 명사 뒤에 "们"을 붙이면 복수를 나타낸다. 명사에 "们"을 붙인 후에는 수량사나 "많다"는 뜻을 가진 단어의 수식을 받을 수 없다. 예를 들면 "十个学生们"이나 "许多学生们"이라고 쓸 수 없다.

二. 시험에 잘 나오는 어법

1. 명사의 뜻
2. 명사와 동사 · 형용사의 배열
3. 명사의 복수
4. 방위사의 파생적 용법. 표1-2 참고

표1-2

	意义	例句
在…上	1. 表示在空间某一位置上面或表面。	1. 字典放在桌子上了。 2. 在东面的墙上挂着一幅画。
	2. 表示在某一方面或某一范围内	1. 他在吃上很讲究。 2. 张老师在知识上，人品上都是一流的。
在…下	1. 表示在空间某一位置下面	1. 我把请假条压在玻璃板下。 2. 一角钱被他踩在脚下。
	2. 表示动作发生的前提条件，常与之搭配的动词有"帮助，指导，要求，命令，影响，启发，教育"等，名词有"情况，条件，前提"等。	1. 在老李的启发下，我终于解出了这道难题。 2. 在张师傅的帮助下，我很快学会了开车。
在…中	1. 表示在人或事物的内部。	1. 我把这份感情深深地藏在心中。 2. 在我们班同学中，韩国人占1/3。
	2. 表示某一范围，环境中或某一过程进行中。	1. 这种产品正在研制中。 2. 人只有在艰苦的环境中才能磨炼出坚强的意志。

三. 문제분석

1. 每逢节假日，来这儿游玩，休息的＿＿＿＿都特别多。

    A. 人们　　　　B. 人　　　　C. 一些人　　　　D. 很多人们

【解析】"人"은 단독으로 쓰여 복수를 나타낼 수 있다. 그래서 "人特别多"라고 말할 수 있지만 "人们特别多" 혹은 "一些人特别多"는 쓸 수 없다. 또

한 "人们"은 "很多"와 함께 쓸 수 없으므로, D는 답이 될 수 없다.

정답은 B(人)

2. 这所医院是我市最大的, 共有2000张 _____。
   A. 病床们　　　B. 很多病床　　　C.多病床　　　D. 病床

【解析】사람을 가리키는 명사 뒤의 "们"은 복수를 나타낸다. 그러나 사물을 나
타내는 명사, 예를 들어 "病床"에 "们"을 붙여서는 복수를 나타내지 못
한다. 그래서 A는 답이 될 수 없다. "2000"이라는 구체적인 숫자가 있을
때에는 "很多", "多"를 쓸 필요가 없으므 로, B와 C도 답이 될 수 없다.

정답은 D(病床)

3. 他走路时不小心, 一_____碰到路边电线杆子上。
   A. 身　　　B. 脚　　　C.头　　　D. 手

【解析】"一头碰／撞到……"(별안간 부딪치다)는 고정어구이다. A, B, C와 같
은 용법은 없다.

정답은 C(头)

4. 校长当着全校学生的_____表扬了我。
   A. 脸　　　B. 面　　　C.眼　　　D. 身体

【解析】"当着……的面"은 앞에서 혹은 얼굴을 맞대고 있다는 의미이다. A, B,
C와 같은 용법은 없다.

정답은 B(面)

5. 教育办得怎么样, 关系到民族的素质, 国家的命运和 "四个现代化”的_____。

    A. 成败   B. 好坏   C. 大小   D. 高低

【解析】“농업·공업·국방·과학 네 분야의 현대화”와 어울리는 명사는 “성공과 실패”이다.

정답은 A(成败)

6. 老师，黑板_____的拼音写错了。

    A. 内   B. 里   C. 上   D. 中

【解析】“……上”은 “……의 표면에 혹은 위에”라는 의미를 나타낸다. 문제에서 칠판의 표면에 글을 쓰는 것이지 칠판 속에 쓰는 것이 아니다. 유사한 용법으로는 报纸上, 书上, 墙上, 床上, 手上이 있다.

정답은 C(上)

7. 他在几十年的教学实践_____总结了不少有用的教学经验。

    A. 上   B. 中   C. 下   D. 内

【解析】“在……中”에서 “在……过程中”(……하는 과정 중에)라는 말이 파생되었다. 문제에서 “몇십 년 동안 교단생활을 하던 중에”를 가리킨다.

정답은 B(中)

8. 在老师的严格要求_____，我取得了优异的成绩。

    A. 里   B. 外   C. 中   D. 下

【解析】“在……下”에서 “在……的条件下”(……의 조건하에)라는 말이 파생되었다. 문제에서 “교사의 엄격한 요구는 성공하게 된 조건이다.”라는 의미

이다.

정답은 D(下)

9. 在珍惜时间_____, 很多古人为我们做出了很好的榜样。

    A. 下   B. 上   C. 里   D. 外

【解析】 "在……上"은 "……방면에" 라는 의미이다.

정답은 B(上)

10. 外边冷, 您请到屋_____坐。

    A. 里   B. 外   C. 旁   D. 下

【解析】 "……里"는 "일정한 한계 이내"를 나타낸다. 문제에서는 "방에 들어간다"는 의미이다. 유사한 용법으로는 城里, 树林里, 村子里, 房间里 등이 있다.

정답은 A(里)

11. 同学_____应该互相帮助, 不能只顾个人。

    A. 之间   B. 之内   C. 之中   D. 之里

【解析】 "……之间"은 "……사이에"라는 의미로 장소, 시간, 범위를 나타내는 명사와 함께 쓴다. 또한 인칭명사나 대명사와도 함께 쓰인다. 예 : 彼此之间, 他们之间, 二者之间 등. "……之内"는 "……안에"라는 뜻으로 어떠한 범위를 벗어나지 않는다는 의미이다. 장소, 범위 시간을 나타내는 명사와 쓸 수 있고 인칭명사와 함께 쓸 수 없다. "同学之中"은 "同学中"과 같은 의미이다. 문제에서 요구하는 "서로"의 의미로 쓸 수 없다. "之里"라는 표현은 없다.

정답은 A(之间)

12. 开学＿＿＿＿, 我已经丢了两支钢笔了。
　　A. 以外　　　B. 以来　　　C. 以内　　　D. 以下

【解析】 "……以外"(……이외)는 일정한 범위를 벗어난다는 의미이다. 그래서 開
　　　　學와 같이 쓸 수 없다. "……以来"(……이래로)는 예전의 어떤 시간으로
　　　　부터 지금까지라는 의미이다. "开学以来", 즉 "개학한 이후로"라는 뜻
　　　　이다. "以下"는 "이하"라는 뜻으로 개학과 함께 쓰이지 않는다. 네 개의
　　　　답안 중 B 하나만 시간을 나타내는 표현이다.

정답은 B(以来)

13. ＿＿＿＿我不太了解他, 经过一段时间的接触, 才逐渐了解了他。
　　A. 之前　　　B. 之后　　　C. 以前　　　D. 以后

【解析】 "之前"(……의 전)과 "之后"(……의 후)는 단독으로 쓸 수 없다. 반드시
　　　　"……之前"과 "……之后"의 형식으로 시간의 전후를 나타내야 한다.
　　　　"以前"은 현재보다 이른 시간을 나타낸다. "以后"는 현재보다 늦은 시
　　　　간을 나타내므로 정답이 아니다.

정답은 C(以前)

14. 听说昨天我走了＿＿＿＿, 李刚他们来了, 是吗?
　　A. 后来　　　B. 后边　　　C. 然后　　　D. 之后

【解析】 "后来"(이후, 나중에)는 "예전의 어떠한 시점에서부터 지금까지"의 의미
　　　　로 쓰이며 단독으로 쓸 수 없다. 즉 "……后来"라는 표현은 없는 것이다.
　　　　"后边"은 "뒤쪽"이란 뜻으로 문제의 내용과 부합되지 않는다. "然后"
　　　　(그러한 후에)는 부사로서 이 상황에 쓰기는 부적절하다.

정답은D(之后)

15. 春节＿＿＿，这一带发生过一次较大的地震。

    A. 上下　　　B. 左右　　　C. 前后　　　D. 先后

【解析】복합방위사에는 서로 반대되는 의미를 같이 써 하나의 의미를 만들어내기도 한다. 예 : 上下, 前后, 左右, 里外, 内外 등.

※ 上下 : ① 물건의 위 아래, 예를 들면 "我上下打量他"(나는 그를 위 아래로 훑어보았다)

② 수량이 기준보다 조금 적거나 조금 많음(수량사의 뒤에 쓰여 ······쯤, ······가량)

(제5과 수사 참고)

③ 시간(······시쯤), 의 의미로 많이 쓰인다.

※ 前后 : ① 사람이나 사물의 앞뒤, 예를 들면 "我的前后都已经有人了。"(내 앞뒤에 이미 사람이 있었다)

② (어떤 시간의)전후, 경, 쯤.

③ 일반적으로 시간명사 뒤에 쓰임. "圣诞节前后"(성탄절 전후)

④ 동사나 구의 뒤에 놓여 어떤 일의 앞뒤를 나타낸다, 예를 들면 "毕业前后"(졸업 전후)

"先后"는 부사로서 사건 발생의 앞뒤 순서를 나타낸다.

정답은 C(前后)

1. 不用再找_____了，我都知道了。

　A. 借口　　　B. 目的　　　C. 借用　　　D. 由来

2. 和他第一次见面时的_____，我还记得清清楚楚。

　A. 景色　　　B. 背景　　　C. 风景　　　D. 情景

3. 小王最大的_____就是马虎大意。

　A. 毛病　　　B. 疾病　　　C. 病情　　　D. 病历

4. 他这个人不但对人热情，而且_____又好，所以大家都喜欢他。

　A. 心眼　　　B. 心脏　　　C. 心思　　　D. 心情

5. 为了做这次手术，他差不多把这十几年的_____都花了。

　A. 用费　　　B. 赚钱　　　C. 存款　　　D. 支出

6. 可不要小看他，他的英语_____相当不错。

　A. 水平　　　B. 程度　　　C. 高度　　　D. 标准

7. 开车时必须集中_____，一点儿也不能分心。

　A. 注意力　　　B. 忍耐力　　　C. 记忆力　　　D. 意志力

8. 教室里好像没有人，怎么一点儿_____也没有。

　A. 安静　　　B. 动静　　　C. 动作　　　D. 休息

9. 由于受自然条件的_____，这里不能种植任何蔬菜。

　A. 压制　　　B. 压力　　　C. 限制　　　D. 有限

10. 原定今天下午举行的绘画讲座因故改期，具体时间_____通知。

    A. 后面　　　　B. 之后　　　　C. 后边　　　　D. 以后

11. 自古_____，人们就一直向往能像鸟儿一样在天空飞行。

    A. 以前　　　　B. 以来　　　　C. 以后　　　　D. 以去

12. 多少年来，人们习惯于以物价的变动来衡量社会的稳定和经济情况的_____。

    A. 好坏　　　　B. 大小　　　　C. 高低　　　　D. 成败

13. 在工作_____他刻苦钻研，做出了很大成绩。

    A. 之上　　　　B. 之下　　　　C. 上　　　　D. 中间

14. 孔子是中国历史_____伟大的思想家，教育家。

    A. 上　　　　B. 下　　　　C. 里　　　　D. 内

15. 在座谈会_____，大家畅所欲言，气氛十分热烈。

    A. 上　　　　B. 下　　　　C. 内　　　　D. 里

16. 在学习和思考的关系_____，孔子认为二者同样重要。

    A. 下　　　　B. 里　　　　C. 外　　　　D. 上

17. 十多年_____，他一直细心照顾无儿无女的李大娘。

    A. 以来　　　　B. 以前　　　　C. 以去　　　　D. 以后

18. 在火车站排队买票时，忽然从前边的队伍_____走出来一个
人，向我招手。
    A. 中   B.上   C.下   D.前

19. 他正在机器_____紧张地工作着，我叫了好几声他也没听见。
    A. 之旁   B.以旁   C.旁边   D.旁面

20. 他带领军队打退了金国的入侵，一直打到今天河南开封市
_____。
    A. 左右   B.多少   C. 一带   D.上下

21. 喷泉就建在那两座楼_____的空地上。
    A. 之中   B.之间   C. 之内   D. 中

22. 期末考试安排在元旦_____。
    A. 左右   B.上下   C.前后   D.内外

23. 中小学生心理健康教育的问题，已经引起全国_____的普遍
关注。
    A. 左右   B.内外   C. 里外   D.上下

24. 在比赛_____发生了队员打骂裁判的恶性事件。
    A. 旁   B.内   C.中   D.下

25. 你_____说话要当心，不要总是得罪人。
    A. 之前   B.以后   C.以前   D. 之后

26. 北京是中国政治，经济，文化的_____。

    A. 当中　　　　B. 中心　　　　C. 中部　　　　D. 之中

27. 传说是他母亲在寺庙中祈祷_____才生下他的。

    A. 后面　　　　B. 以后　　　　C. 后来　　　　D. 最后

28. 昨天上午10点A，我在B北京站C被一名30多岁D的妇女拦住了。　　　　附近

29. 他A抱着B试试看的想法去C学习D。　　　　气功

30. 张先生很喜欢写作，A时不时B给报刊C写D。　　　　文章

02 동사 *动词*

(一) 동사는 동작, 행위, 심리상태나 존재, 변화, 소실 등을 나타내는 어휘이다.

1. 동작, 행위를 나타내는 동사 : 看, 写, 打, 参观, 打量, 给予, 给以, 归
2. 심리상태를 나타내는 동사 : 爱, 想, 喜欢, 希望, 打算, 怕, 恨
3. 존재, 변화, 소실을 나타내는 동사 : 有, 在, 进行, 发生, 生长, 死亡
4. 가능, 원인, 필요를 나타내는 동사(능원동사) : 能, 会, 要, 想, 可以, 愿 意, 应该, 得

(二) 동사의 특징

1. 동사는 부사의 수식이나 제한을 받는다. 심리상태를 나타내는 동사와 능원 동사 이외에는 일반적으로 정도부사의 수식을 받을 수 없다. 예를 들어 "最 想, 很愿意"라고 할 수 있지만 "很说, 太走"라고 말할 수는 없다.
2. 동사 뒤에 일반적으로 "着, 了, 过" 같은 동태조사를 써서 "동작의 지속 · 완성 · 경험"을 나타낸다.
3. 대부분의 동사는 중첩을 하여 동작의 가벼움이나 시간이 짧음, 시험삼아 해 본다는 의미를 가진다. 단음절 동사의 중첩형식은 AA(예 : 想想, 听听, 看看) 혹은 A一A(예 : 想一想, 听一听, 看一看)이다. 대부분의 이음절 동사의 형식은 ABAB(예 : 学习学习, 研究研究, 运动运动)이다.
4. 능원동사는 일반적으로 동사 · 형용사 앞에 놓이고, 뒤에 명사가 바로 올 수 없다.

二. 시험에 잘 나오는 동사

1. 동사의 뜻
2. 동사와 명사의 배열
3. 동사의 중첩
4. 능원동사의 용법

三. 문제분석

1. 我小的时候, 这里常常＿＿＿＿文艺演出。

    A. 有　　　　B. 有着　　　　C. 有了　　　　D. 有过

【解析】부사 "常常(자주, 종종)"은 동사를 수식한다. "常常"의 수식을 받는 동사 뒤에는 동태조사가 올 수 없고, 동사의 중첩 형태도 올 수 없다.

정답은 A(有)

2. 到学校报到以后, 他还没给家里＿＿＿＿＿＿＿＿。

    A. 打了电话　　　　B. 打电话过　　　　C. 打电话了　　　　D. 打电话

【解析】부정부사 "没"는 완성의 의미를 나타내는 "动词＋了"의 형식과 함께 쓰지 못한다. "没"는 과거의 부정을 나타내므로 "动词＋过"와 종종 함께 쓰인다. 그리고 조사 "过"는 반드시 동사 뒤에 쓰인다.

정답은 D(打电话)

3. 只要我们有信心, 就一定能＿＿＿＿＿目的。

    A. 取得　　　　B. 到达　　　　C. 起到　　　　D. 达到

【解析】 “取得目的”(목적을 취득하다)는 의미상 맞지 않다. “到达”는 “어떤 구체적인 지점에 도착하다”는 의미. “起到”(역할을 다하다)는 “作用”과 함께 쓰인다. “达到”는 일정한 수준이나 정도에 도달하였다는 뜻.

정답은 D(到达)

4. 他爱人是＿＿＿音乐的, 家里音乐方面的书籍和音像制品很多。
   A. 弄　　　　B.搞　　　　C.聽　　　　D. 找

【解析】 “弄”과 “搞”는 모두 “做”(하다)의 의미이다. 그러나 뒤에 오는 목적어는 다르다. “搞” 뒤에는 다음과 같은 목적어가 따라온다. (1) ……일을 하다. (2) 관계를 맺다. (3) ……활동을 하다. (4) 연애를 하다. 문제의 “搞音乐”는 “음악과 관련된 일에 종사하다”는 뜻이다.
“弄”뒤에 목적어가 올 때는 일반적으로 (1) 손으로 만지작거리다. (2) 요리를 하다. (3) 해결방법을 생각하다의 의미로 많이 쓰인다.

정답은 B(搞)

5. 有困难就跟大家＿＿＿, 我们一定尽力帮你解决, 千万别不好意思。
   A. 讲解　　　　B. 告诉　　　　C. 说　　　　D.知道

【解析】 “讲解”는 해설을 통해 다른 사람을 이해시킨다는 뜻이다. “告诉”와 “說”는 의미는 비슷하지만 목적어가 다르다. “说”의 목적어는 일반적으로 사람이 아니다. 즉, 说＋内容; “告诉”는 사람에게 무엇을 얘기하다란 뜻이다. 즉, 告诉＋人＋内容。문제에서 “对／跟＋人＋说”는 “告诉＋人”과 같은 맥락이다. “知道”뒤에는 바로 목적어가 온다. “跟＋人＋知道”의 형식으로 쓸 수 없다.

정답은 C(说)

6. 我们正________的时候，天突然下起雨来。

    A. 散散步   B. 散步   C.散一散步   D. 散步着

【解析】동사의 중첩 형식은 시간부사 "正"의 수식을 받을 수 없다. 동태조사 "着"는 반드시 동사 뒤에 와야 한다.

정답은 B(散步)

7. 我们进宿舍时，他们俩还在________。

    A. 睡一睡觉   B. 睡了睡觉   C. 睡觉   D. 睡觉了

【解析】위 문장에서 "在"는 진행형으로 "还"와 함께 쓰면 "여전히 ……하고 있다"는 의미가 된다. B,D는 동작의 완성을 나타내고 있으므로 정답이 아니고, A는 동사의 중첩으로 동작이 짧은 시간에 일어남을 나타낸다.

정답은 C(睡觉)

8. 昨天是我错了，我____。

    A. 道您歉   B. 道歉您   C. 向您道歉   D. 被您道歉

【解析】"道歉" 뒤에는 목적어가 올 수 없고, 두 글자를 떼어서 사용할 수 없다. 전치사 "向"을 써 목적어를 끌어내는 방법밖에 없다.

정답은 C(向您道歉)

9. 我最____的动物不是老虎，而是老鼠。

    A. 怕   B. 怕怕   C. 怕了   D. 怕一怕

【解析】감정을 나타내는 동사 "怕"는 부사 "最"의 수식을 받는다. 심리상태를 나타내는 동사는 중첩하여 사용할 수 없다. 그리고 심리상태를 나타내는

동사는 시간의 제한을 받지 않는다. 문장 안에서 시간을 나타내는 한정어를 사용한다.

정답은 A(怕)

10. 对于如何更好地发展市场经济，我们还要进行深入__________。

    A. 研究研究　　　B. 研究一下儿　　　C. 研究了研究　　　D. 研究

【解析】동사 "进行"(진행하다)은 지속적이고 정식적인 엄숙한 행위에 쓰인다. 동사를 목적어로 취할 수 있지만 중첩할 수 없다.

정답은 D(研究)

11. 我是第一次来，请给我__________中医学院的情况好吗?

    A. 介绍介绍　　　B. 介介绍绍　　　C. 介一绍　　　D. 介绍一介绍

【解析】이음절 동사의 중첩 형식은 ABAB이다.

정답은 A(介绍介绍)

12. 如果您现在有时间，我想和您__________。

    A. 谈谈一下　　　B. 谈谈　　　C. 谈谈一会儿　　　D. 一会儿谈谈

【解析】동사의 중첩은 동작이 짧은 시간에 일어남을 나타내므로 뒤에 시간보어 "一下", "一会儿" 등을 쓸 필요가 없다. "一会儿"은 시간명사로 문장 안에서 보어 역할을 하며 동사 "前" 앞에 쓸 수 없다.

정답은 B(谈谈)

13. 请大家把我刚才________的内容记下来。

    A. 讲　　　　B. 讲讲　　　　C. 讲了讲　　　　D. 讲一讲

【解析】동사 "讲"은 문장 안에서 한정어로 쓰이므로 중첩할 수 없다.

정답은 A(讲)

14. 老师，我昨天夜里肚子特别疼，今天____去医院看病，所以
向您请假。

    A. 能　　　　B. 肯　　　　C. 会　　　　D. 得

【解析】"能"은 어떤 일을 할 능력이나 조건이 된다는 뜻이다. "肯"은 "기꺼이 ……
하다"의 의미로 의지를 나타내는 "要"보다 소극적인 의미이다. "会"는 어떻
게 해야 하는지 안다, 혹은 어떤 일을 할 능력이 된다는 뜻이다. "得"는 도리
상 혹은 실질적으로 필요함을 나타냄. "应该", "必须"와 같은 의미이다.

정답은 D(得)

15. 我们这儿谁也说不过小刘，他____把死的说活了。

    A. 会　　　　B. 能　　　　C. 应该　　　　D. 愿意

【解析】"能"과 "会"는 모두 어떠한 능력을 구비하고 있다는 의미이다. 그러나
"能"은 능력이 정도나 수준이 미친다는 뜻이다. "应该"는 "마땅히 ……
하여야 한다"는 뜻. "愿意"는 어떤 일을 할 의향이 있다는 의미이다.

정답은 B(能)

16. 你既然A做了，那么B就C负责D到底。　　　　应该

【解析】"应该"는 능원동사로 동사(负责 : 책임지다) 앞에 놓아야 한다.

정답은 C

17. A过了这么长时间, B他们C还D记得我们吗?　　　会

【解析】"会"는 능원동사로 동사(记得 : 기억하다) 앞에 놓여야 한다. "还"는 부
사로 능원동사 앞에 놓인다.

정답은 D

18. 他从昏迷中苏醒过来了, 又______说话了。
　　A. 会　　　B. 能　　　C. 应该　　　D. 要

【解析】"能"과 "会"는 모두 어떤 능력을 구비하고 있다는 뜻이지만 "能"은 어
떤 능력이 회복됨을 나타낸다.

정답은 B(能)

19. 听说他一顿______吃100个饺子。
　　A. 会　　　B. 肯　　　C. 应该　　　D. 能

【解析】"能"은 능력이 일정한 수준에 이름을 나타낸다.

정답은 D(能)

20. 他们遇到困难, 我______看着不管吗?
　　A. 可以　　　B. 能　　　C. 肯　　　D. 会

【解析】"能"은 환경이나 도리상의 허가를 나타내기도 하는데 이때는 의문문이
나 부정문에 많이 사용한다. 긍정문에서는 일반적으로 "可以"를 쓴다.

정답은 B(能)

四. 연습문제

1. 我_____是谁, 原来是你呀!

   A. 当　　B. 认　　C. 记　　D. 懂

2. 这件事费力又费时, 你不要自_____麻烦。

   A. 存　　B. 找　　C. 来　　D. 提

3. 我生病的时候, 很_____他能守在我的身边, 可他竟一次也没到医院来看我。

   A. 指望　　B. 希望　　C. 宁肯　　D. 愿望

4. 要是再晚起10分钟, 就_____不上这趟车了。

   A. 赶　　B. 到　　C. 发　　D. 走

5. 别写了, _________吧。

   A. 休息休息一下　　B. 休息休息　　C. 休息一休息　　D. 休息了休息

6. 他舍己救人的事迹_____遍了整个城市。

   A. 逛　　B. 流　　C. 传　　D. 播

7. _____孩子的独立性是家长不能忽视的一个问题。

   A. 教养　　B. 教育　　C. 抚养　　D. 培养

8. 我们要从大处_____眼, 不能只考虑眼前利益。

   A. 着　　B. 看　　C. 放　　D. 抬

9. 这孩子长相_____父亲，小鼻子小眼儿。

    A. 顺   B. 跟   C. 随   D. 看

10. 从天津发车的T533次列车只要一个半小时就可_____北京。

    A. 到达   B. 到站   C. 迟到   D. 达到

11. 家里没有钱，他就利用寒，暑假去建筑工地_____短工，自己挣学费。

    A.赚   B.打   C.搞   D.搬

12. 大家都上班去了，他还在宿舍_____觉。

    A. 睡一睡   B. 睡了   C. 睡   D. 睡了睡

13. 黄河对中华民族的发展_____过重要作用。

    A. 起   B. 做   C. 给   D. 当

14. 我们决定_____一周的时间来整理这些杂乱无章的材料。

    A. 学   B. 取   C. 怀   D. 花

15. 我_____着激动的心情走上了领奖台。

    A. 怀   B. 有   C. 存   D. 带

16. 听说你得了5000块奖金，怎么样，_____吧。

    A. 表示表示   B. 表表示示   C. 表表示   D. 表示示

17. 对于这些珍贵的文物，我们必须加以_____。

    A. 保护一下儿   B. 保护   C. 保护一保护   D. 保护保护

18.妈妈进屋时, 我正在_____书。

    A.瞧   B. 看见   C.看   D. 见

19. 大家正_______这个问题的时候, 经理进来了。

    A. 讨论   B. 讨论讨论   C. 讨论了   D. 讨讨论论

20. 你要求得太过分了, 我们不能_____你这种无理要求。

    A. 充满   B. 满意   C. 满足   D. 圆满

21. 对不起, 我还有事, 不_____和大家一起去了, 让小王陪你
们去吧。

    A. 会   B. 要   C. 能   D. 敢

22. 都10点多了, 我_____回去了, 你们休息吧。

    A. 得   B. 能   C. 會   D. 愿

23. 失眠症治好了, 又_____美美地睡觉了。

    A. 会   B. 肯   C. 愿   D. 能

24. 优秀的短跑运动员_____在10秒内跑完100米。

    A. 会   B. 愿   C. 能   D. 敢

25. 我爱人不太_____做饭, 我家的饭都是我做。

    A. 能   B. 会   C. 要   D. 该

26. 我很_____利用这个机会去上海看看, 可是因为有课, 去不了。

    A. 想   B. 要   C. 肯   D. 能

27. A象他B这样的好老师天下C有D几个呢？　　　能

28. 据估计，A到二十一世纪末，人类B将C治愈D爱滋病。　　　能

29. 我A明天去B参观一下北京C新修建的世界公园D。　　　打算

30. 我A不明白你为什么B不直接C来找D我，而先去我他。　　　弄

03 형용사 形容词

一. 개설

(一) 형용사는 성질이나 상태를 나타낸다.

예 : 大, 红, 多, 错, 全, 清楚, 安静, 漂亮

(二) 형용사의 특징

1. 대부분의 형용사는 정도부사의 수식을 받는다. 예 : 很聪明, 特别难, 非常累

2. 형용사는 모두 한정어 역할을 할 수 있으며 대부분은 술어 역할을 하고, 어떤 것은 상황어나 보어 역할을 하기도 한다. 예 : 重病-한정어, 他的病重了-술어, 重重的一击-상황어, 这个词他读得很重-보어

3. 일부 형용사는 중첩할 수 있다. 단음절 형용사의 중첩 형식은 AA(예 : 高高, 长长, 好好)이다. 이음절 형용사의 중첩 방식은 AABB(예 : 整整齐齐, 干干净净, 高高兴兴)이다. 일부 정도를 나타내는 이음절 형용사는 ABAB(예 : 雪白雪白, 笔直笔直) 형식으로 중첩된다.

二. 시험에 잘 나오는 형용사

1. 형용사의 뜻
2. 형용사의 중첩

1. 随着经济的发展和社会秩序的稳定，人们的精神生活也越来越_____。

   A. 富足　　　　B. 富裕　　　　C. 富有　　　　D. 丰富

【解析】富足 : 풍부하고 넉넉하다.

富裕 : 부유하다, 재물이 풍족하다.

富有 : 부유하다, 재산이 많다.

丰富 : 종류나 수량이 많다.

"丰富"는 종류나 수량이 많음을 나타낼 뿐만 아니라 물질이나 부(富) 등 구체적인 것과 지식이나 경험 등 추상적인 것까지 형용할 수 있다.

정답은 D(丰富)

2. 现在外语和计算机专业很_____，毕业后找工作容易，工资待遇也好。

   A. 吃香　　　　B. 吃力　　　　C. 吃醋　　　　D. 吃苦

【解析】吃香 : 환영받다, 평판이 좋다.

吃力 : 힘들다, 애를 쓰다.

吃亏 : (어떤 점에 있어서 조건이) 불리하게 되다, 손해를 보다

吃苦 : 고생하다.

정답은 A(吃香)

3. 这次出国留学的机会十分_____，你一定要珍惜。

   A. 难免　　　　B. 难过　　　　C. 难得　　　　D. 为难

【解析】难免 : 면하기 어렵다.

难过 : 고생스럽다, 슬프다.

难得 : 구하기 힘들다.

为难 : 난처하다, 곤란하다.

정답은 C(难得)

4. 妇女冲出家庭走向社会是社会发展的______趋势。

   A. 必然　　　B. 必定　　　C. 必须　　　D. 必要

【解析】必然 : 필연적이다.

　　　 必定, 必须 : 꼭, 반드시, 기필코.

　　　 必要 : 필요하다

정답은 A(必然)

5. 这件事发生得______, 我一点儿也没想到。

   A. 忽然　　　B. 猛然　　　C. 急忙　　　D. 突然

【解析】忽然 : 갑자기, 별안간.(부사)

　　　 猛然 : 뜻밖에, 갑자기.(부사)

　　　 急忙 : 급하다, 바쁘다.(형용사)

　　　 突然 : 갑작스럽다, 뜻밖이다.(형용사)

　　　 "忽然"과 "突然"은 의미는 같지만 "忽然"은 부사로 문장 안에서 술어를 수식하고, "突然"은 형용사로 부사의 수식을 받는다.

정답은 D(突然)

6. 这场球打得真______, 不到一个小时, 中国队就以3：0结束了比赛。

   A. 美丽　　　B. 优美　　　C. 美观　　　D. 漂亮

【解析】美丽 : 아름답다.

漂亮 : 아름답다, (일 처리나 행동 말 따위에 있어) 훌륭하다.

优美 : (목소리, 자태, 풍경 등이) 아름답다, 우아하다.

美观 : (장식이나 외관이) 아름답다.

정답은 D(漂亮)

7. 他这次病得挺______, 我们去看看他吧。

    A. 厉害   B. 严厉   C. 利害   D. 严格

【解析】厉害 : 사납다, (병세가) 심하다, 지독하다.

严厉 : 호되다, 준엄하다.

利害 : 이익과 손해.

严格 : 엄격하다, 엄하다.

정답은 A(厉害)

8. 这部描写农村生活的电影最近十分走______。

    A. 红   B. 黄   C. 蓝   D. 黑

【解析】"走红"은 "환영을 받다. 인기를 얻다"라는 의미가 있다.

정답은 A(走红)

9. 傣族人十分______, 会拿出最好的饭菜给客人吃。

    A. 好客   B. 请客   C. 客套   D. 客人

【详解】好客 : 손님 접대를 좋아하다, 친구 사귀기를 좋아하다.

请客 : 손님을 초대하다, 한턱내다.

客套 : 사양하는 말을 하다, 인사치레 말을 하다.

客人 : 손님(명사. 부사 "十分"의 수식을 받을 수 없다.)

정답은 A(好客)

10. 他现在每个月的收入十分 _____。

　　A. 可喜　　　　B. 可观　　　　C. 可惜　　　　D.可爱

【解析】可喜 : 기뻐할 만하다.

　　　　可观 : (수량이나 금액이 비교적 커서) 대단하다, 훌륭하다.

　　　　可惜 : 아쉽다, 애석하다.

　　　　可爱 : 귀엽다.

정답은 B(可观)

11. 她是A我们厂去年B评选出来的C纺织D工人。　　　　优秀

【解析】"优美"는 문장 안에서 한정어 역할을 하므로 목적어인 "工人"(노동자)을 수식한다. "纺织"(방직)은 수식성 명사로 "工人"을 수식하여 "방직공"이 된다. 한정어가 여러 개 따라올 때의 배열 순서는〈종속관계를 나타내는 명사 혹은 대명사+…+형용사+수식성 명사+중심어〉이다. (제14과 한정어 부사어 보어 참고)

정답은 C

12. 他的脸 _____ 的, 好像喝了酒一样。

　　A. 红　　　　B. 红红　　　　C. 很红　　　　D.可红

【解析】"红的"는 명사로 술어가 될 수 없다. "红红的"는 단음절 형용사의 중첩으로 "很红"과 같은 의미로 술어가 될 수 있다. 정도를 나타내는 부사 "很"은 형용사를 수식하므로 "很红的"는 틀린 표현이다. 정도부사

"可"는 "可＋형용사＋了"의 형식으로 쓰인다.

정답은 C(红红)

13. 考试结束了，可以________地玩了。

    A. 痛快痛快   B. 很痛快痛快   C. 痛痛快快   D. 很痛痛快快

【解析】"痛快"는 형용사로 중첩형식은 "痛痛快快"이며 "很痛快"와 같은 의미이다. 형용사의 중첩 형식 앞에는 부사를 쓸 수 없다.

정답은 C(痛痛快快)

14. 你的手______的，是不是穿得太少了？

    A. 冰凉冰凉   B. 冰冰凉凉   C. 很冰凉   D. 冰凉凉

【解析】정도를 나타내는 이음절 형용사의 중첩 형식은 ABAB이다. "冰凉"은 "얼음처럼 차갑다"는 뜻이므로 정도를 나타내는 이음절 형용사.

정답은 A(冰凉冰凉)

15. 操场上______的，连个人影都没有。

    A. 静静悄   B. 静悄悄   C. 很静静   D. 很静悄悄

【解析】단음절 형용사 두 개가 한 단어로 쓰일 때 ABB형식으로는 쓸 수 있으나 AAB형식은 없다.

정답은 B(静悄悄)

四. 연습문제

1. 一个人搬这么重的东西有点儿______。

    A. 吃醋　　　B. 吃力　　　C. 没劲　　　D. 用力

2. 这双鞋质量太______了, 刚穿了一个星期就坏了。

    A. 次　　　B. 难　　　C. 劣　　　D. 坏

3. 这部电影在国际上获奖后, 女主角一下子______了。

    A. 黑　　　B. 红　　　C. 黄　　　D. 紫

4. 听着他悲惨的身世, 我不由得眼睛发______。

    A. 酸　　　B. 辣　　　C. 苦　　　D. 咸

5. 对我出国留学的事, 爸爸______反对。

    A. 坚定　　　B. 坚决　　　C. 决定　　　D. 决心

6. 他虽然是外国人, 却能说一口______的汉语。

    A. 明白　　　B. 了解　　　C. 流利　　　D. 顺利

7. 昨天下午的文艺演出________。

    A. 精精彩彩　　　B. 精彩精彩　　　C. 精彩一精彩　　　D. 非常精彩

8. 我上次没来, 这件事我________不知道。

    A. 很确确实实　　　B. 确实实　　　C. 确确实实　　　D. 确实确实

9. 他到中国时间不长, 汉语还不______。

    A. 坚硬　　　B. 过硬　　　C. 坚固　　　D. 硬实

10. 出去参加婚礼，你得穿上_____一点儿的衣服。

    A. 体面　　　　B. 体贴　　　　C. 体验　　　　D. 体积

11. 日本是个多山，资源_____的国家。

    A. 贫困　　　　B. 贫穷　　　　C. 贫乏　　　　D. 贫苦

12. 每天一个人在家，也没有朋友，真_____。

    A. 无聊　　　　B. 无耻　　　　C. 无力　　　　D. 无理

13. 这件事可是_____事，你千万别马虎大意。

    A. 要紧　　　　B. 紧张　　　　C. 急忙　　　　D. 夸张

14. 我们几个人就他眼_____，一眼就看见老张过来了。

    A. 亮　　　　B. 大　　　　C. 尖　　　　D. 小

15. 由于得不到休息，他的病越来越_____。

    A. 大　　　　B. 重　　　　C. 高　　　　D. 有

16. 他的态度不_____，谁也不知道他想去不想去。

    A. 明白　　　　B. 聪明　　　　C. 明朗　　　　D. 明明

17. 你的消息真_____，连这种事情也能打听到。

    A. 灵通　　　　B. 通顺　　　　C. 灵活　　　　D. 灵巧

18. 他女儿_____的，长得很可爱。

    A. 胖　　　　B. 胖一胖　　　　C. 胖胖　　　　D. 特别胖

19. 他没戴手套，手冻得________的。

    A. 通通红　　B. 通红通红　　C. 通通红红　　D. 通红一通红

20. 两个队的水平接近，比赛进行得十分____。

    A. 强烈　　　B. 激烈　　C. 猛烈　　D. 剧烈

21. 在我们单位，我是年龄最____的。

    A. 低　　B. 矮　　C. 小　　D. 弱

22. 那个小店卖的CD都是盗版的，所以价钱很____。

    A. 方便　　　B. 便利　　C. 便宜　　D. 随便

23. 学习时一定要有________的态度。

    A. 老实老实　　B. 老实实　　C. 太老实　　D. 老老实实

24. 由于管理部门一直睁一只眼闭一只眼，所以这种现象越来越________。

    A. 严重　　B. 严格　　C. 严厉　　D. 严肃

25. 我国运动员________地完成了这个动作，得了最高分。

    A. 稳　　B. 很稳稳当当　　C. 很稳稳　　D. 稳稳

26. 最近一段时间一直在准备考试，学习很____。

    A. 紧急　　B. 急忙　　C. 紧张　　D. 紧密

27. 坚持冬泳锻炼已经三年了，我身体比以前多____了。

    A. 强大　　B. 强壮　　C. 坚强　　D. 坚定

28. 看着A孩子B的样子C, D他抬起的手又放下了。　　　天真

29. 王蔷是A我们学校今年B评选出来的C共产党D员。　　　优秀

30. 这是一项A而B又C十分D费力的工作。　　　复杂

04 양사 量词

一. 개설

(一) 양사는 물건이나 동작의 횟수를 세는 단위이다. 일반적으로 명량사와 동량사로 나눈다.

1. 사람이나 사물을 세는 단위를 명량사라 한다. 수사와 명사의 사이에 쓰며 개체양사(个,张), 집합양사(群,套), 도량사(米,斤), 부정양사(点,些) 등이 있다.

2. 동작의 횟수를 나타내는 동사는 동량사라 한다. 동사의 뒤에 놓이며 자주 쓰는 동량사는 : 次, 遍(동작이 시작되어 끝나는 전 과정), 顿(식사나 꾸중), (사람이나 차의 왕래하는 횟수), 回, 番, 下儿이다.

(二) 양사의 특징

1. 단독으로 쓸 수 없다. 일반적으로 수사나 지시대명사 뒤에 놓인다. 예 : 一本书(책 한 권), 那个人(저 사람)

2. 단음절 양사는 중첩할 수 있다. "每＋양사" 혹은 "许多"의 의미이다. 예 : 条条大路(여러 갈래의 큰 길), 种种情况(여러 가지 상황)

二. 시험에 잘 나오는 양사

1. 양사의 뜻
2. 양사의 중첩

1. 昨天的报纸上刊登了一_____消息，说今年报考研究生的人数
   是去年的3倍。
   A. 件　　　B. 项　　　C. 封　　　D. 条

【解析】件 : 의복(주로 상의)과 사건을 세는 단위

项 : 사물의 항목을 나누는 단위

封 : 편지를 세는 단위

条 : 주로 가늘고 긴 것을 세는 단위 (예 : 裤子, 裙子, 被子, 毯子, 垫
子, 床单, 毛巾, 围巾, 领带, 皮带, 路, 江, 河, 鱼, 龙, 蛇, 新
闻, 消息, 直线, 项链 등)

정답은 D(条)

2. 听了这句话，他那_____胖脸上露出一种奇怪的表情。
   A. 块　　　B. 朵　　　C. 面　　　D. 张

【解析】块 : 덩어리 또는 조각 모양으로 된 것을 세는 단위

朵 : 꽃을 세는 단위

面 : 편평한 물건을 세는 단위

张 : 평면으로 되었거나 펼 수 있는 물건을 세는 단위 (예 : 床, 桌子, 沙
发, 图纸, 纸, 图, 画, 照片, 票, 嘴, 捡, 弓 등)

정답은 D(张)

3. 你这_____茶壶是在哪儿买的? 样式真不错。
   A. 条　　　B. 件　　　C. 把　　　D. 张

【解析】把 : 손잡이가 있거나 손에 잡을 수 있는 물건을 세는 단위 정답은 C(把)

4. 黄浦大桥是上海新建的一＿＿＿现代化的大桥。

   A. 条　　　B. 座　　　C. 面　　　D. 根

【解析】座 : 크고 고정적이며 쉽게 움직일 수 없는 물건을 세는 단위

       根 : 가늘고 긴 기둥 모양의 물건을 세는 단위

정답은 B(座)

5. 你怎么又长了一＿＿＿白头发，我帮你拔下来吧。

   A. 条　　　B. 根　　　C. 层　　　D. 串

【解析】层 : 중첩되거나 쌓여 있는 것을 세는 단위. 물체의 표면으로부터 떼어

         내거나 지워 없앨 수 있는 물건에 씀.

       串 : 연이어 꿰어 있는 것을 세는 단위

정답은 B(根)

6. 我送给你的生日礼物是一＿＿＿"英雄牌"钢笔。

   A. 只　　　B. 支　　　C. 扇　　　D. 把

【解析】只 : 닭, 오리, 양과 같은 동물이나 신체 기관에 쓰는 단위

       支 : 가늘고 길며 단단한 기둥모양의 물건을 세는 단위

       扇 : 문, 유리, 병풍을 세는 단위

정답은 B(支)

7. 一进门就看见墙上挂着一＿＿＿水墨山水画。

   A. 幅　　　B. 副　　　C. 面　　　D. 条

【解析】幅 : 그림, 지도 등을 세는 단위

副 : 한 벌 또는 한 쌍으로 되어 있는 물건을 세는 단위

정답은 A(幅)

8. 《伟大的祖国》是我最喜欢的一＿＿＿歌。

　　A. 首　　　　B. 件　　　　C. 部　　　　D. 曲

【解析】首 : 시(诗), 사(词), 노래를 세는 단위

　　　　篇 : 문장이나 쓰거나 인쇄한 종이를 세는 단위

　　　　部 : 서적이나 영화, 기계를 세는 단위

　　　　曲 : 곡(명사)

정답은 A(首)

9. 他把父亲留下的那＿＿＿遗产全部交给了国家。

　　A. 棵　　　　B. 笔　　　　C. 盏　　　　D. 架

【解析】棵 : 나무를 세는 단위

　　　　笔 : 금전과 관련된 것을 세는 단위

　　　　盏 : 등(灯)을 세는 단위

　　　　架 : 피아노, 비행기 등 받침대가 있는 물건을 세는 단위

정답은 B(笔)

10. 去草原旅游时, 他和女朋友骑着一＿＿＿马照了合影。

　　A. 只　　　　B. 匹　　　　C. 条　　　　D. 头

【解析】匹 : 말, 노새, 낙타 등 동물을 세는 단위

　　　　头 : 소, 당나귀 등 비교적 덩치가 큰 가축을 세는 단위

정답은 B(匹)

11. 这_____象牙筷子是我去年在泰国买的。

　　A. 节　　　B. 条　　　C. 双　　　D. 件

【解析】节 : 여러 개로 나뉘어진 것을 세는 단위

　　　双 : 쌍을 이룬 것을 세는 단위

정답은 C(双)

12. 王小姐，你看看我新买的这_____耳环怎么样。

　　A. 段　　　B. 片　　　C. 颗　　　D. 对

【解析】段 : 사물이나 시간의 일부분을 세는 단위

　　　片 : 얇고 작은 물건이나 차지한 면적 또는 범위를 세는 단위

　　　对 : 서로 대칭되어 짝을 이루는 것을 세는 단위

정답은 D(对)

13. 听说你新买的这_____组合家具才两千多元，在哪儿买的?。

　　A. 套　　　B. 双　　　C. 把　　　D. 支

【解析】套 : 여러 개가 모여 하나의 세트를 이루는 것을 세는 단위

정답은 A(套)

14. 我新买了一_____象棋，有空儿来我的房间下一盘。

　　A. 个　　　B. 幅　　　C. 副　　　D. 件

【解析】个 : 주로 전용 양사가 없는 명사에 두루 쓰이며, 전용 양사가 있는 경우
　　　에도 쓸 수 있음. 양사 중에서 가장 광범위하게 쓰임.

정답은 C(副)

15. 最近天气太冷了，我不得不买了一_____电暖器。

　　　A. 辆　　　　B. 台　　　　C. 列　　　　D. 架

【解析】辆：차량을 세는 단위

　　　　台：기계나 전자제품을 세는 단위(예：텔레비전, 세탁기, 냉장고 등)

　　　　列：행렬을 이룬 사람이나 사물에 대하여 쓰임

정답은 B(台)

16. 一_____最新的调查表明，越来越多的中国人正在加人到旅游者的行列中。

　　　A. 项　　　　B. 条　　　　C. 道　　　　D. 卷

【解析】道：강, 하천, 문 담을 세는 단위. 명령, 제목 등에 쓰임

　　　　卷：필름이나 두루마리 휴지 등 원통으로 말아놓은 물건을 세는 단위

정답은 A(项)

17. 这_____论文一发表，就引起了语言学界的一场争论。

　　　A. 本　　　　B. 册　　　　C. 首　　　　D. 篇

【解析】本：책을 세는 단위

　　　　册：책의 수량을 계산하는 단위

정답은 D(篇)

18. 把你买的巧克力给我们俩每人来一_____，让我们尝尝。

　　　A. 滴　　　　B. 块　　　　C. 门　　　　D. 片

【解析】滴：방울, 둥글게 맺힌 액체를 세는 단위

门 : 문, 대포를 세는 데 쓰임. 학문, 기술 따위의 항목을 세는 데 쓰임

정답은 B(块)

19. 踢球时，他不小心撞在门柱上，碰掉了一＿＿＿牙。

    A. 粒   B. 根   C. 颗   D. 丸

【解析】粒 : 알, 톨. 작은 입자를 세는 단위

     颗 : 둥글고 작은 알맹이 모양과 같은 것을 세는 단위

     丸 : 작고 둥근 알약을 세는 단위

정답은 C(颗)

20. 教师节就要到了，大家为每位老师都准备了一＿＿＿礼物。

    A. 封   B. 份   C. 束   D. 条

【解析】份 : 배합해서 한 벌이 되는 것을 세는 단위, 신문, 문건, 선물을 세는 단위

     束 : 묶음이다 다발로 되어 있는 것을 세는 단위(예 : 꽃다발)

정답은 B(份)

21. 把桌子上的那＿＿＿东西收起来, 摊在那里太乱了。

    A. 股   B. 堆   C. 桩   D. 段

【解析】股 : 맛, 기체, 냄새, 힘 따위를 세는 단위. 패거리 집단을 세는 말

     堆 : 무더기, 더미, 무리. 산더미처럼 많은 사람 혹은 쌓여 있는 물건을

       세는 단위

     桩 : 사건이나 일을 세는 데 쓰임

정답은 B(堆)

22. 马路上围了一＿＿＿人，不知道发生了什么事。

　　A. 群　　　　B. 团　　　　C. 名　　　　D. 批

【解析】团 : 덩어리나 집단을 세는 단위. 사람을 가리킬 때는 주로 군대의 병사
　　　　　　를 나타냄

　　　　名 : 사람을 세는 단위

　　　　批 : (물건의) 한 무더기나 사람의 한 무리를 나타내는 단위

정답은 A(群)

23. 我给王经理的办公室打过好几＿＿＿电话，不是没人接就是
　　说他不在。

　　A. 场　　　　B. 部　　　　C. 番　　　　D. 次

【解析】场 : 일의 경과, 자연현상 따위의 횟수를 나타내는 말

　　　　番 : 시간을 소비하거나 힘을 쓰는 동작을 나타내는 말. 주로 "동사+一
　　　　　　番"의 형식

　　　　次 : 동작의 횟수를 나타내는 말

정답은 D(次)

24. 这本书我从头到尾看了一＿＿＿，我觉得写得不怎么样。

　　A. 眼　　　　B. 趟　　　　C. 次　　　　D. 遍

【解析】眼 : 우물이나 쳐다보는 횟수를 세는 양사

　　　　趟 : 사람이나 차의 왕래하는 횟수를 세는 양사

　　　　遍 : 동작이 시작되어 끝나는 전 과정을 나타냄

　　　　"看了一眼"은 "잠깐 보다"의 의미로 문장의 내용에 부합하지 않는다.

정답은 D(遍)

25. 精彩的表演刚开始, 台下就响起了＿＿＿掌声。

    A. 阵阵   B. 顿顿   C. 次次   D. 排排

【解析】阵 : 잠시 동안 지속되는 일이나 동작을 세는 단위

     顿 : 횟수를 나타내는 말로 질책, 꾸중, 비평 등 동사 뒤에 쓴다.

     排 : 열, 줄을 이룬 것을 세는 데 쓰임.

정답은 A(阵阵)

1. 办公室里的那＿＿＿＿电脑坏了，你打电话让修理部的人来修一下儿。

    A. 张　　　　B. 部　　　　C. 台　　　　D. 只

2. 这＿＿＿＿生日卡片是我的朋友寄来的。

    A. 片　　　　B. 件　　　　C. 张　　　　D. 面

3. 外面要下雨，出去时你最好带一＿＿＿＿雨衣。

    A. 条　　　　B. 把　　　　C. 件　　　　D. 张

4. 擦窗户时，他不小心碰破一＿＿＿＿玻璃。

    A. 张　　　　B. 块　　　　C. 面　　　　D. 个

5. 天太热了，出门时我总要带一＿＿＿＿折扇。

    A. 棵　　　　B. 支　　　　C. 把　　　　D. 朵

6. 那个只能放一＿＿＿＿床的房间里却住了五六个人。

    A. 张　　　　B. 间　　　　C. 条　　　　D. 件

7. 桌上的茉莉花才开了一＿＿＿＿，但一进门就能闻到香气。

    A. 朵　　　　B. 张　　　　C. 户　　　　D. 层

8. 下午包饺子，你去农贸市场买＿＿＿＿白菜来。

    A. 枝　　　　B. 棵　　　　C. 类　　　　D. 把

9. "春城"昆明是一_____美丽的城市。

    A. 座   B. 家   C. 所   D. 片

10. 全国中医院校留学生毕业统一考试自1998年起每年3月举行，
     至今已经举行了4_____。

    A. 遍   B. 次   C. 门   D. 下

11. 你最近去哪儿了，我找了你好几_____你都不在。

    A. 番   B. 阵   C. 遍   D. 趟

12. 办公室里好象少了一_____椅子。

    A. 把   B. 件   C. 根   D. 颗

13. 我今天出去时顺便配了两_____宿舍门钥匙。

    A. 条   B. 把   C. 只   D. 支

14. 昨天又来了一_____新学生，是从加拿大来的短期进修生。

    A. 批   B. 团   C. 伙   D. 群

15. 这次考试要考五_____，你都复习完了吗？

    A. 个   B. 种   C. 道   D. 门

16. 今天的报纸上刊登了一_____惊人的消息。

    A. 份   B. 张   C. 次   D. 条

17. 屋子里空气不好，打开一_____窗吧。

    A. 支   B. 片   C. 扇   D. 幅

18. 他送给我的生日礼物是一_____名牌领带。

    A. 支　　　　B. 条　　　　C. 幅　　　　D. 根

19. 父母鼓励女儿努力工作，希望她能在平凡的工作中做出一
　　_____成绩。

    A. 个　　　　B. 次　　　　C. 番　　　　D. 类

20. 看着孩子们一_____求知的眼睛，真希望把我知道的一切都
　　讲给他们。

    A. 双双　　　　B. 只只　　　　C. 颗颗　　　　D. 位位

21. 戴这_____新配的眼镜有点儿不舒服。

    A. 套　　　　B. 副　　　　C. 对　　　　D. 双

22. 他们俩郎才女貌，真是天生的一_____。

    A. 副　　　　B. 套　　　　C. 对　　　　D. 组

23. "五四运动"以后，中国文坛上出现了一_____新作家和新作
　　品。

    A. 群　　　　B. 名　　　　C. 伙　　　　D. 批

24. 我们都应该为灾区人民献上自己的一_____爱心。

    A. 只　　　　B. 颗　　　　C. 条　　　　D. 根

25. 请领导和同志们放心，我保证按时完成这_____任务。

    A. 条　　　　B. 项　　　　C. 串　　　　D. 列

26. 因为连续3天上课迟到，他被老师批了一_____。

  A. 顿 B. 下儿 C. 遍 D. 趟

27. 这_____电影再现了我国解放战争的历史。

  A. 本 B. 部 C. 篇 D. 张

28. 最近常停电，你出去买几_____蜡烛吧。

  A. 块 B. 根 C. 条 D. 只

29. 在夜色中，一_____军舰驶离了港口。

  A. 辆 B. 列 C. 艘 D. 条

30. 要学好一_____语言，非下苦工夫不可。

  A. 口 B. 门 C. 手 D. 科

표4-1

	量词	释义	例词
名量词度量衡等的单位	把 bǎ	用于有柄的器具；一手抓起的数量	刀/椅子/伞/扇子/米/土
	班 bān	用于组成班的人群； 用于定时开行的交通运输工具	人/学生/船/车
	包 bāo	用于包装好的一堆单件	香烟/茶/纸
	杯 bēi	用于以杯量的东西	水/酒/茶/咖啡/牛奶
	本 běn	用于书籍，画册	书/杂志/画报/漫画
	笔 bǐ	用于款项，书画的量	钱/存款/遗产/账/字
	册 cè	用于计算书本数量	书/杂志/画报/漫画
	层 céng	用于重叠，积累画东西； 用于可从物体表面揭开或抹去的东西	五～楼/七～塔/一～薄膜
	串 chuàn	用于连贯起来的东西	葡萄/珍珠/项链
	袋 dài	用于装入口袋的东西	米/盐/糖
	道 dàio	用于江河，门，墙等长条形的东西； 或命令，题目	门/题目/命令
	滴 dī	用于滴下的液体的数量	水/墨水/眼泪/油
	点 diǎn	用于意见，希望，内容等事项； 表示少量的	第一～/吃一～/小心一～
	顶 dǐng	用于某些有顶的东西	帽子/帐篷
	栋 dòng	用于房屋	房子/楼
	度 dù	次	一年一～
	段 duàn	用于布帛或条形物的一截	话/布/文章/故事
	堆 dīu	用于成堆的物或成群的人	人/土/书
	对 dui	用于成对儿的物体	夫妻/耳环/手镯/花瓶
	朵 duǒ	用于花朵及花朵状物成团的东西的计量单位	花/云
	份 fèn	用于成组，成件的或某一事物属于个人的那部分	报纸/饭/礼物/心意

封 fēng	用于装封套的东西	一～信
幅 fú	用于布帛，图画等	画/对联/书法
副 fù	用于各部分组成的整体， 相当于"一套，一双"等	象棋/眼镜/笑脸/样子
个 ge	用于单独的人或物	人/影子/柜子/车站/学校
根 gēn	用于细长的柱状物	竹子/柱子/黄瓜/头发
股 gǔ	用于气味；从水源或容器的流出的 流体；一队人员	味/泉水/暖流/烟/热气
伙 huǒ	用于一群人	歹徒/强盗/学生
家 jiā	用于计算家庭或企业	人家/饭馆/旅店/商店
架 jià	用于有支柱或有机械的器物	飞机/钢琴/照相机
间 jiān	用于计量房屋	房/教室/宿舍
件 jiàn	用于计量某些个体事物，衣服等	行李/事/衣服
节 jié	用于分段的事物	课/车厢
届 jiè	用于周期性事件， 相当于"次"或"期"	第十～大会/九五 ～毕业生
句 jù	用于语言	一～话/四～诗
具 jù	用于某些器物和棺材，尸体	尸体/棺材
卷 juǎn	用于成卷儿的东西	胶卷/纸
棵 kē	用于植物，指株数	白菜/树/葱
颗 kē	用于圆形或粒状物	心/珍珠/豆子/牙/钻石
口 kǒu	用于人或有口的东西	人/井
块 kuài	用于整体的一部分	布/石头/煤/糖/肥皂/钱
类 lèi	用于不同类别的事物	人/事/工作/运动
粒 lì	用于呈圆形的器物，颗粒状的东西	珍珠/米/子弹
辆 liàng	用于车	汽车/自行车/摩托车
列 liè	用于成行列的东西	火车/数字
枚 méi	用于个体，指数量， 相当于"个"，"支"，"件"等	铜钱/奖牌/图章/校徽
门 mén	用于炮；功课，技术等	炮/功课/技术

名量词度量衡等的单位	面 miàn	用于扁平的物件	镜子/旗子/鼓/墙
	名 míng	用于人，指数量	学生/工人/教师
	排 pái	用于成行列的东西	桌子/椅子/人
	盘 pán	用于用盘子盛的物体	菜/肉/棋
	批 pī	用为众多人或大批货物	游客/作品/货物
	匹 pí	用于纺织品或骡马等	马/骡子/布/绢
	篇 piān	用于文章，纸张，书页等，表示数量	论文/纸/文章
	片 piàn	用于薄而成片的东西； 延伸的平面或广阔区域	饼干/药/面包/雪花/庄稼
	瓶 píng	用于瓶装的东西	啤酒/饮料/牛奶/醋
	期 qī	用于刊物或其他分期的事物	第五～/一～杂志
	群 qún	用于成群的人或物	人/孩子/羊/猴子
	身 shēn	用于身体上下的，多指衣服	衣服
	首 shǒu	用于诗和歌	诗/歌/词/歌谣
	束 shù	用于捆在一起的东西	花/头发
	双 shuāng	用于成对儿的东西，多和四肢有关	鞋/手/脚/眼睛/袜子/手套
	艘 sōu	用于船只	轮船/军舰
	所 suǒ	用于机构	医院/学校/商店
	台 tái	用于某些机器； 舞台上一次完整的演出	车床/洗衣机/电视/话剧
	套 tào	用于搭配成组的事物	衣服/茶具/邮票/家具
	条 tiáo	用于长条形的东西； 引申用于人体或某些抽象事物	街/河/裤子/线/计策/新闻
	摊 tān	用于摊开的小片液体	血/水/油/稀泥
	头 tóu	用于牲畜	牛/猪
	团 tuán	用于结成一团的东西	乱麻/毛线/纸/衣服
	丸 wán	用于小而圆的东西，	一～药
	尾 wěi	用于计量鱼的条数，相当于"头"，"条"	两～鱼
	位 wèi	用于人，表示尊重	客人/朋友/教授/老人
	样 yàng	用于种类，样式	多～/各种各～

名量词 度量衡等的单位	箱 xiāng	用于箱子所装的物件	衣服/书/材料/鸡蛋
	项 xiàng	用于分项目的事物	任务/计划/工作
	些 xiē	用于不定的数量； 放在形容词后，表示略微的意思	稍大～
	一些 yī xiē	用于不定的数量	学生/食品/事情
	盏 zhǎn	用于灯	一～灯
	章 zhāng	用于歌曲，诗文	这本书共十五～
	张 zhāng	用于书，报，图，纸等	桌子/报/地图/纸/弓/脸
	阵 zhèn	用于事情或动作经过的一段时间	雨/风/寒潮/喧哗/尘暴
	只 zhī	用于计量鸡，禽，牛，羊，手，足等的数目	手/鸡/羊/猪/蚂蚁
	枝 zhī	用于杆形的东西	铅笔/枪
	支 zhī	用于杆状物品；队伍等；歌曲，乐曲	笔/枪/军队/歌/乐曲
	种 zhǒng	用于类别，式样	人/事/发型/工作/心情
	株 zhū	用于植物，表示根数	牡丹/海棠/月季
	椿 zhuāng	用于事情，表示件数	冤案/事
	幢 zhuàng	用于房屋的栋数	楼/房/别墅
	座 zuò	用于较大的，固定不动的物体	山/桥/庙/楼/仓库
	磅 bàng	英美制重量单位， 一磅合0.45359237公斤	面包/肉/奶油
	倍 bèi	倍数	五～/三的五～是十五
动量词	成 chéng	十分之一	三～
	尺 chǐ	中国市制长度单位，一尺等于十寸	裤长二～五
	寸 cùn	中国市制长度单位，一尺的十分之一	三～
	担 dān	中国重量单位；用于计成挑的东西	以百斤为一～/柴/米
	度 dù	用于温度	今天最高气温三十～。
	吨 dūn	重量单位，公制一吨等于1000公斤	十五～
	分 fēn	时间，货币，角度等的单位	一～钟/五～钱
	公尺 gōngchǐ	米	楼高一百～
	公分 gōngfēn	米，长度单位，等于1/100米	身高一百七十～
	公里 gōnglǐ	千米	天津到北京120～

	千克 qiān kè	国际单位制基本单位的质量单位，亦称"公斤"	这块肉是五～
动量词	千瓦 qiān wǎ	电的功率单位，等于1000瓦或约1.34马力	这台机器的功率是五万～
	岁 suì	用于年龄	他今年二十～
	元 yuán	中国货币单位，等于十角	这张沙发四百～
	丈 zhàng	长度单位，十尺	这块布两～多长
	遍 biàn	表示从头到尾经历一次	念一～/许多～
	场 chǎng	用于有起止时间的事物	下了一～雨/看了一～电影
	次 cì	用于动作的次数	去一～/买一～/吃一～
	顿 dùn	用于吃饭，斥责，劝说，打骂等行为的次数	饭/说了他一～/一～毒打
	番 fān	用于遍数，相当于"次"	准备一～/打扮一～
	回 huí	用于动作，事件的次数	看一～/吃一～/用一～
	趟 tàng	用于动作的次数	来一～/去一～/买一～
	下 xià	用于动作的次数	敲了几～门/摇了几～旗
	一下儿 yī xiàr	表示短暂的时间	打了～/拍了～/看～/想～

05 수사 数词

一. 개설

(一) 수를 나타내는 단어를 수라라고 하는데 기수사와 서수사로 나눌 수 있다.

1. 기수사, 예：零, 一, 十, 百, 千, 万, 亿, 两, 半, 등.

2. 서수사, 예：二年级, 331路, 14楼6门15号, 2月5日, 第一, 头一回

3. 대략적인 수, 예：三四个, 十几个, 十多／来人 几十年, 两年多, 两个
多小时, 左右, 上下

4. 분수・소수, 예：三分之二, 百分之四十, 三点一四一六

5. 배수, 예：五倍

서수사는 수의 순서를 나타내는데 일반적으로 기수사 앞에 "第"를 붙인다. 서수사와 명사를 연이어 쓸 때는 양사가 있어야 한다.

예：第一次出国, 第二个孩子

그러나 가족 구성원의 서열을 나타낼 때는 일반적으로 "第"를 붙이지 않는다,

예：二姐, 三姨, 大伯

대략적인 수를 나타내는 첫 번째 방법은 연이은 두 기수를 함께 쓴다. 두 번째는 기수 뒤에 "多, 来, 上下, 左右, 余"를 쓰는 것이다. 세 번째 방법은 기수의 앞이나 뒤에 "几"를 쓴다.

(二) 수사의 특징

1. 수사와 양사의 결합.

예：一本, 两次

2. 배수는 수량의 증가에만 사용하고, 분수는 증가, 감소에 쓸 수 있다.

※ 수량의 증가와 감소를 나타내려면 반드시 원래의 수량을 기준으로 한다.

1. "二"과 "两"의 구분

2. 사수사의 활용

3. 소수, 분수, 배수의 읽는 방법과 활용

4. 대략적인 수량 표현

5. "多"와 "来"를 이용한 표현

6. "左右"와 "上下"의 용법 비교

7. "几"의 용법

8. "半"의 용법

三. 문제분석

1. 今天我买了＿＿＿只鸡, 中午给你做鸡汤。

　　A. 二　　　　B. 两　　　　C. 双　　　　D. 俩

【解析】 "双"은 양사로 뒤에 바로 "只"가 올 수 없다. "俩"은 "두 개"라는 뜻으로
뒤에 바로 명사가 와야 한다. 즉, "买了两鸡"라고 해야 맞다. "两"과
"二"은 모두 "둘, 2"라는 뜻을가진 수사지만 다른 점이 있다면
(1) "二"은 단독으로 쓸 수 있다. (예 : 一, 二, 三…) 그러나 "两"은
단독으로 쓸 수 없다.
(2) 두 자리 이상의 수에서 일의 자리는 "二"로 읽는다. (예 : 十二,
五百零二)
(3) "二"은 가족 호칭의 앞에 붙일 수 있다. (예 : 二叔, 二哥, 二姨)
(4) "百, 千, 万, 亿" 앞에는 "二"과 "两" 모두 쓸 수 있다. 그러나
"十" 앞에는 "二"만 온다.
(5) "二"은 도량단위 앞에서만 쓸 수 있고, "两"은 도량단위나 기타

양사 앞에 쓴다.(예 : 两公斤, 两次, 两盒儿)

⑹ 기수를 나타낼 때 "二"은 일반적으로 바로 명사 앞에 놓이지 않
지만 간혹 "二人"이라고 쓰기도 한다. "两"은 명사 앞에 바로 놓
인다.(예 : 两国, 两地, 两手)

⑺ 서수, 소수, 분수에는 "二"만 사용 가능. (예 : 第二次, 零点二,
五分之二, 五百八十二 등.)

정답은 B(两)

2. 你过＿＿＿＿年再来天津的时候，一定会对天津的巨大变化感到
惊讶。
　　A. 二　　　　B. 第二　　　　C. 两　　　　D. 第两

【解析】"两"은 명사나 양사 앞에 쓴다. 2～9 사이의 불특정한 수를 나타내고자
할 때는 "几"를 쓴다.

정답은 C(两)

3. 每年五月份的＿＿＿＿星期日进行HSK考试。
　　A. 第二个　　　　B. 第二　　　　C. 两　　　　D. 二个

【解析】서수사와 명사를 연이어 쓸 때는 중간에 양사를 쓴다.

정답은 A(第二个)

4. 他们＿＿＿＿是好朋友，经常在一起。
　　A. 两　　　　B. 二　　　　C. 俩　　　　D. 对

【解析】"俩"는 "两个"와 같은 뜻으로 양사를 포함하고 있다. 뒤에 바로 명사가
올 수 있고, 대명사의 뒤에 놓일 수도 있다.　　　　정답은 C(俩)

5. 2004.1008应读作________________。

    A. 两千零四点一零零八　　　　B. 两千零零四点一零八

    C. 两千四点一八　　　　　　　D. 两千零四点一千零八

【解析】소수를 읽는 방법은 소수점 아래의 숫자를 하나하나 읽는 것이다. 중간에 "零"이 있을 때는 있는 개수만큼 "0"을 읽으면 된다. 소수점 앞의 수는 자릿수에 맞추어서 "…만…천…백……" 이렇게 읽고, 중간에 "0"이 나올 경우 하나만 읽는다.

정답은 A(两千零四点一零零八)

6. $4\frac{1}{2}$应读作________________。

    A. 四和二分之一　　　　　　B. 四加二分之一

    C. 四又二分之一　　　　　　D. 四和二上一

【解析】분수는 분모를 먼저 읽고 분자를 읽는다. 우리말 "…분의"에 해당하는 말은 "分之"이다. 대분수일 경우에는 앞의 정수를 읽고 "又"를 붙인다.

정답은 C(四又二分之一)

7. 新来的局长只有________________岁。

    A. 二十九, 三十　　　　　　B. 二十九, 二十八

    C. 二十八九　　　　　　　　D. 二十八, 二十九

【解析】연이은 두 수를 같이 써서 대략적인 수를 표현할 때는 작은 숫자를 앞에 말하고 큰 숫자를 뒤에 말한다. "十" 이상의 수를 연이어 말할 때는 십의 자리수가 같으면 뒤의 중복되는 부분을 생략한다. (예 : 三十四五岁)

정답은 C(二十八九)

8. 我记得那还是一九八____年的事。

    A. 来   B. 多   C. 里   D. 几

【解析】 문장 안의 198은 "일백구십팔"을 나타내는 것이 아니다. 그래서 "多"나 "来"를 써서 대략적인 수를 나타낼 수 없다. "里"는 공간을 나타내는 것이다. "几"는 10 이하의 부정확한 수를 나타내는 것으로 "一九八几年"은 1981년부터 1989년 사이의 한 해이다.

정답은 D(几)

9. 昨天挣了80块，今天挣了20块，今天挣的钱____________。

    A. 是昨天的1/4   B. 减少了075倍

    C. 减少了1/4   D. 是昨天的1/4倍

【解析】 배수는 수량의 증가를 나타내는 것이다. 그래서 B와 D는 오답이다. 분수는 수의 증가, 감소에 다 쓸 수 있다. 수의 증가와 감소는 반드시 그 원래 수치를 기준으로 한다.

정답은 A(是昨天的1/4)

10. 借我一点儿钱好吗？我的口袋里只有____钱。

    A. 一多块   B. 一来块   C. 一块来   D. 一块左右

【解析】 제일 마지막 자리수가 1~9 사이일 때 "多/来"를 쓰는 형식은 "수사+양사+多/来+(명사)"이다. "左右"나 "上下"는 대략의 수를 나타낼 때는 수량사의 뒤에 놓이지만 수량사 뒤에 바로 명사가 올 때는 명사 뒤에 놓인다. 그래서 D의 "一块左右"는 "一块 钱左右"가 맞는 것이다.

정답은 C(一块来)

11. 到飞机场来迎接我的是一个＿＿＿＿＿＿＿岁的姑娘。

    A. 二十一来　　　　B. 二十一, 二十二

    C. 二十一多　　　　D. 二十一二

【解析】A, C는 틀린 표현이다. "多／来"는 대략의 수를 나타내는데 만약 10 이상
이라면 10의 배수 뒤에만 쓸 수 있다. (문제 7번 참고)

정답은 D(二十一二)

12. 你一上午跑了＿＿＿＿路, 太累了, 休息休息吧。

    A. 60左右里　　　　B. 多60里　　　　C. 60上下里　　　　D. 60来里

【解析】문제 10번을 참고하면 A와 C는 오답이다. 대략의 수를 나타낼 때 "수사
＋多／来＋양사＋(명사)"와 "수사＋양사＋多／来＋(명사)"의 형식이 있는
데 의미에 약간의 차이가 있다. 예를 들어 "10多公斤"은 10公斤〈10多
公斤〈20公斤이고, "10公斤多"는 10公斤〈10公斤多〈11公斤이다.
원래 하나의 완성체인 것은(人, 书, 信 등) "수사＋양사＋多＋(명사)"의
형식을 쓸 수 없다. "多"나 "来"는 수량사 앞에 쓸 수 없다.

정답은 D(60来里)

13. 这张床有＿＿＿＿宽。

    A. 两来米　　　　B. 两多米　　　　C. 两米来　　　　D. 两米上下

【解析】문제 10번을 참고하면 A와 B는 오답이다. "左右"와 "上下"는 일반적으
로 수량사 뒤에 놓여 수량이 조금 많거나 적음을 나타낸다. 그 중 "上下"
는 사용범위가 좁은데, 나이나 무게, 고도를 나타내는 데 쓴다. "左右"는
사용에 제한을 받지 않는다.

정답은 C(两米来)

14. 妹妹去日本已经有＿＿＿＿＿＿了。

　　A. 一个半月　　　　B. 一半个月　　　　C. 一半月多　　　　D. 一半月

【解析】"半"은 1/2을 나타낸다. 일반적으로 "半＋양사＋(명사)"의 형태로 사용한다. 1 이상의 수를 사용하여 나타낼 때는 "수사＋양사＋半＋(명사)"로 쓴다. 예：半年，一年，一年半，一周，半天，一天，一天半. 양사 "个"를 사용할 때는 "半＋个＋(명사)"，"수사＋个＋半＋(명사)"의 형식으로 쓴다. 예：半个月，一个月，一个半月，一个星期，一个半星期，半个小时，一个小时，一个半小时

정답은 A(一个半月)

15. 为了买这两A米B花布，我花了一C周时间，跑了六，七D个服
　　装店。　　　　　　半

【解析】문제 14번을 보면 A, C, D는 오답이다.

정답은 B

16. 学校离体育馆很近，骑车5分钟＿＿＿＿就能到。

　　A. 前后　　　　B. 左右　　　　C. 上下　　　　D. 附近

【解析】"前后"로 대략적인 수를 나타낼 때는 어떤 시간의 전후를 말할 때 쓴다. 예：国庆节前后，考试前后. "上下"는 시간을 나타낼 수 없다. "附近"은 장소를 나타내는 명사 뒤에 쓴다.

정답은 B(左右)

17. 现在中国城市居民结婚平均要花＿＿＿＿＿＿块钱。

　　A. 三四万　　　B. 四三万　　　C. 三万四万上下　　　D. 三四万前后

【解析】 문제 7번을 보면 B, C는 오답이다. 문제 16번을 보면 D 역시 오답이다.

정답은 A(三四万)

18. 时间过得真快, 还有________就要过年了。

    A. 一个月上下　　B. 一个上下月　　C. 一个月左右　　D. 一个左右月

【解析】 문제 13번을 보면 B, C는 오답이다. 문제 10번을 보면 B, D 역시 오답이다.

정답은 C(一个月左右)

19. 看年龄, 他也就________。

    A. 20前后　　　B. 20内外　　　C. 20左右岁　　　D. 20上下

【解析】 문제 16번을 보면 A는 오답이다. "内外"는 공간의 범위를 나타낸다. 예 : 学校内外), 国内外. 나이를 나타낼 때는 "内外"를 쓰지 않는다 문제 10번을 보면 B, C도 역시 오답이다. 문제에서 "나이를 보면"이라는 말이 있으므로 "20" 뒤에 "岁"가 생략된 것이다.

정답은 D(20以下)

20. 从上海到北京的火车票大概是________。

    A. 三百左右　　B. 三百左右块　　C. 三百左右钱　　D. 三百块钱左右

【解析】 만일 수량사 뒤에 바로 명사가 오면 "左右"는 명사 뒤에 놓는다.

정답은 D(二百块 钱左右)

四. 연습문제

1. 我昨天买了______支自动铅笔, 才花了一块五毛钱。

　　A. 两　　　　B. 二　　　　C. 第两　　　　D. 俩

2. 3010.002读作______________。

　　A. 三千零一十点零零二　　　　B. 三零一零点零零两

　　C. 三千零一十点零二　　　　　D. 三千十点零零二

3. 你的朋友看起来也就________岁吧。

　　A. 二十, 二十一　　B. 二十一二　　C. 十九, 二十　　D. 二十一来

4. $2\frac{3}{4}$应读作__________。

　　A. 二又四之三　　　　　B. 二和四分之三

　　C. 二又四分之三　　　　D. 二加四下三

5. 他是短期旅游, 只在这儿住了________。

　　A. 一个月半　　　　B. 一个半月　　　　C. 一半月　　　　D. 一月半

6. 这个房间很大, 坐得下________人。

　　A. 二三十个　　B. 三, 二十个　　C. 两, 三十个　　D. 三, 两十个

7. 昨天晚上他十一点______才回来。

　　A. 上下　　　B. 来　　　C. 先后　　　D. 左右

8. 车上人很少, 只有________人。

　　A. 五六个　　　B. 六五个　　　C. 五个六个　　　D. 五六左右个

9. 客厅里摆放着_____把皮沙发。

    A. 二   B. 两   C. 第二   D. 第两

10. 院子里的这棵槐树已经有一千________的历史了。

    A. 年多   B. 年来   C. 多年   D. 左右年

11. 世界上的老鼠每天要吃掉_____百万吨粮食，这是一个多么惊人的数字呀！

    A. 前后   B. 半   C. 几   D. 上下

12. 他看起来也就三十________。

    A. 左右   B. 前后   C. 内外   D. 上下岁

13. 老孙开了二十_____汽车，从来没出过交通事故。

    A. 年来   B. 年几   C. 左右年   D. 几年

14. 孩子早产，生下来只有________重。

    A. 三斤上下   B. 三左右斤   C. 三来斤   D. 三斤来

15. 来参加比赛的只有百十_____个运动员。

    A. 来   B. 前后   C. 上下   D. 左右

16. 教室里摆放着________把椅子。

    A. 二十左右   B. 二十来   C. 约二十来   D. 二来十

17. 这种新型彩电只有________重。

    A. 21多公斤   B. 20公斤上下   C. 20多公斤   D. 21公斤来

18. 飞机场离这儿有 _______________。

    A. 20多公里路　　　　B. 25多路公里

    C. 20公里路多　　　　D. 25公里左右路

19. 今天我在书店买了_________书。

    A. 10本几　　　B. 10本多　　　C. 10本來　　　D. 10多本

20. 参加本次武术大赛的共有十个代表队，_________名运动员。

    A. 一百左右　　　B. 一百余　　　C. 多一百　　　D. 一百前后

21. 昨天我和朋友打了_________保龄球。

    A. 一个多小时　　　　B. 一多个小时

    C. 一来个小时　　　　D. 一小时多个

22. 这个家庭皮鞋厂每天能生产_____十双皮鞋。

    A. 左右　　　B. 来　　　C. 几　　　D. 多

23. 我家的_________地，今年都种上高产水稻。

    A. 三亩左右多　　　B. 三亩来　　　C. 三亩几　　　D. 多三亩

24. "梨花一枝春带雨"这句诗使A我B懂得了C梨花的D美丽。

    第一次

25. 一年A来，他为B战士递送家书八万C四千三百封D。　　　　　　多

26. 采用新技术后，A工作效率B比以前C提高了D。　　　　　　三倍

27. 图书馆上个月又购进了A一万B册C新书D。　　　　约

28. 新建的这个娱乐厅真大，能A坐得卜B五百C个D人。　　　来

29. 在急行军训练中，每个战士每次都要A负重B20C公斤D。上下

30. 买这五A斤肉，二十斤B米，一共花了我五十二C块D。

多

표5-1

数字符号	中文数字	数字大写
0	零	零
1	一	壹
2	二	贰
3	三	参
4	四	肆
5	五	伍
6	六	陆
7	七	柒
8	八	捌
9	九	玖
10	十	拾
100	百	佰
1000	千	仟
10000	万	万
100000000	亿	亿

01 종합문제

앞에서 명사, 동사, 형용사, 양사, 수사 부분의 연습문제를 마친 후 앞의 어법을 얼마나 이해했는지 계속해서 아래의 종합문제를 풀어보자. 모두 30문제로 정답은 (   ) 안에 써넣는다. 제한시간은 20분으로 주어진 시간 내에 풀 수 있어야 한다. 문제를 다 풀고 난 후에 정답과 해설을 본다.

开始时间＿＿＿＿点＿＿＿＿分

(   ) 1. 新买的那＿＿＿雨伞刚用了两次就坏了，你说质量有多差。

    A. 条　　　　B. 件　　　　C. 把　　　　D. 根

(   ) 2. 这＿＿＿韩国电影很有意思，你最好去看一看。

    A. 篇　　　　B. 部　　　　C. 片　　　　D. 幅

(   ) 3. 你买的这＿＿＿《英语系列教程》一共有几本？

    A. 本　　　　B. 册　　　　C. 套　　　　D. 卷

(   ) 4. 屋里有＿＿＿怪味，把窗户打开透透风吧。

    A. 束　　　　B. 串　　　　C. 条　　　　D. 股

(   ) 5. 那＿＿＿国际航空公司的波音747客机将在20分钟后起飞。

    A. 只　　　　B. 架　　　　C. 辆　　　　D. 列

(   ) 6. 小张这次考试又不及格，刚才被老师狠狠地批评了一＿＿＿。

    A. 趟　　　　B. 遍　　　　C. 场　　　　D. 顿

（　　）7. 加上今年的A新生，我们学校共有一万B两千五百C名D
　　　　学生。　　　　多

（　　）8. 他说来，可我等了他A一B个C小时D他也没来。　　　半

（　　）9. 现在没到上班时间，你过一个小时_____再来吧。
　　　　A. 前后　　　　B. 左右　　　　C. 上下　　　　D. 多

（　　）10. 他看上去很年轻，也就三十_______。
　　　　A. 几岁　　　　B. 左右岁　　　　C. 上下岁　　　　D. 前后岁

（　　）11. 窗台上摆着____盆花，一盆是茉莉花，一盆是兰花。
　　　　A. 两　　　　B. 二　　　　C. 俩　　　　D. 第二

（　　）12. 我有三个弟弟，刚才来的那个是我_____弟。
　　　　A. 第二　　　　B. 第两　　　　C. 两个　　　　D. 二

（　　）13. 这孩子就知道玩儿，进屋后把书包扔在床____就跑出
　　　　去了。
　　　　A. 内　　　　B. 上　　　　C. 里　　　　D. 中

（　　）14. 在两千年的封建社会____，儒家思想一直被统治阶级
　　　　利用。
　　　　A. 中　　　　B. 上　　　　C. 下　　　　D. 内

（　　）15. 在老师的帮助____，我的日语水平有了很大提高。
　　　　A. 下　　　　B. 中　　　　C. 里　　　　D. 上

（　　）16. 开车的_____到了, 司机怎么还没来?
　　　　A. 工夫　　　　B. 点钟　　　　B. 小时　　　　D. 时间

（　　）17. 这是最后一根烟, 我保证_____再也不抽了。
　　　　A. 以后　　　　B. 之后　　　　C. 后来　　　　D. 后去

（　　）18. 这是发生在六十年代的一件大事, 五十岁_____的人可能还记得。
　　　　A. 以内　　　　B. 以外　　　　C. 以前　　　　D. 以上

（　　）19. 你提到的那个人我不_____, 好像是新调到保卫科来的。
　　　　A. 明白　　　　B. 理解　　　　C. 熟悉　　　　D. 懂得

（　　）20. 我问了好几次, 他就是不把手机号码___我。
　　　　A. 谈　　　　B. 讲　　　　C. 说　　　　D. 告诉

（　　）21. 他这次考得不好, 成绩刚_____及格线。
　　　　A. 达到　　　　B. 跳过　　　　C. 占　　　　D. 具有

（　　）22. 小王下周就要结婚了, 咱们是不是___意思一下。
　　　　A. 能　　　　B. 会　　　　C. 得　　　　D. 肯

（　　）23. 其实我不想去, 是他非___我去。
　　　　A. 会　　　　B. 要　　　　C. 想　　　　D. 该

（　　）24. 阅览室的杂志不_____带出去, 只准在室内阅读。
　　　　A. 肯　　　　B. 会　　　　C. 能　　　　D. 愿

（　　）25. 小张的毛笔字写得_____极了，谁看谁翘大拇指。

  A. 美丽   B. 优美   C. 好看   D. 完美

（　　）26. 这件事必须_____按照学校的规章制度办。

  A. 严厉   B. 严格   C. 严肃   D. 庄严

（　　）27. 事情发生得太_____了，我根本来不及通知别人。

  A. 忽然   B. 果然   C. 急忙   D. 突然

（　　）28. 他把昨天下午发生的事情一五一十，_______地给我讲了一遍。

  A. 详细极了   B. 详细详细

  C. 详详细细   D. 十分详细详细

（　　）29. 这个女孩_____的，见人就笑，十分可爱。

  A. 胖胖   B. 胖   C. 很胖   D. 很胖胖

（　　）30. 他的脸_______的，一定是生病了。

  A. 蜡蜡黄黄   B. 蜡黄蜡黄

  C. 很蜡蜡黄黄   D. 蜡黄黄

完成时间_____点_____分

분석 및 답안

1~6번 문제는 양사 문제이다. 그 중 1~5번은 명량사 문제이고, 6번은 동량사 문제이다.

1. "우산" 손잡이가 있는 것이므로 양사 "把"를 쓴다. 정답은 C
2. "영화"의 양사는 "部" 혹은 "场"이다. 정답은 B
3. 《시리즈 영어 강좌》는 한 권이 아니라 여러 권이다. 즉 한 질이라는 뜻.

정답은 C

4. "맛"의 양사는 "股", 정답은 B
5. "비행기"의 양사는 "架", 정답은 B
6. "趟"은 동작의 횟수를 나타내는데, 주로 왕래하는 행위를 나타낸다. "遍"은 동작이 시작되어 끝나는 전 과정을 나타낸다. "场"은 과정이나 문체활동을 나타낸다. "顿"은 질책, 꾸중,비평의 횟수를 나타낸다. 정답은 D

7~12번 문제는 수사와 대략적인 수에 관한 문제이다.

7. 문장 안에서 "多"의 위치. 만일 마지막 자릿수가 0일 때에는 "수사＋多＋양사＋(명사)" 혹은 "수사＋양사＋多＋(명사)"로 쓴다. 그러다 의미는 다르다. 원래 하나의 완성체인 것은(人,书, 信 등) "수사＋양사＋多＋(명사)"의 형식을 쓸 수 없다. 정답은 C
8. "半"의 용법. 1 이상의 수일 때 "半"의 형식은 "수사＋양사＋半＋(명사)"이다. 정답은 C
9. "左右", "上下", "前后"의 비교는 아래의 표를 참고한다. 정답은 B

	某一时间		一段时间	年龄	重量	高度
	数量词	名词				
例	5点钟	国庆节	一个星期	20岁	30吨	1米
左右	○	×	○	○	○	○
上下	×	×	×	○	○	○
前后	○	○	×	×	×	×

※ 그 중 ○는 사용 가능한 것이고, X는 사용할 수 없는 것이다.

10. "几"의 용법. "左右", "上下"를 써서 대략적인 수를 나타낼 때 형식은 "수사＋양사＋左右/上下"이다. 정답은 A

11. "两"과 "二"의 구분. "盆"은 양사이다. "2＋양사"일 때에는 "两"을 쓴다. 정답은 A

12. 서수사의 용법. 가족 구성원의 서열을 나타낼 때는 "第"를 붙이지 않고, "수사＋호칭"을 쓴다. 예 : 二哥, 三姑. 정답은 D

13～18번은 명사의 의미분석과 방위사의 용법에 관한 문제이다.

13～15. 방위사 "在……上/中下"의 용법. 제 1장 명사 참고. 정답은 13 B, 14 A, 15 A.

16. 명사의 용법. "时间"과 "工夫"는 모두 "시간"을 나타내는 말로, 앞에 "有"나 "费" 등 동사를 붙일 수 있지만, "时间"은 구체적인 수식어가 필요하다. "小时"나 "点钟"은 반드시 수량사가 따라와야 한다. 정답은 A

17. "以后"를 단독으로 사용할 때는 "…한 이후에"라는 뜻이다. "之后"는 단독으로 사용할 수 없다. "后来"는 "예전의 어떤 시간 이후부터 지금까지"라는 뜻이다. "以去"라는 용법은 없다. 정답은 A

18. "나이"는 내·외의 구분이 없다. 그래서 "以内"나 "以外"를 쓸 수 없다.

문제의 의미상 "以前"도 맞지 않으므로 정답은 D

19~24번은 동사의 의미 분석과 능원동사의 용법에 관한 문제이다.

19. 능원동사의 의미분석. "明白"는 "……을 알다, 이해하다"는 뜻으로 뒤에 사람을 나타내는 어휘가 올 수 없다. "理解" 뒤에 "人"이 올 때는 "(누구)를 깊이 이해하다"는 뜻이 된다. "熟悉"는 어떤 사람이나 어떤 방면의 상황에 대해 아주 잘 이해하고 있다는 뜻이다. 정답은 C

20. 동사의 의미분석. "告诉", "说", "讲", "谈"은 사전적인 의미는 유사하나 뒤에 따라오는 목적어는 다르다. "说", "讲", "谈"의 목적어는 일반적으로 사람이 아니다. 즉, "说/讲/谈＋내용"이고, "告诉＋사람＋(내용)"이다. 정답은 D

21. 동사의 의미분석. "到达"의 목적어는 추상적인 "커트라인"이다. "跳过"는 "어떤 구체적인 사물을 뛰어넘다"는 의미이다. "占"은 "어떤 지위나 상황에 처하다"는 뜻이다, 예 : 불합격자 수가 전체 인원의 10%를 차지한다. "具有"는 "가지고 있다, 소유하다"는 뜻이다. 정답은 A

22~24. 동사의 의미분석과 용법. 제2장 동사 참고. 정답은 22 C, 23 B, 24 C

25~30번은 형용사의 의미분석과 중첩에 관한 문제이다.

25~27. 형용사의 의미분석. 제3장 형용사 참고. 정답은 25 C, 26 B, 27 D

28. "详细"는 이음절 형용사로 중첩 형식은 AABB. "详详细细"는 원래 "很详细"(아주 자세하다)는 의미로 "十分详详细细"는 틀린 표현. "详细极了"는 문장 안에서 부사가 될 수 없다. 정답은 C

29. "胖"은 단음절 형용사로 중첩 형식은 AA. "胖的"는 명사로 문장에서 술

어 역할을 할 수 없다. 정도를 나타내는 부사 "很"은 형용사를 꾸며주므로 "很胖的"라고 쓸 수 없다. "胖胖"은 원래 "很胖"의 의미가 있으므로 "很胖胖"이라고 쓸 수 없다. 정답은 A

30. "蠟黃"은 원래 정도를 나타내는 이음절 형용사로 "밀납처럼 노랗다"는 뜻이다. 그래서 중첩 형식은 ABAB식. 정답은 B

06 대명사 代词

一. 개설

(一) 대명사는 명사 대신 쓰는 품사로 인칭대명사, 의문대명사, 지시대명사로 나눈다.

1. 인칭대명사, 예 : 你, 您, 我, 他, 她, 它, 咱(们), 自己, 大家, 别人, 人家, 自我

2. 의문대명사, 예 : 谁, 哪, 哪些, 哪儿, 什么, 怎么, 怎么样, 多少, 几, 如何

3. 지시대명사, 예 : 这(些), 那(些), 这里(这儿), 那里(那儿), 这么, 那么, 这样, 那样, 各(自), 每, 有的, 有些, 别的, 某(些), 任何, ……什么的, 彼此

(二) 대명사의 특징

1. 인칭대명사 앞에는 수식어가 붙지 않는다.

2. 대명사는 중첩되지 않는다.

3. 의문대명사는 의문을 나타내는 것 이외에 파생적인 용법이 있다. 표 6-1 참고.

표6-1

	特点	例句
表示反问	形式上是疑问句, 实际是无疑而问, 肯定形式表示否定意义, 否定形式表示肯定意义。	1, 谁不高兴了, 我只是累了。 2, 这算什么, 我也会做。 3, 你要回国了, 我哪能不来送你呢?
表示任指	疑问代词指代任何人, 事或方式, 一般结构为 "疑问代词＋都/也……"	1, 你什么时候来我都欢迎。 2, 不管怎么问, 他就是不说。 3, 他一直住在这儿, 哪儿都没去过。
表示不确指	疑问代词指不确定的某人, 某事或某种方式。	1, 别挑了, 随便吃点什么算了。 2, 你喜欢哪个, 我就送究哪个。 3, 谁答应你的, 你就去找谁吧。

1. 대명사의 뜻
2. 문장 안에서 대명사의 위치
3. 의문대명사의 파생적 용법

三. 문제분석

1. 你A怎么B知道C就是你要D找的东西呢？   这

【解析】지시대명사 "这"는 복문의 두 번째 문장에서 주어이다.

정답은 C

2. 如果你同意，A我B想在你C住D几天。   那儿

【解析】지시대명사 "那儿"이 소속된 장소를 나타낼 때 앞에 명사나 대명사를 두 어 의미를 한정짓는다. 예 : 到我这儿来

정답은 C

3. 我本想马上离开，A却B不让C走D。   他

【解析】인칭대명사 "他"는 복문의 두 번째 문장에서 주어가 된다. 접속사 "却" 앞에 둔다. 전치사 "让"의 뒤에는 "我"가 생략되었다.

정답은 A

4. 他讲的都是A一些B连C想D也没想过的事情。   我

【解析】 문장에서 "…连…也…"가 강조하는 것은 동사 부정형식 "沒想"이다. 이런 강조구조는 "连＋동사(긍정)＋也＋没/不＋동사"이다. 인칭대명사 "我"는 문장 안에서 한정어 역할을 한다.

정답은 B

5. A昨天B让你买去上海的火车票的C是D?　　　谁

【解析】 의문대명사 "谁"는 목적어 자리에서 의문을 나타낸다.

정답은 D

6. 在昨天的工作会上, 他们_____吵嘴?
　　A. 什么　　　B. 为什么　　　C. 多少　　　D. 怎么样

【解析】 "为什么"는 원인을 물어보는 말이다.

정답은 B(为什么)

7. A你B哭C? 慢慢说D。　　　什么。

【解析】 의문대명사 "什么"의 파생적 용법을 묻는 문제이다. 부정의 의미로 "울지 마라"라는 뜻이 된다.

정답은 C

8. A去B也C解决D不了这个问题, 非得你去不可。　　　谁

【解析】 의문대명사 "谁"의 "임의의 어떤 사람"을 나타내는 말로 "모든 사람"을 뜻하며 문장에서 주어가 된다.

정답은 A

9. 我在天津住了20年，可是除了家和学校附近以外＿＿＿都没去
过。

    A. 什么   B. 哪儿   C. 怎么   D. 哪

【解析】의문대명사 "哪儿"의 "임의의 어떤 곳"을 나타내는 말로 "모든 장소"를
나타낸다.

정답은 B(哪儿)

10. 今天下午A正好B没C事儿D，咱们一起去跳舞吧。   什么

【解析】의문대명사 "什么"의 파생적 용법으로 부정확한 어떤 일을 가리킨다. 문
장 안에서는 한정어 역할을 한다.

정답은 C

11. 听说你住院了，我＿＿＿能不来看你呢？

    A. 谁   B. 什么   C. 怎么   D. 多少

【解析】반어구 "怎么能…呢"의 구조로, 긍정형식은 부정을 나타내고, 부정형식
은 긍정을 나타낸다. 뜻은 "내가 너를 보러 오지 않을 수 없었다."

정답은 C(怎么)

12. 他＿＿＿天都是7：30就来办公室。

    A. 各   B. 所有   C. 全部   D. 每

【解析】"每"와 "各"는 명사, 양사 앞에서 어떤 범위 내의 개체를 말한다. 그러
나 차이점은 (1) "每"는 여러 개 안에서 하나를 들어 예를 드는 것에 중점
을 두고, "各"는 동시에 전면적인 것을 가리키는 것에 중점을 둔다.

(2) "每"는 양사나 수사와 결합된 후에 비로소 명사 앞에 놓일 수 있다,
일부명사 (예 : 人, 家, 年, 月, 星期, 周, 日, 天 등)는 제외한다.(예
: 每办公室, X) "各"은 명사 앞에 바로 놓일 수 있고, 수량사와 결합할
수 없다.(예 : 各一个爱学习的学生, X)

정답은 D(每)

13. 遇事要_____拿主意, 不能总是问别人怎么办。

    A. 自己　　　　B. 他人　　　　C. 自我　　　　D. 自身

【解析】 "自己"는 앞에 나오는 명사, 대명사를 중복하여 가리킨다. "别人"과 상
대되는 의미로 외부의 도움을 받지 않음을 강조한다. "他人"은 "기타 사
람"을 의미하므로 문제에 적합하지 않다. "自我"는 이음절 동사 앞에 놓
여 어떤 동작이 자신으로부터 나온다는 것을 강조한다. 동시에 자신을 제
3자로 여긴다.

예 : 自我批判. "自身"은 다른 사람 혹은 다른 물건이 아님을 강조한다.

예 : 自身难保.

정답은 A(自己)

14. 谁想去颐和园_____就来办公室报名。

    A. 谁　　　　B. 什么　　　　C. 哪儿　　　　D. 怎么

【解析】 의문대명사의 부정확한 지시용법으로 "谁"는 "가고 싶은 어떤 사람"을
뜻한다.

정답은 A

15. 他呀, 没事就爱写点儿小说, 散文, 诗歌_____的。

    A. 谁　　　　B. 什么　　　　C. 怎么　　　　D. 等

85

【解析】 "什么"에 "的"를 붙여 하나 혹은 여러 개의 병렬요소 뒤에서 "등등"과
같은 의미로 쓰인다.

정답은 B(什么)

【解析】 "什么"에 "的"를 붙여 하나 혹은 여러 개의 병렬요소 뒤에서 "등등"과
같은 의미로 쓰인다.

四. 연습문제

1. 他A怎么B知道C现在在中医学院D工作？是不是你告诉他的？

　　　　　　　　　　　　　　　　　　　　　　我

2. A我一时B想不起C叫什么名字D来了。　　　他

3. A你B也太难找C了D，害得我走了不少冤枉路。　　　这儿

4. 论水平你们差不多，A但论B工作经验他可C比D差多了。　　你

5. 他一直A不说话，B都C不知道他是D怎么想的。　　　谁

6. A这件事办得B有点儿C太说不过去了D。　　　他

7. ______少写了两个字，快点儿补上。

　　　A. 这里　　　　B. 这样　　　　C. 这的　　　　D. 这么

8. ______种衣服便宜，我就买______种。

　　　A. 什么　什么　　B. 怎儿　怎儿　　C. 哪　哪　　D. 怎么　怎么

9. 他不______爱管这种事。

　　　A. 什么　　　B. 怎么　　　C. 非常　　　D. 一点儿

10. 我想不出是______力量使他到了这样的境地，还能说出这样
　　　有信心的话来。

　　　A. 多么　　　B. 这儿　　　C. 什么　　　D. 哪儿

11. 不知________，她说着说着就哭了起来。

    A. 什么　　　　B. 为什么　　　　C. 怎么样　　　　D. 如何

12. 别吹了，你那点儿本事_____还不知道。

    A. 谁　　　　B. 哪些　　　　C. 如何　　　　D. 哪里

13. 他以_____的行动赢得了别人的尊敬。

    A. 人家　　　　B. 自己　　　　C. 该人　　　　D. 此人

14. _____知道孩子下落，请马上与孩子家长联系。

    A. 什么　　　　B. 谁　　　　C. 哪儿　　　　D. 哪个

15. 领导让我们怎么做，我们就_____做。

    A. 怎么　　　　B. 要么　　　　C. 多么　　　　D. 那么

16. _____一种语言都不是轻易可以学好的。

    A. 任何　　　　B. 各　　　　C. 一切　　　　D. 多少

17. 你运气真好，一下儿就找到_____理想的工作。

    A. 多么　　　　B. 这么　　　　C. 要么　　　　D. 什么

18. 他喜欢自己思考问题，不轻易问_____。

    A. 别人　　　　B. 本人　　　　C. 其他　　　　D. 其余

19. 别人急得团团转，他_____却无所谓。

    A. 人家　　　　B. 该人　　　　C. 自己　　　　D. 彼此

20. 夫妻俩为_____点儿小事吵架，何必呢！

  A. 什么　　　 B. 这么　　　 C. 怎么　　　 D. 多么

21. 这孩子，一眨眼就不知道跑到_____去了。

  A. 这儿　　　 B. 哪儿　　　 C. 那里　　　 D. 那样

22. 防止_____病的办法只有一条，就是不吃这类引起过敏的食物。

  A. 彼　　　 B. 某　　　 C. 该　　　 D. 其

23. 他有_____了不起的，凭什么瞧不起人。

  A. 谁　　　 B. 怎么　　　 C. 什么　　　 D. 哪儿

24. 算了，你们爱怎么办就_____办吧，别问我了。

  A. 什么　　　 B. 怎么　　　 C. 如何　　　 D. 别的

25. 这么土气的衣服，现在_____还穿呀。

  A. 哪儿　　　 B. 什么　　　 C. 谁　　　 D. 多少

26. 他在天津工作了近10年，对_____方面情况都很了解。

  A. 本　　　 B. 各　　　 C. 一切　　　 D. 分别

27. 什么时候需要他，他就_____时候出现。

  A. 那么　　　 B. 多少　　　 C. 什么　　　 D. 多么

28. 我觉得今天不_____舒服。

  A. 别的　　　 B. 哪儿　　　 C. 什么　　　 D. 怎么

29. 小陈这个人呀，_____都好，就是不太会说话。

    A. 什么　　　　B. 谁　　　　C. 本身　　　　D. 如何

30. 看你睡得那么香，_____忍心叫醒你呀。

    A. 谁　　　　B. 彼此　　　　C. 自我　　　　D. 如此

표6-2

	代词	用法	例句
人称代词	本 běn	自己或自己方面的；现今的；这,那	～姓曹 / ～月 / ～市 / ～处
	本人 běn rén	指自己；指当事人自己或前边所提到的人自己。	我～非常赞成这个主张。
	本身 běn shēn	自己；自身	生活～是·富多彩的。
	别人 bié rén	两个或多个中的另一个人或另一些人；其他的人	认真考虑～的意见。
	大伙儿 dà huǒr	大家	我决不辜负～的希望。
	大家 dà jiā	指一定范围内所有的人	说出来让～听听。
	你 nǐ	称对方, 多称指一个人, 有时也指称若干人	～好 / ～厂 / ～方
	你们 nǐ men	对方, 指一些人	到时候我通知～。
	您 nín	"您" 的敬称。	～多大年纪了？
	人家 rén jia	指说话人或听话人以外的人 指某个人或某些人 指说话者本人	～能做到的, 我也能做到。 把信给～送去。 ～等你半天了。
	他 tā	称第三人, 一般指男性, 有时泛指, 不分性别	不信你去问～。
	他们 tā men	对自己和对方以外多于两	～几个人都不在家。

	个人的称呼	
	他人 tā rén 别人	你小声一点儿，不要妨碍～。
	它 tā 称人以外的事物	这只小藐很可爱，它叫什么？
	她 tā 用于女性第三人称；亦用以代称国家，山河	～出去买菜了。
人称代词	她们 tā men 对自己和对方以外多于两个女性的称呼	～几个怎么没来？
	我 wǒ 自己，亦指自己一方	～们/自～
	我们 wǒ men 包括我在内的一组人	～都没见过他。
	咱 zán 我 ※方言	～不懂他的话
	咱们 zán men 总称己方(我或我们)和对方(你或你们)	～一起去看(戏)吧。
	自身 zì shēn 自己；亲自	泥菩萨过江，～难保。
	自己 zì jǐ 复指前边的名词或代词	～的事情～做。
	自我 zì wǒ 自己；个性的	～吹嘘/～意识
	彼 bǐ 那；另一个事物；他,他们	知～知己/由此及～
	彼此 bǐ cǐ 对称词。指你我，双方,那个和这个	～错杂/各有～
	彼此彼此 bǐ cǐ bǐ cǐ 常用做客套话，表示大家一样	您辛苦啦!/彼此彼此。
指示代词	此 cǐ 这, 这个；这里	～后/从～/到～为止
	那 nà 指较远的时间, 地方或事物	～里/～个/～样
	那边 nà biān 在那里(不在说话人这里而在别处	站到～去, 一会儿我叫你。
	那个 nà ge 那一个,也指那种事物	～公园不错。
	那里(那儿) nà lǐ (nàr) (1)距说话人较远处 (2)泛指处所, 必须与"这里""这儿"配合使用 (3)指有一定所属的处所, 其前一般须有名词或代词加以限制	～凉快，我们坐～吧。 这儿瞧瞧, ～看看。 晚上到我～去喝酒。

<table>
<tr><td rowspan="16">指示代词</td><td>那么 nà me</td><td>形容事物性质，程度；
泛指行为和动作</td><td>不是什的大事，别～生气。</td></tr>
<tr><td>那时 nà shí</td><td>指代某一特定时间</td><td>～我才四岁。</td></tr>
<tr><td>那些 nà xiē</td><td>指较远的多数时间，处所，
两个以上的人或事物</td><td>我不认识茶馆里的～人。</td></tr>
<tr><td>那样 nà yàng</td><td>表示事物所具有的性质，方式，
状态等</td><td>他怎么能～呢？</td></tr>
<tr><td>如此 rú cǐ</td><td>像这样；这样的</td><td>二人的长相是～相同。</td></tr>
<tr><td>一切 yí qiè</td><td>所有的事物</td><td>人民利益高于～。</td></tr>
<tr><td>这 zhè</td><td>指较近的时间，地点或事物</td><td>～是什么？</td></tr>
<tr><td>这边 zhè biān</td><td>这里</td><td>请走～。</td></tr>
<tr><td>这个 zhè gè</td><td>目前的，附近的或刚才提到的人，
物或想法</td><td>～是我的|
我不认识旁边的～人</td></tr>
<tr><td>这会儿
zhè huìr</td><td>此时此刻；现在</td><td>怎么～还不见人影儿？</td></tr>
<tr><td>这里 zhè lǐ</td><td>这个地方</td><td>我们从～走。</td></tr>
<tr><td>这么 zhè me</td><td>指示程度，方式，性质等；这样</td><td>～多/这个句子应该～
写。</td></tr>
<tr><td>这么着
zhè me zhe</td><td>代替某种动作或情况</td><td>你说～，那就～吧/
你看～行吗？</td></tr>
<tr><td>这些 zhè xiē</td><td>指示比较近的两个以上的人或事物</td><td>～旅客来自广州。</td></tr>
<tr><td>这样 zhè yàng</td><td>指示性质，状态，方式，程度等</td><td>不应该～说。</td></tr>
<tr><td>之 zhī</td><td>代替人或事物 ※多用于书面语</td><td>置～度外/等闲视～。</td></tr>
<tr><td rowspan="5">疑问代词</td><td>多少 duō shǎo</td><td>询问数量</td><td>～钱一斤？</td></tr>
<tr><td>何 hé</td><td>什；为什么；哪样，叶样
※用于书面语</td><td>～人/～必如此/
～不请人帮忙</td></tr>
<tr><td>几 jǐ</td><td>询问数量多少的疑问词，
一般指10以下的数</td><td>一共～个人？</td></tr>
<tr><td>哪 nǎ</td><td>表示要求在所问范围中有所确定</td><td>这是～年的事？</td></tr>
<tr><td>哪儿 nǎr</td><td>哪里；什么</td><td>这是～？</td></tr>
</table>

疑问代词	哪个 nǎ gè	所指人或事物中的哪一个	你们是～班的？
	哪些 nǎ xiē	要求指出几个事物或人中的若干个	还有～人要去？
	如何 rú hé	用什么手段或方法；怎么, 怎么样	～提高学习成绩/ 这样写～？
	啥 shá	什么 ※方言	这是～地方/你姓～？
	什么 shén me	表示询问某人, 某物或某事的本身或性质	～时间来/那是～？
	咋 zǎ	怎；怎么 ※方言	～样/～好/～办
	怎 zěn	如何, 询问原因或方式	你～能这样？
	怎么 zěn me	询问情状, 性质, 方式, 原因等； 表示某些程度	爸爸～还不回来？
	怎么样 zěn me yàng	怎样；用于否定句, 代替不说出来～动作或情况, 是委婉的说法	天气～？/这本书不～。
	怎么着 zěn me zhe	怎么样；如何；干什么 ※用于口语	你想～就～,不用管我。
其他	别的 bié de	另外的	～人都去哪儿啦？
	该 gāi	指称上文说过的人或事物 ※用于书面语	～校是所重点中学。
	各 gè	每个；彼此不同	～尽所能/～有千秋
	各界 gè jiè	各种不同职业社会成员的总括	社会～/～人士
	各种 gè zhǒng	多种；每种不同的	～形状/～产品
	各自 gè zì	各人自己；各方中的每一方	回到他们～的家。
	每 měi	各个	～天/～一分钱/～星期五
	某 mǒu	代替不明确指出的人, 地点, 事物等	～人/～处/～国
	某些 mǒu xiē	表示不只一个或一种ず不定数量	这一批评只针对～学生。
	其他 qí tā	不是提到的；另外的	除了工资, 我没有其他收入。
	其 qí	第三人物代词, 相当于他(她), 他们(她们), 它(它们)；	莫名～妙/ 只知～一,不知～二。

		相当于"那，那个,那些"； 那里面的	
其他	其余 qí yú	剩下的人或物	这个给你,～是我的。
	任何 rèn hé	不论什么	～人/事/～时间
	什么的 shén me de	用在一个词组或并列的几个 词组后面表示"… 之类"的意思	他就喜欢看小说～/ 牙不好, 豆 腐～还能吃, 别的就吃不了了。
	有的 yǒu de	人或事物中的一部分，多叠用	～好，～坏/ ～清楚,～模糊。
	有些 yǒu xie	有的，表示数量较多	～人很善良/～事你不懂。

07 부사 *副词*

一. 개설

(一) 부사는 동사, 형용사, 다른 부사를 수식해서, 정도 · 범위 · 시간 · 빈도를 나타
    낸다.

1. 긍정 · 부정을 나타내는 부사

   예：的确, 确实, 必定, 不, 没(有), 别, 不要, 未必, 不曾, 不必

2. 시간을 나타내는 부사

   예：正, 刚, 才, 就, 先, 后, 常(常), 已经, 总(是), 将, 直, 曾
       (经), 从来, 始终, 一时, 先后, 终于, 直到, 往往, 都, 老, 回
       头, 顿时, 早晚, 偶尔, 恰好, 重新, 一向, 渐渐, 就要, 马上,
       立刻

3. 범위를 나타내는 부사

   예：都, 总是, 统统, 只, 也, 一共, 到处, 光, 一同, 一块儿, 一律,
       一齐, 仅(仅), 分别

4. 정도를 나타내는 부사

   예：很, 太, 更, 最, 十分, 非常, 多(么), 挺, 极, 白, 尤其), 相当,
       稍(微), 净, 大大, 极其, 格外, 有点儿, 几乎

5. 빈도를 나타내는 부사

   예：又, 再, 还, 一连, 一再, 再三, 不时, 来回倒

6. 어기를 나타내는 부사

   예：倒, 准, 到底, 果然, 千万, 难道, 究竟, 恐怕, 尽管, 尽量, 差
       点儿, 并(不/没), 决(不/没), 毫(不/没), 丝毫(不/没), 根本(不
       /没), 可, 幸亏, 明明, 简直, 偏偏, 何必, 居然, 毕竟, 分明,
       竟(然), 万万, 只得, 反正, 反而, 其实, 不免, 不禁, 未免, 索
       性, 干脆, 难怪, 何尝, 恰恰, 只好, 不妨

7. 화자의 심경을 나타내는 부사

    예 : 亲自，亲手(口，耳，身)，渐渐，仍／仍然／仍旧，纷纷，一下
        子，一口气，特意，猛 然，忽然，公然，连忙

(二) 대명사의 특징

1. 명사를 수식할 수 없다. 동사나 형용사 앞에서 상황어 역할을 한다.

2. 부사는 단독으로 질문에 대한 답을 할 수 없다. 그러나 예외(예 : 如, 没有,
   也许, 有点儿)되는 몇 가지는 단독으로 사용 가능하다.

3. 중첩할 수 없다.

4. 일부 부사는 단독으로 사용하거나 접속사와 함께 사용할 수 있다.

二. 시험에 잘 나오는 부사

1. 부사의 의미분석
2. 문장 안에서 부사의 위치

三. 문제분석

1. 我们A学校随时B欢迎您C到这里D来工作。   都

【解析】 "都"는 전체를 총괄하는 의미로 "전체＋都＋동사/형용사"의 형식으로
    사용한다. 문장 안에서 "우리"는 "학교"를 한정짓는 말로 총괄하는 대상
    이 아니다. "随时"는 "언제든지"라는 뜻으로 총괄의 대상이 된다.

정답은 B

2. 这件事A连B消息最灵通的小刘C不知道，D你们怎么能知道
　 的？　　　都

【解析】강조를 할 때 종종 나오는 것이 "连……都/也……"，"一＋양사＋都/也
　　　　＋동사부정형식"으로, "都"는 동사 앞에 놓는다. 위의 문제는 "连……
　　　　都……"의 형식이다.

정답은 C

3. 我们班＿＿＿是男生，还有两个女生。
　 A. 不都　　　B. 不总　　　C. 总不　　　D. 都不

【解析】"都"는 접속사와 함께 사용할 수 있다. 자주 사용하는 형식은 "无论/不
　　　　论/不管……都……"이다.

정답은 C

4. 不管A是谁，B只要报了名，C可以参加计算机D考试。　　　都

【解析】"都"는 접속사와 함께 쓰인다. 자주 사용하는 형식은 "无论/不论/不
　　　　管……都……"이다.

정답은 C

5. 你A怎么B来，我C等了你D半个多小时了！　　　才

【解析】"才"는 시간이 짧고, 수량이 적으며, 정도가 낮고, 일·동작의 발생이 늦
　　　　을 때 사용한다. B에 위치하면 늦게 왔다는 의미이고, C에 위치하면 기
　　　　다린 시간이 짧다는 의미다. 문장의 의미를 보면 늦게 도착했다는 뜻으로
　　　　쓰인다.

정답은 B

6. A你B昨天C走我D就到了, 咱们差一点儿就碰上了。　　　才

【解析】"才"는 일·동작이 방금 발생했거나 끝났음을 나타낸다. "刚"과 같은
의미이다.

정답은 C

7. 要不是A看在老同学的关系B上, C我早D不管你的事了。　　就

【解析】"就"는 동작이 아주 오래 전에 이미 발생했음을 나타낸다. 앞부분에 시간을
나타내는 어휘나 기타 부사가 많이 온다. 문제에서 "부"는 시간부사이다.

정답은 D

8. 光明影院离这儿很近, 一刻钟____能到。
　　A. 才　　　　B. 就　　　　C. 又　　　　D. 再

【解析】"就"의 용법-문제 7번 참고. "才"는 동작이 어느 시점에 이르러 비로소
이루어짐을 말함. "又"는 중복을 나타내고, "再"는 이후에 다시 계속됨
을 나타낸다.

정답은 B (就)

9. 一个小时后, A饭吃完了, 雨B小多了, 我们C才起身D离开饭
店。　　　也

【解析】"也"는 앞뒤에 일어나는 두 가지 일이나 두 가지의 상황이 동시에 일어
남을 나타낸다. 문제에서 "밥을 다 먹은 것"과 "비가 그친 것"은 동시에
일어난 일이다.

정답은 B

10. 我很生他的气，_____三个月没给他回信。

    A. 一直　　　　B. 一起　　　　C. 一块儿　　　　D. 一连

【解析】“一直”는 방향을 나타내어 “똑바로, 곧바로”의 의미가 있고, 시간을 나타
내어 “줄곧, 내내”의 의미가 있다. “一直” 뒤에는 동량사나 시간을 나타
내는 수량사가 바로 올 수 없다. “一起”나 “一块儿”은 “함께, 같이”라는
뜻이다. “一连”의 뜻은 “계속해서, 잇따라, 연이어”. 동사 뒤에서 동량사
나 시간을 나타내는 수량사가 따라온다.

정답은 D(一连)

11. 从这儿_____往前走，大约走300米就可以看见一个邮局。

    A. 一起　　　　B. 一致　　　　C. 一直　　　　D. 一连

【解析】문제 10번 “一直”의 용법 참고. “一致”는 “일치하다”는 뜻.

정답은 C(一直)

12. 下午我也有时间，咱们_____去水上公园玩儿吧。

    A. 一直　　　　B. 一起　　　　C. 一连　　　　D. 一律

【解析】문제 10번 “一起”의 용법 참고. “一律”는 “예외 없이 전부”라는 뜻이다.

정답은 B(一起)

13. 看到校长走进来，学生们_____站了起来。

    A. 一起　　　　B. 一齐　　　　C. 一连　　　　D. 一直

【解析】“一齐”는 어떤 일이 “동시에” 일어나는 것을 의미한다.

정답은 B(一齐)

14. 小黄各方面都不错, 所以大家＿＿＿选他当班长。

    A. 一边   B. 一起   C. 一向   D. 一致

【解析】문제 11번 "一致"의 용법 참고. "一向"은 어떤 행위나 상황이 예전부터 지금까지 줄곧 변하지 않음을 나타낸다.

정답은 D(一致)

15. 他明天有事, ＿＿＿能去了, 咱们俩去吧。

    A. 别   B. 没   C. 不   D. 也

【解析】"没"와 "不"는 부정부사로 동작이나 상태의 발생·출현을 부정한다. 용법에는 차이가 있는데,

⑴ "不"는 주관적인 부정을 나타내고, "没"는 객관적인 부정을 나타낸다. 예 : "我不买"는 주관적으로 사고 싶은 생각이 없다는 뜻이고, "我没买"는 객관적인 원인으로 인하여, 예를 들어 돈이 없거나 들고 갈 수 없어서 물건을 사는 행위가 일어나지 못함을 나타낸다.

⑵ "不"는 과거, 현재, 미래의 상황을 부정할 수 있고, "没"는 과거와 현재를 부정할 수 있다.

⑶ "不"는 일상적이거나 습관적인 행동, 비동작성 동사(是, 当, 认识, 想 등)를 부정할 수 있지만 "没"는 불가능하다.

⑷ "不"는 형용사 앞에 놓여 성질이나 상태를 부정한다. 예를 들어 "这本书不好"라고 쓸 수 있지만, "这本书没好"라고 쓸 수 없다. "没"는 형용사 앞에 놓여 상태의 변화를 부정한다. 예를 들어 "你的病还没好怎么就上班了"라고 쓸 수는 있지만 "你的病还不好怎么就上班了"라고 쓸 수는 없다. "别"는 저지나 권유를 할 때 쓴다. 위 문제에서는 주관적인 동작을 부정하므로 "别"나 "没"를 쓸 수 없다.

정답은 C(不)

16. 这里人口很A多，街道不仅B窄，而且坡度大，C交通D太方便。　　不

【解析】문제 15번 "不"의 용법 참고. 문제에서 의미를 파악해 보면, "교통이 불편하다"는 뜻이다.

정답은 D

17. A唯一B通过这次家具质量检测的C是D一家乡镇企业。　　竟

【解析】"竟(然)"은 "뜻밖에도"라는 뜻이다.

정답은 C

18. 刚才他们还又打又闹，现在_____和好如初了。
　　A. 虽然　　　B. 居然　　　C. 既然　　　D. 仍然

【解析】"虽然"(비록 … 일지라도)과 "既然"(기왕 이렇게 된 이상)은 접속사이다. "居然"과 "竟然"은 비슷한 의미로 어떤 일이나 상황이 뜻밖의 결과를 가지고 온다는 의미이다. "仍然"은 어떤 일이나 사건이 변하지 않고 계속되거나 원래의 상태로 회복된다는 뜻이다. "仍"은 생략 가능하다.

정답은 B(居然)

19. 吃了这种药，病_____好了许多。
　　A. 依然　　　B. 果然　　　C. 既然　　　D. 仍然

【解析】"依然"은 "의연하다, 전과 다름없다"는 뜻으로 "仍然"과 같다. "果然"은 "사실이나 결과가 예상했던 것과 같다"는 뜻이다.

정답은 B(果然)

20. 我今天A又买了一条裤子，B你C要再D看看吗？　　　还

【解析】"还"의 주요 용법은
　　(1) 동사 앞에 놓여 동작의 중복을 나타낸다. 예："你怎么还买，昨天不是买过吗?"
　　(2) 동사 앞에 놓여서 동작이 계속됨을 나타낸다. 예："都两个小时了，手术还没结束"
　　(3) 비교문에서 형용사 앞에 놓여 정도가 심함을 나타낸다. 예："妹妹比我还高"
　　(4) 어투를 강하게 하여 "역시, 과연"의 뜻으로 쓰인다.
　　문제에서는 "还"의 첫 번째 용법으로 동사 앞에 부사 "再"와 "要"가 온다. "还"는 "要"의 앞에 놓는다.

정답은 C

21. 第三课讲完了，大家回去后要认真复习，下次课我＿＿＿接着讲第四课。
　　A. 又　　　B. 在　　　C. 再　　　D. 还

【解析】"在"는 전치사이다. "再"와 "又"는 모두 동작이나 상태의 중복·지속을 나타낸다. 차이점은
　　(1) 동작이나 상태의 중복·지속을 나타낼 때 "再"는 아직 실현되지 않은 것, "又"는 이미 일어난 일에 쓴다. 예："王老师再讲一遍吧"；"王老师又讲了一遍"
　　(2) "又"는 여러 개의 상태나 동작이 점층되어 같이 일어나는 것을 말한다. 예："我想 去又不敢去，心里十分矛盾"
　　(3) "再"는 형용사의 앞에 놓여 정도가 심해짐을 나타낸다.
　　　예："这道提简单得不能再简单了"

(4) "又"는 반어문이나 부정문에서 어투를 강하게 해주는 작용을 한다.

　　예 : "人又不是神仙，难免犯错误"

"还"의 용법은 문제 20번 참고. 문장의 의미를 파악해 보면 "이번 시간은 3교시고 다음 시간은 4교시이다"는 뜻으로 "再"의 실현되지 않은 행동을 나타내는 용법.

정답은 C(再)

22. 子路办事草率，孔子就让他想好了＿＿＿去做。

　　A. 再　　　　B. 又　　　　C. 还　　　　D. 都

【解析】"再"는 "……하고 난 뒤에, ……하고 나서" 즉 어떤 상황하에서 일어나는 동작의 앞뒤순서를 나타내기도 한다. "都"의 용법은 문제 1번 참고.

정답은 A(再)

23. A我B等了他C一个多小时，他D没来。　　　　始终

【解析】"始终"은 동작이 시작부터 끝까지 변함 없음을 나타낸다. 부정문에 종종 사용한다. "始终" 뒤에 따라오는 동사 뒤에는 시간보어를 쓸 수 없다. 그래서 B의 위치는 맞지 않다.

정답은 D

24. A听说最近气温B要下降，可C没有想到D会一下子下降十多度。　　　　并

【解析】"并"(결코)은 종종 부정의 어기를 강하게 해주는 역할을 한다. "不，没，非，未，无" 등 부정 부사 앞에 위치한다. "并"과 유사한 단어에는 "决，毫，丝毫，根本"이 있다.

정답은 C

25. 商店让我去修理店，修理店又要我A找厂家，你B说我C应该
　　找D谁？　　　到底

【解析】"到底"와 "究竟"은 "도대체"라는 뜻으로 강조를 나타낼 때 많이 쓰인
　　　　다. 둘 다 의문문에서 상황을 추궁할 때 쓴다. 예："座谈会到底/究竟几
　　　　点开始"

정답은 C

26. 前两天我A想B给你C打电话，可是工作太忙，所以一直没D
　　打。　　　曾

【解析】"曾 (经)"은 어떤 행위나 상태가 예전에 이미 존재하였거나 발생한 사실
　　　　이 있음을 나타낸다. 문제에서는 조동사 "想" 앞에 놓여서 이전의 행위
　　　　에 대해서 나타내고 있다.

정답은 C

27. 上次A我B没买到，这次人C这么多，D还买不到。　　　恐怕

【解析】"恐怕"는 "아마도……일 것이다"라는 뜻으로 추측을 나타낸다. 문장 안
　　　　에서는 동사 앞에 놓인다.

정답은 D

28. 他虽然当上了厂长，但身上＿＿＿＿保持着一名普通工人的本色。
　　A. 又　　　B. 也　　　C. 仍　　　D. 再

【解析】"仍 (然)"의 뜻은 "변함 없이, 원래대로"이다. 문제에서는 지금의 상황과
　　　　똑같다는 뜻으로 쓰인다. 중복을 나타내는 것이 아니므로 "又"，"再"，

“也”를 쓸 수 없다.

정답은 C(仍)

29. A这次考试B我准备得不充分, C得D不及格。　　　准

【解析】“准”의 뜻은 “반드시, 틀림없이”로 동사 앞에 놓여서 상황어 역할을 한
다. 문제에서는 동사 앞에 능원동사 “得”가 있으므로 “得” 앞에 놓인다.

정답은 A

30. 这件事A重要B, 你一定C要认真D考虑。　　　的确

【解析】“的确”는 “확실히”라는 뜻으로 사물의 성질이나 행위, 동작이 진실성이
있는 긍정의 표현이다. 문제에서는 형용사 “重要” 앞에 놓여서 강조해
주는 역할을 한다.

정답은 A

31. 你怎么A会B不C知道, 昨天下午我D告诉你了。　　　明明

【解析】“明明”은 “분명히, 명백히”라는 뜻으로 어떤 일을 확인하거나, 상대방의
행동이나 일의 결론에 대해서 명확한 사실과 이유를 들어 질문하거나 반박
할 때 쓰인다. 문제에서는 동사 “告诉” 앞에 놓여 강조하는 역할을 한다.

정답은 D

32. 学校关于留学生学分制的工作, 目前才_____起步。
　　A. 刚才　　　B. 立刻　　　C. 刚刚　　　D. 就要

【解析】“刚才”와 “刚(刚)”은 “방금, 막”이라는 뜻으로 동작의 발생이 오래되지

않음을 나타낸다. 그러나 "刚才"는 시간명사이고, "刚(刚)"은 부사이다. "立刻/立即", "(就)要/快要"는 모두 부사로 동작이나 상황이 곧 발생할 것임을 나타낸다. 앞에 부사 "才"가 있으므로

정답은 C(刚刚)

33. 参观了长城后, 我让他们＿＿＿＿写了一篇文章。

    A. 各   B. 每   C. 凡是   D. 所有

【解析】 "各", "每"는 대명사(제6장 대명사 참고)와 부사 역할을 한다. "各"는 동사 앞에 놓여 행동을 구별하거나 소유하고 있는 것(주로 추상적인 것)을 식별하는 역할을 한다. "每"는 동사 앞에 놓여서 같은 동작이 규칙적으로 중복하여 나타남을 뜻한다. "凡是"는 "대체로"라는 뜻으로 어떤 범위 내에서는 예외가 적용되지 않음을 나타낸다. 또한 "只要(是)"(만약……하기만 한다면)의 뜻을 가지고 있어 뒤에 주로 "就, 便, 都, 一律, 没有不" 등과 호응하여 쓰인다. "所有"는 형용사로 "모두"라는 뜻이고 명사를 수식한다.

정답은 A(各)

34. 我觉得人长得美不美＿＿＿＿是次要的, 主要是要和我有共同语言。

    A. 不   B. 而   C. 倒   D. 并

【解析】 문제를 해석해 보면 A, B는 정답이 아니다. "倒"는 "오히려"라는 뜻으로 사실과 상반됨을 나타낸다. 종종 "反倒"의 형식으로 많이 쓰인다. 어기를 더 강하게 해주는 역할을 한다. "并"의 용법은 문제 24번 참고.

정답은 C(倒)

35. 有的人特别怕辣, _____辣一点儿就受不了。

    A. 稍微　　　　B. 偏偏　　　　C. 很　　　　D. 到底

【解析】 "偏偏"은 "偏"의 중첩 형식으로 "기어코"로 해석하며 일부러 객관적 요
구나 상황에 상반되게 행동함을 나타낸다. 부사 "不"나 "要"와 함께 쓴
다. "很"은 정도가 심함을 나타내는 부사로 형용사 앞에 놓이며 형용사
뒤에는 "一点儿"이 올 수 없다. "到底"의 용법은 문제 25번 참고.

정답은 A(稍微)

36. 他春风满面地走了进来, 看起来_____兴奋的。

    A. 太　　　　B. 真　　　　C. 挺　　　　D. 非常

【解析】 "太", "真", "挺", "非常"은 모두 정도 부사이다. 그러나 형용사와 함께
쓸 때는 고정 격식이 있다. 세 가지 방법으로 나눌 수 있는데,

(1) 很/非常/十分/特别/真 + 형용사

(2) 挺/够/怪 + 형용사 + (的)

(3) 太/可 + 형용사 + 了
정답은 C(挺)

37. _____没想到, 她会遇上车祸。

    A. 万万　　　　B. 十分　　　　C. 多半　　　　D. 千万

【解析】 "十分"은 정도가 심함을 나타내는 부사로 "很"과 같다. 형용사나 심
리·감정을 나타내는 동사 앞에서만 쓰인다. "多半"은 "절반이 넘거나
거의 비슷하다"는 뜻이다. "千万"이나 "万万"은 모두 "一定"의 뜻을
가지고 있지만, 차이점은

(1) "万万"은 어기가 비교적 강하고, 부정문에만 쓸 수 있다. 그러나 "千
万"은 긍정문, 부정문에 다 쓸 수 있다.

(2) "千万"은 명령문에만 쓰며 아직 일어나지 않은 일을 나타낸다. "万万"은 진술문과 명령문에 다 쓸 수 있다.

정답은 A(万万)

38. 我劝他不要抽这么多烟，可他_____要抽。
   A. 倒　　　B. 并　　　C. 竟　　　D. 偏

【解析】"倒"의 용법은 문제 34번 참고. "并"의 용법은 문제 24번 참고. "偏"의 용법은 문제 35번 참고.

정답은 D(偏)

39. 自从住院后，他_____象变了个人似的。
   A. 反正　　　B. 简直　　　C. 究竟　　　D. 恐怕

【解析】"反正"(어쨌든, 아무튼)은 어떠한 상황에서도 모두 결론과 결과를 바꾸지 않음을 강조한다. "无论", "不管", "不论" 등과 호응하여 쓴다. "简直"는 "그야말로, 완전히, 실로"의 의미로 과장의 말투이다. "究竟"의 용법은 문제 25번 참고. "恐怕"의 용법은 문제 27번 참고.

정답은 B(简直)

40. 这学期来，他学习_____用功，成绩也不错。
   A. 相当　　　B. 幸亏　　　C. 居然　　　D. 几乎

【解析】"相当"은 정도가 심함을 나타내는 부사로 "很"과 같다. "幸亏"는 "다행히, 운좋게, 요행으로"의 뜻으로 일반적으로 주어 앞에 위치한다. "居然"의 용법은 문제 18번 참고. "几乎"는 "거의, 하마터면"이라는 뜻이다.

정답은 A(相当)

四. 연습문제

1. 无论A是谁, B只要通过入学考试, C我们D会录取他。　　　都

2. A要说他呀, 哪儿B好, 就是一点儿C也D不为自己考虑。　　　都

3. 他写的A这几句B不C是错的, D后三句是对的。　　　都

4. 你们现在A去找王律师, 我B已经C和他D约好了。　　　就

5. A出发前, B我对妻子C说：“你身体D好, 一定要多注意休息。”

　　　才

6. 为了搞好国庆A市场供应, 他们自七月B起, C多次到本市及附近省市进行D采购。　　　先后

7. 昨天你去哪儿了, A我B找你C, 也没找到D。　　　到处

8. 星期四A他们公司放假, B我们公司C放假D。　　　也

9. 我A相信, B你C能D完成这项任务。　　　一定

10. 你A一定B想C知道我为什么D没走吧？　　　很

11. 没想到A这么难的考试B他C能D通过。　　　竟

12. A天气预报中B说今天C要D下雨。　　　没

13. 天还没A亮，我们B睡觉，突然C听见一阵急促的电话铃D响。

正

14. 你快告诉我，A谁B考试C不及格D？　　　究竟

15. 那么多工作，他只用A了B两天就干完了，C真D快的。　　　够

16. 没想到学生A比B老师C知识还D丰富。　　　倒

17. 其他三个人A没有一个B比我哥哥C考得D好。　　　更

18. 今天是您第一次A来我家做客，请您B吃C一点儿D。　　　多

19. _____在本商场购买500元以上商品的顾客，都将获得一份价值50元的礼物。

    A. 凡　　　B. 全　　　C. 每　　　D. 各

20. 做完手术_____一天，病人就要求出院。

    A. 刚才　　　B. 刚　　　C. 马上　　　D. 立即

21. 听说王院长亲自给我做手术，那真是_____好不过了。

    A. 再　　　B. 更　　　C. 还　　　D. 又

22. 从昨天晚上10点到现在_____停电。

    A. 一起　　　B. 一直　　　C. 一连　　　D. 一致

23. 三个人在_____工作，其中一定有可以做我老师的人。

    A. 一起　　　　B. 一直　　　　C. 一致　　　　D. 一齐

24. 最近_____十多天都是阴天。

    A. 一向　　　　B. 一直　　　　C. 一连　　　　D. 一起

25. 同是干一种工作，他一个月两千多块钱，而我_____五百多块。

    A. 更　　　　B. 才　　　　C. 也　　　　D. 都

26. 尤卡人是世界上身材最矮小的，他们中最高的_____不超过
一米。

    A. 才　　　　B. 就　　　　C. 也　　　　D. 只

27. 录音机坏了，这周去修了一趟，没修好，下周_____得去一趟。

    A. 又　　　　B. 还　　　　C. 再　　　　D. 更

28. 他的发音好极了，_____听不出来他是日本人。

    A. 偏偏　　　　B. 简直　　　　C. 直接　　　　D. 恰好

29. _____算走运，只排了半个多小时队，就买到了去上海的火
车票。

    A. 很　　　　B. 正　　　　C. 还　　　　D. 又

30. 动物之间确实存在着语言信号，有的还_____复杂。

    A. 简直　　　　B. 相当　　　　C. 偶然　　　　D. 一直

앞에서 대명사, 부사 부분의 연습 문제를 마친 후 앞의 어법을 얼마나 이해했는지 계속해서 아래의 종합문제를 풀어보자. 모두 30문제로 정답은 (   ) 안에 써 넣는다. 제한시간은 20분으로 주어진 시간 내에 풀 수 있어야 한다. 문제를 다 풀고 난 후에 정답과 해설을 본다.

开始时间______点______分

(　　) 1. A到底B怎么处理C这件事，D琢磨了已经不止一天了。
　　　　　　他

(　　) 2. A为B事，C我找过小王好几D次了，可他就是不答应。
　　　　　　这

(　　) 3. 我A在教室里等了B半天，可C人也没等到D。　　　　什

(　　) 4. 这么简单的A问题你B还C回答不D上来？　　　　怎么

(　　) 5. A去也B说服C不了他，D非得你去不可。　　　　谁

(　　) 6. 他一定遇到______烦心事了，不然不会动不动就发脾气。
　　　　A. 多少　　　　B. 怎么　　　　C. 什么　　　　D. 哪里

(　　) 7. 买不买是顾客的自由，你不能强迫______。
　　　　A. 自我　　　　B. 其他　　　　C. 人家　　　　D. 本人

（　　）8. 你可不能＿＿＿＿说，不然爷爷会生气的。
　　　　　A. 这么　　　B. 怎么　　　C. 多么　　　D. 什么

（　　）9. 半决赛中，天津队和辽宁队战胜了＿＿＿＿的对手。
　　　　　A. 各自　　　B. 互相　　　C. 每个　　　D. 其中

（　　）10. 你＿＿＿＿天有空，咱们一块儿坐坐。
　　　　　A. 这么　　　B. 哪　　　C. 什么　　　D. 怎么

（　　）11. 我心情不好，＿＿＿＿东西也不想吃。
　　　　　A. 谁　　　B. 什么　　　C. 哪儿　　　D. 怎么

（　　）12. 你怎么想就＿＿＿＿说，不要怕。
　　　　　A. 什么　　　B. 这么　　　C. 怎么　　　D. 那么

（　　）13. 你＿＿＿＿把我的自行车弄成这个样子，太不像话了。
　　　　　A. 如何　　　B. 什么　　　C. 哪　　　D. 怎么

（　　）14. 你要是问我谁更聪明，我觉得他们俩＿＿＿＿＿＿＿＿。
　　　　　A. 彼此彼此　　B. 那么那么　　C. 相互相互　　D. 各自各自

（　　）15. 想象一下，当生活在一个没有绿色的环境中，你的感
　　　　　觉会＿＿＿＿？
　　　　　A. 谁　　　B. 多少　　　C. 怎样　　　D. 哪儿

（　　）16. 他每天晚上A七点钟B开始备课，一直C到十二点左右
　　　　　D去睡觉，太辛苦了。　　　　　　　才

（　　）17. A按照青少年身心发展的客观B规律，对他们进行有
针对性的教育，C就不能D把学生管理好。　　　不

（　　）18. A改进生产技术B以后，各生产车间的产量C有了大幅
度D提高。　　　都

（　　）19. A在本地区，B比我们的价格C更合理的了D。　　　没有

（　　）20. 平时不言不语的他A会说出B这样C令人D生气的话。
竟

（　　）21. A我B服输，C每次考试D都要当第一名。　　　从不

（　　）22. A下这么大的雨，我B以为你C不会D来了呢。　　　还

（　　）23. 中国一年中有许多A传统节日，春节B是其中C受人重
视的D一个。　　　最

（　　）24. 那个卖东西的一看我是外国人，就A想B收C我的D钱。
多

（　　）25. 发生再大的事＿＿＿＿不能不吃饭呀！
A. 要　　　　B. 才　　　　C. 也　　　　D. 都

（　　）26. 我们公司很需要你，你什么时候来，我们＿＿＿＿欢迎。
A. 才　　　　B. 就　　　　C. 也　　　　D. 都

（　）27. 什么事这么紧急，我_____没到家，你就往我家打了两
次电话。
A. 又　　　B. 还　　　C. 更　　　D. 也

（　）28. 有机会的话，我_____会来这儿看您。
A. 再　　　B. 又　　　C. 还　　　D. 要

（　）29. 他这次病得不轻，_____两周没来上班。
A. 一连　　B. 一直　　C. 继续　　D. 陆续

（　）30. 这两天_____热的，稍微动一动就出汗。
A. 很　　　B. 可　　　C. 特别　　　D. 怪

完成时间_____点_____分

1~15번은 대명사에 관한 문제이다.

1. 문제의 뒷부분이 문장의 핵심 부분이다. 인칭대명사 "他"는 주어이므로 술어인 "琢磨" 앞에 놓여야 한다. 정답은 D

2. 지시대명사 "这"는 명사 "事" 앞에 와야 한다. "这件事"의 생략형이다. 정답은 B

3. 의문대명사 "什么"의 파생적 용법에 대한 문제이다. 임의로 어떤 것을 가리켜 "무엇이든지, 무엇이나, 아무것도"로 해석된다. 정답은 C

4. 의문대명사 "怎么"가 이끄는 반어문에 관한 문제이다. 부정의 뜻을 나타낸다. 정답은 B

5. 의문대명사 "谁"의 파생적 용법에 대한 문제이다. 임의의 어떤 사람을 나타내어 "누구, 아무, 아무개"로 해석된다.

6. 의문대명사 "什么"의 파생적 용법에 대한 문제이다. 확정적이 아닌 사물을 나타내어 "무엇(이나), 무엇(이든지), 아무 것(이나)"로 해석된다. "怎么"는 명사 앞에 올 수 없다. "多少"와 "哪里"는 문장의 의미에 부합되지 않는다. 정답은 C

7. "自我"는 자기 자신을 강조하는 표현이다. "其他"는 "기타, 그 외"의 뜻으로 일정한 범위 이외의 사람이나 사물을 나타내고, 문장 안에서 범위를 설정하지 않았을 때 쓴다. "本人"은 화자가 자신을 지칭하는 말이다. "人家"는 "남, 다른 사람, 그 사람"이라는 뜻으로 말하는 이와 듣는 이 이외의 사람을 나타낼 수도 있다. 정답은 C

8. 지시대명사 "这么"(이렇게)는 문장 안에서 동작의 방식을 지시한다. 의문대명사 "什么", "怎么", "多么"는 문제의 의미에 부합하지 않는다. 정답은 A

9. "各自"는 "각자, 제각기"의 뜻으로 여러 방면 중에서 각 방면의 한 사람씩을 말한다. 정답은 A

10. 의문대명사 "哪"의 파생적 용법에 대한 문제이다. 확실히 가리키지 않고 "어느, 어떤, 어디"를 나타낸다. 정답은 B

11. 의문대명사 "什么"의 파생적 용법에 대한 문제이다. 임의로 어떤 것을 가리켜 "무엇이든지, 무엇이나, 아무것도"로 해석된다. 정답은 B

12. 의문대명사 "怎么"의 파생적 용법에 대한 문제이다. 조건문에 쓰여 임의의 동작이나 속성·상황 따위를 나타낸다. "어떻게 ……해도, 아무리 …… 해도"로 해석한다. 정답은 C

13. 의문대명사 "怎么"는 질문의 원인을 나타낸다. 정답은 D

14. 인칭대명사 "彼此"의 중첩형식은 쌍방이 엇비슷함을 나타낸다. 정답은 A

15. "怎样"은 의문을 나타내며, "怎么样"과 같은 말이다. 정답은 C

16~30번은 부사에 관한 문제이다.

16. "才"는 동사 "去" 앞에 놓여 동작의 발생이 늦음을 나타낸다. 정답은 D

17. 이중부정문으로 "不……就不……"의 의미는 "只有(按照)……才……" (……해야만……이다)이다. "不"는 전치사 "按照" 앞에 온다. "规律"는 명사인데 "不"는 명사 앞에 올 수 없으므로 B의 위치에 놓일 수 없다.

정답은 C

18. "都"는 동사 "有" 앞에 놓인다. 정답은 C

19. 부사 "没有"는 비교문에서 "比" 앞에 놓인다. 정답은 B

20. "竟"은 동사 앞에 놓인다. 의미는 "뜻밖에, 의외에" 정답은 A

21. "从不"는 "从来不"의 생략형으로 동사 "服输"(실패를 인정하다. 항복하다) 앞에 놓인다. 정답은 B

22. "还"는 동사 앞에 놓여서 의외라는 어감을 더욱 두드러지게 한다. 정답은 B

23. 정도부사 "最"는 문장에서 상황어 역할을 하며, 동사 "受" 앞에 놓인다.

정답은 C

24. "多"는 문장에서 상황어 역할을 하며, 동사 "收" 앞에 놓인다. 정답은 B

25. 부사 "也"는 "再"와 함께 쓰기도 하는데 "再……也……"의 형태로 "即使……也"(……할 뿐만 아니라 또……)와 같다. 정답은 C

26. "都"는 총괄을 나타내는 부사로, 일반적으로 "총체를 나타내는 명사＋都＋동사/형용사"의 형식으로 쓰인다. 정답은 D

27. "还＋没/不到……就……"의 형식에서 "还"는 어기를 강조하는 역할을 한다.

정답은 B

28. "还"는 동사 앞에 놓여 동작의 중복을 나타낸다. "再"는 미래에 일어날 동작에 대해 쓴다. 역시 동작의 중복을 나타낸다. 뒤에 동사가 따라오며, 능원동사는 올 수 없다. "又"는 완성된 동작의 중복을 나타낸다. "要"는 장래에 발생할 동작에 쓰는데 중복의 의미는 없다. 역시 뒤에 동사가 따라오며 능원동사는 올 수 없다. 정답은 C

29. "一连"은 같은 동작이나 상황이 연이어 발생하는 것을 나타내며 뒤에 "两周"와 같은 수량을 나타내는 성분이 종종 따라온다. 정답은 A

30. "怪", "很", "可", "特别"는 정도를 나타내는 부사이다. 이 중에서 "怪"만 "的"와 함께 "怪＋동사/형용사＋的"의 형태로 쓰인다. 정답은 D

08 조사 助词

一. 개설

조사는 다른 단어나 구 뒤에 붙어서 부가되는 의미를 나타내는 허사이다. 구조조사, 동태조사, 어기조사 등으로 나뉜다.

1. 구조조사, 예 : 的, 地, 得

2. 동태조사, 예 : 了, 着, 过, 呢

3. 어기조사, 예 : 吗, 吧, 呢, 啊, 啦, ……着呢, ……也好, ……罢了/而已, ……的话, ……来着, 了, 的(他会回来的).

4. 기타 예 : 之, 所(所说, 所做), 等, ……似的, 给(我给忘了).

二. 시험에 잘 나오는 조사

1. 조사의 용법 분석

2. 문장 안에서 조사의 위치

3. 동태조사 "了"와 어기조사 "了"용법(표8-1 참고)

표8-1

了	用法特点	例句
动态助词	1. 用在动词后表示动作完成。有些动词, 如 "是, 好象, 认为, 觉得, 希望, 感觉, 作为, 属于" 等不表示变化, 所以后边不能加 "了" 表示完成. 表示经常性动作时也不能加 "了".	1. 我已经买了, 你还没买吗？ 2. 我希望了明天会更好。 3. 我常常去了他家找他。 4. 他们每天上午8：00上了课。

	2. 有些动词后边带数量补语，一般格式是"动词+了+数量补语+(宾语)"。有些动词后边带结果补语，一般格式是"动词+结果补语+了+(宾语)"。	1.我睡了两个多小时。 2.儿子考上了名牌大学。 3.我算出了这道题的答案。
动态助词	3. 连动句中，在表示即将发生的动作或已经发生的动作时，"了"常常用在前一动词后，强调动作的先后顺序。如果前一个动词作后一个动词的状语，"了"用在后一个动词后，表示动作完成。	1.明天我起了床就给你打电话。 2.他吃了饭就去厂里了。 3.我回家拿了两件衣服。 4.昨天我坐车去了水上公园。
	4. 在动词的否定形式中，动词后边不出现"了"。询问动作是否完成时，句尾常用"……了没有?"，相当于"……了吗?"	1. 他昨天没来上班。 2. 我不想吃了饭。 3. 你写完了没有？
语气助词	1. 用在句尾，表示情况发生变化。动词前常加副词"不，别，要，就，快"等或能愿动词"能，会"等。	1. 天快黑了,咱们回去吧。 2. 你别说话了，上课不能随便说话。 3. 我嗓子不疼了，又能唱歌了。
	2. 语气助词"了"有时和动态助词"了"或"动词+得/不了"结构同时使用。	1. 我已经吃了饭了,。 2. 他拿了我的钱就跑了。 3. 我吃不了了,你吃吧。 4. 不得了了,着火了

4. 동태조사 "着"의 용법

♣ 동태조사 "着"가 동사 뒤에 놓일 때

(1) 동작이 진행 중이거나 상태가 지속됨을 나타냄. 동작이 진행 중임을 나타낼 때는 동사 앞에 부사 "正, 正在, 在"를 쓴다. 그 중 "正"을 쓰면 시간이 강조되고, "在"를 쓰면 상태가 강조된다. "正在"를 함께 쓰면 시간과 상태를 같이 강조하게 된다.

(2) "동사A＋着＋동사B" 형식은 동사A가 동사B의 방식이나 상태가 된다.

예 : 躺着看书对眼睛不好

♣ 동사와 동태조사 "着" 사이에는 다른 성분이 들어갈 수 없다. "着"는 일반적으로 조동사, 전치사, 동사보어 구조 뒤에는 쓸 수 없다. 아래 몇 가지 틀린 예를 들어보면,

  (1) 我给着他介绍了一个女朋友。

  (2) 我正在着吃饭。

  (3) 我一口气喝着完两杯茶。

♣ "着"는 동작이 계속될 수 없는 동사(예 : 掉, 败, 死, 懂, 丢, 出发 등)나, 이미 동사 자체에 계속적 의미를 지닌 동사(예 : 在, 是, 包括, 禁止, 经过, 佩服 등)와 함께 쓸 수 없다.

5. 문장 안에서 구조조사 "的"의 위치

(1) 구조조사 "的"는 일반적으로 한정어와 중심어 사이에 놓인다. 그러나 경우에 따라서 "的"를 붙이지 않을 수도 있다.

  ① 명사가 한정어가 될 때, 예 : 孩子是祖国的未来

    ♣ 한정어가 단음절 명사이고 중심어 역시 단음절일 때 "的"를 생략하고, 중심어가 이음절이고 추상적인 의미를 지니고 있으면 "的"를 붙인다. 예 : 铁求, 木棒, 瓷瓶, 茶杯, 花篮, 铁的纪律, 车的质量, 人的素质, 血的教训

    ♣ 만약 한정어가 중심어와 종속관계이거나 중심어의 성질, 생산지, 용도를 나타낼 때에 중간에 "的"는 생략이 가능하다.

      A. 종속관계를 나타낼 때, 예 : 中国政府, 学校食堂, 天津中医学院留学生餐厅, 北京人民

      B. 성질을 나타낼 때, 예 : 红裙子, 丝绸领带, 玻璃杯, 铁门窗, 土木建筑

      C. 생산지를 나타낼 때, 예 : 北京烤鸭, 高丽人参, 巴西咖啡, 澳大利亚袋鼠

      D. 용도를 나타낼 때, 예 : 啤酒杯, 咖啡厅, 听力教室, 语法课

本, 青年节

방위사가 중심어가 될 때 명사 뒤에 "的"를 생략한다. 예 : 操场北面, 老师前面

② 동사가 한정어가 될 때, 예 : 我昨天买的那件毛衣在哪儿?

♣ 단음절 동사와 이음절 동사가 한정어가 될 때 반드시 "的"를 쓴다. 그렇지 않으면 동빈구조로 바뀌거나 의미 변화가 생긴다.

예 : 洗的衣服, 买的菜, 预定的机票, 借的钱, 潜伏的敌人

♣ 명사와 동사의 성질을 모두 가지고 있는 이음절 단어(예 : 学习, 思考)가 한정어가 될 때 "的"를 써도 되고, 생략해도 된다.

예 : 思考方法, 计算规则, 学习精神, 发展目标, 计划经济

♣ 어떤 동사는 가끔 명사를 수식한다. 이것은 동빈구조가 아니라 중간에 "的"가 생략된 것이다.

예 : 笑声, 考试成绩, 改进意见, 游览计

③ 형용사가 한정어가 될 때, 예 : 前门有棵高高的杨树

♣ 단음절 형용사가 한정어가 될 때 일반적으로 "的"를 생략한다. 이음절 형용사일 때는 "的"를 그대로 쓴다.

예 : 高科技, 大变化, 真本领, 硬汉子, 漂亮的姑娘, 朴素的衣服, 火热的心, 孤独的人

♣ 때때로 강조나 대조를 위해서 단음절 형용사 뒤에 "的"를 붙이기도 한다. 예 : 这个重的箱给我/这不是小的失误

♣ 형용사 중첩 형식이나 추가성분을 가지고 있는 형용사가 한정어가 될 때는 반드시 "的"를 붙인다.

예 : 火辣辣的目光, 干干净净的宿舍, 高高的个子, 胡里胡涂的样子

♣ 어떤 형용사와 명사는 함께 쓰여 고정어구를 만들어내기도 한다. 이럴 때는 "的"를 쓰지 않는다.

예 : 关键时刻, 积极因素, 老实人, 俏皮话

④ 대명사가 한정어가 될 때, 예 : 你的想法我全知道

  ♣ 인칭대명사가 한정어가 되고 중심어가 단음절로 총체를 나타내는 명사이거나 가족 호칭을 나타내는 명사일 때 일반적으로 "的"를 붙이지 않는다.

    예 : 我国, 该校, 他们家, 我三哥

  ♣ 지시대명사 "这, 那, 什么, 多少"가 한정어가 될 때 "的"를 쓰지 않는다.

    예 : 那天, 什么东西, 多少钱, 这衣服

  ♣ 지시대명사 "这儿, 那儿, 这样, 那样" 및 의문대명사 "谁, 什么样, 怎么样" 등이 한정어가 될 때 일반적으로 "的"를 붙인다.

    예 : 这儿的天气, 那样的家具, 什么样的衣服, 谁的课本

  ♣ 의문대명사 "什么, 哪, 多少"가 한정어가 될 때 뒤에 "的"를 붙이지 않는다.

    예 : 什么颜色, 哪个学校

⑤ 수량사가 한정어가 될 때, 예 : 今年1月17号是我三十岁(的)生日

  ♣ 수량사가 한정어가 될 때 일반적으로 "的"를 쓰지 않는다.

    예 : 两只笔, 二十个人, 一把刀, 十只鸡

  ♣ 분수나 백분율, 혹은 의미를 강조할 때 "的"를 쓴다.

    예 : 1/3的国土, 2楼的教室, 5年的留学生活, 80%的可能

  ♣ 수량사인 한정어가 묘사적 성격을 띨 때 뒤에 "的"를 붙인다.

    예 :他买了一条三斤的鲤鱼/公司就在那栋十八层的大楼里

(2) "的"자 구조

"的"는 동사나 동사구 뒤에 붙어서 "的"자 구조를 만들어 명사와 같은 역할을 한다.

예 : ① 买水果的是一个50多岁的大娘。

    ② 后边那个戴眼镜的就是我同学的女朋友。

    ③ 你手里拿的是什么?

⑶ "是……的" 강조구문

"是……的"는 동작이 발생한 시간, 장소, 방식 등을 강조하며 강조할 내용을 "是…的" 사이에 넣는다. 부정형은 "不是……的"이다. "是"는 생략이 가능하다. "的"는 문장 끝에 많이 오지만 강조하고자 하는 것이 타동사일 때 "的"는 동사 뒤, 목적어 앞에 놓는다.

예 : ① 他们是怎么认识并相爱的?

　　　② 你是在大学加入的中国公产党。

三. 문제분석

1. 最近一段时间, 我国连续A发B生C几起D重大火灾。　　　了

【解析】 "发生"은 동사. "了"는 동사 뒤에 붙어 동작의 완성을 나타낸다.

정답은 C

2. 听A说王老师住B进C医院, 我心里非常着急D。　　　了

【解析】 "听说"(듣자 하니)는 전치사로 두 글자를 따로 떼어 사용할 수 없다. 그래서 "了"는 A의 위치에 올 수 없다. "住"(살다)는 동사이며 "进"은 "住"의 결과보어이다. 이럴때 동작의 완성을 나타내는 일반적인 형식은 "동사+결과보어+了+(목적어)"이다. 그래서 "了"는 B의 위치에 올 수 없다. "着急"는 동사로 정도부사 "非常"의 수식을 받는다. 이 때의 일반적인 형식은 "非常+동사/형용사"이며 뒤에 "了"를 붙일 수 없다. 그래서 "了"는 D의 위치에 올 수 없다.

정답은 C

3. 搬A完东西后，大家连一口水也没喝B就离C开D。　　　　了

【解析】 "搬", "喝", "离"는 동사이다. "完"은 "搬"의 결과보어로, 문제 2번을 참고하면, "了"는 A의 위치에 올 수 없다. "喝"는 동사로 "了"가 붙어 동작이 이미 완성되었음을 나타낼 수 있다. 그러나 앞에 부정부사 "没"의 수식을 받고 있어 "了"는 B의 위치에 올 수 없다. "离" 뒤에도 결과보어 "开"가 있어서 C의 위치에 놓을 수 없다.

정답은 D

4. 王大爷已经是A快B七十岁的人C，可是每天还坚持跑步一小时D。　　　　了

【解析】 먼저 동태조사라고 생각해 보면, "是"와 "跑"는 모두 동사지만 "是"는 변화를 나타내는 동사가 아니므로 "了"가 A의 위치에 올 수 없다. "跑步"는 앞에 부사 "每天"의 수식을 받고 있어 계속적인 의미를 띠고 있다. 그래서 "了"는 D의 자리에 올 수 없다. 어기조사의 용법을 생각해 보면 문제의 의미상 "快……了"(곧 ……할 것이다)의 형식으로 "了"가 문장 끝에 붙어 가까운 미래에 일어날 일을 나타내고 있다.

정답은 C

5. 我想今天写A作业B就去C看D电影。　　　　了

【解析】 의미상 "写"와 "去看"은 아직 일어나지 않은 일이다. 그러나 이 동사는 동작이 이루어지는 순서가 있으므로 "了"는 일반적으로 첫 번째 동사 뒤에 두어서 하나의 동작을 완성한 후 다음 동작이 이루어짐을 나타낸다.

정답은 A

6. 我冷得A受不了B，快点儿把我的大衣拿C过来D。　　　　了

【解析】"拿"는 동사이고, "过来"는 추향보어이다. "快点儿把我的大衣拿过
来"는 동작이 아직 발생하지 않은 상황이다. 그래서 "了"는 C, D의 위치
에 올 수 없다. "得"는 조사로 술어 뒤에 놓여서 보어를 이끌어낸다. 그
래서 "了"는 A의 위치에도 올 수 없다. 어 기조사 "了"는 문장 끝에 놓
여서 중지를 나타낸다.

정답은 B

7. 从他第一次A喝B酒到C现在，他还从没喝醉D。　　　　过

【解析】"过"는 동태조사로 동사 뒤에 놓여서 동작이 발생했거나 어떤 경험이 있
음을 나타낸다. 부정형은 동사 앞에 "没(有)"를 붙인다. "第一次"(첫번
째)는 동사가 아니므로 "过"가 A의 위치에 올 수 없다. "喝"는 동사지만
앞에 수량사 "第一次"의 수식을 받으므로 과거완성형 어휘가 올 수 없
다. "从……到"는 전치사 구조로 "到"는 동사가 아니므로 "过"가 C의
위치에 올 수 없다. "醉"는 동사로 "喝"의 결과보어 역할을 한다. "没醉
过"는 "예전에 취해 본 적이 없다"는 뜻이다.

정답은 D

8. 我正A做B饭C，忽然电话铃响D起来。　　　　着

【解析】"着"는 동사 뒤에 놓여 동작이 현재 진행 중이거나 상태가 계속되고 있음
을 나타낸다. 그래서 A나 C의 위치에 올 수 없다. 동사 "响"은 뒤에 추향
보어 "起来"가 따라와 동작이 시작되어 계속 진행 중임을 나타낸다. 그래
서 또 "着"를 써줄 필요가 없다. "做着饭"은 "밥을 짓는" 동작이 계속되
고 있음을 나타낸다.

정답은 B

9. 他抬A起头，严肃地看B我说C："我该怎么办D呢？"　　　着

【解析】동사 "抬" 뒤에 추향보어 "起"가 따라와 동작이 발생함을 나타낸다. 동시에 동작이나상황이 계속됨을 나타낼 수는 없다. 그래서 "着"는 A의 위치에 올 수 없다. 문제의 의미상 동사 "办"은 아직 발생하지 않은 상태이다. 그래서 "着"를 쓸 수 없다. "看着我说"는 "동사A＋着＋동사B" 형태로 "看"이 "说"의 방식이나 상태를 나타낸다.

정답은 B

10. 让我看看A，是什么样B礼物C这么D漂亮。　　　的

【解析】지시대명사 "什么样"은 "礼物"의 한정어로 뒤에 명사가 바로 올 수 없다. "的"는 중심어 "礼物" 앞에 와야 한다.　　정답은 B

11. 喝A水你就用这个白B玻璃C杯，黄色的杯子是我同屋D。　　　的

【解析】문장에서 의미하는 것은 "물을 마시는 것"이지 물을 강조하는 것이 아니므로 "的"가 A위치에 올 필요가 없다. 명사 "杯"는 중심어이고, "白"와 "璃"는 그것의 성질과재료를 나타내므로 중간에 일반적으로 "的"를 생략한다. "我同屋的"는 "的"자 구문으로 "我同屋的杯子"의 뜻이다.

정답은 D

12. 那边穿粉红色A毛衣B是我C姐姐D。　　　的

【解析】"粉红色"가 성질을 나타내는 한정어 역할을 할 때에는 "的"를 붙일 필요가 없다. 인칭대명사 "我"가 한정어로 가족 호칭을 나타내는 명사를 수식할 때 뒤에 일반적으로 "的"를 붙이지 않는다. "穿粉红色毛衣"는

동빈구조로 뒤에 "的"를 붙여 "的"자 구문을 만들 수 있다. 문제에서는 "분홍색 스웨터를 입은 사람은 내 언니이다."가 된다. "的"는 동사나 동사구 뒤에 붙어 "……하는 사람/사물"이 된다.

정답은 B

13. 张芳是A在"森林家具B店"买C这张双人D床。　　　的

【解析】이 문제의 "是……的" 강조구문은 장소를 강조하는 것이다. 동사 "买"는 목적어를 가지고 오므로 "的"는 동사 뒤, 목적어 앞에 놓는다.

정답은 C

14. 听A说上级要来检查卫生，不一会儿B大家就把办公室C打扫D干干净净。　　　得

【解析】"得"는 구조조사로 동사/형용사와 보어 사이에 놓인다. "打扫"는 동사로 형용사 중첩형식인 "干干净净"이 상태보어가 된다.

정답은 D

15. 福州熊猫保护协会郑重A提出B为熊猫青青20岁的生日举行C庆祝D活动。　　　地

【解析】"地"는 구조조사로 부사와 동사 사이에 놓인다. "提出"는 동사이고, "郑重"(정중히) 은 부사어이다.

정답은 A

16. 如果A你认为有必要B, 咱们C可以订个时间再谈D。　　　的话

【解析】"······的话"는 단어결합이나 구 뒤에 놓여 가설을 나타내어 "만약 ······한다면"의 뜻이다. 주로"(如果/要是/假如/倘若) ······的话,(那么) ······"의 구조로 쓰인다.

정답은 B

17. 王老师A昨天来B学校C上课D?　　　了没有

【解析】동작이 완성되었는지 아닌지는 물을 때 문장 끝에 "······了没有"를 쓴다. "······了吗?"(······했습니까?)와 같은 뜻이다.

정답은 D

18. 你穿多大号的鞋＿＿＿?
    A. 吗　　　B. 吧　　　C. 来着　　　D. 了没有

【解析】"吗"와 "吧"는 의문문에 쓰이는 어기조사이다. 그러나 문제에서는 의문을 나타내는 부사 "多"가 있으므로 A,B는 정답이 아니다. "来着"는 의문문이나 평서문 문미에 쓰이며 의문문의 문미에 놓이면 "呢"와 같은 뜻이 되고, 평서문 문미에 놓이면 어떤 상황이 얼마 전에 발생했음을 나타낸다. "······了没有"는 문제 17번 참고.

정답은 C(来着)

19. 太晚了, 别学习了, 还是睡觉＿＿＿。
    A. 啊　　　B. 吗　　　C. 呢　　　D. 吧

【解析】"啊"의 용법은 문제 21번 참고. "吗"는 의문문에만 쓰인다. "呢"가 평서문 문미에 놓이면 동작의 연속을 나타낸다. 예 : 她还在睡觉呢。"吧"가 명령문에 쓰이면 명령, 요구, 건의, 독촉 등을 나타낸다. 문제에서는 누군

가에게 잠잘 것을 권유하고 있다.

정답은 D(吧)

20. 女儿才学了半年日语, 怎么能当翻译_____?

    A. 吗   B. 啦   C. 呢   D. 吧

【解析】 "吗"와 "吧"는 의문을 나타내는 어기조사로 의문문이나 반어문에만 쓰인다. 의문대 명사가 있는 문장에는 쓸 수 없다. "啦"는 "了"와 "啊"의 합성어이다. 문장 끝에서 종종 진술, 의문, 명령, 감탄 등의 어기를 나타낸다. "呢"는 특수의문문(의문대명사가있는 의문문)과 반어문에 쓰인다. 위 문제는 의문사 "怎么"가 있는 반어문이므로,

정답은 C(呢)

21. 这里的空气多新鲜_____!

    A. 啊   B. 了   C. 吧   D. 呢

【解析】 "啊"는 감탄문의 문미에 놓여 감탄이나 찬사를 나타낸다. 예 : 你的书真美啊! "了"가 감탄문 문미에 놓이면 앞에 종종 부사 "太/可"가 놓여 호응한다. "太……了"의 구조가 된다. "吧"와 "呢"는 감탄문에 쓸 수 없다.

정답은 A(啊)

22. 我爸爸_____?刚才还在这儿, 怎么一会儿就不见了?

    A. 呢   B. 吗   C. 吧   D. 啊

【解析】 전후의 문맥과 관계 없이 사용될 경우, 보통 장소를 찾는 의미를 지닌다. 예 : 我眼镜呢 ? → 이것은 일종의 생략형식이다. 문제에서는 "我爸爸在哪儿呢 ?"의 생략형이다.

정답은 A(呢)

23. 请在这儿等我一会儿, 好＿＿＿?
    A. 吧　　　B. 吗　　　C. 呢　　　D. 唉

【解析】의문문이므로 의문조사 "吗"를 쓴다.

정답은 B(吗)

24. 他满面愁容, 像有什么心事＿＿＿。
    A. 着呢　　　B. 似的　　　C. 算了　　　D. 而已

【解析】"着呢"는 동사나 형용사 뒤에 놓인다. 동사 뒤에서 동작이나 상태가 진행 중임을 나타내고, 형용사 뒤에서 정도가 심하거나, 강조, 과장의 어기를 지닌다. "형용사……得很"과 같은 의미이다. "似的"는 "象, 好象, 仿佛"와 함께 쓰여 "象/好象/仿佛……似的" 구문이 된다. 상황이 서로 비슷함을 나타낸다. "算了"는 관용어로 단독으로 사용하거나 문장 끝에 온다. "그만두다, 개의치 않다, 됐다" 등의 의미를 지닌다. "而已"는 문장 끝에 놓여 전체 문장이 나타내는 의미를 가볍게 하거나 약화시키는 역할을 한다. 해석은 ……만, ……뿐.

정답은 B(似的)

25. 据我＿＿＿知, 我校通过HSK六级的学生有100多人。
    A. 所　　　B. 能　　　C. 可　　　D. 算

【解析】조사 "所"는 종종 "的"과 함께 쓰여 "所……的" 구문을 만든다. 명사적 구조를 구성하며 이 형식 안에는 타동사가 온다. 그밖에 "所"는 단독으로 타동사 앞에 올 수 있다. 예：听见, 听说, 听闻 등, 본 문제가 이 용법에 해당한다.

정답은 A(所)

1. 听A到"还要研究研究B"这句话, 他无可奈何地叹C一口气D。

　　了

2. 我国著名作家巴金在法国A写B出C处女作D长篇小说《灭亡》。

　　了

3. 明天我有A事, 不能和你一起B去C参观展览D。　　了

4. 进门后, 她先A向B屋里望C一眼D, 然后才在椅子上坐下来。了

5. 我昨天坐A车进城B去C一趟D南市食品街。　　了

6. 明天就是A你的生日B, 你想C要D什么礼物?　　了

7. 鲁迅先生说A：时间就象B海绵里的水, 只要想挤C, 总会有D的。　　过

8. 商业竞争是激烈残酷的, 不A知你想B到C没有D?　　过

9. 我往A楼下一瞧B, 只见一个人正拿C手电筒在地上找东西D。

　　着

10. 等A他一会儿好吗? 他正和B邻居谈C话D呢。　　着

11. 我的自行车就A放B在楼下对C花坛的地方D。　　着

12. 上海京剧院带A几出新编历史剧来到B北京，特意为C大学生
表演D了七场。　　　　　　着

13. 他忽然住A了口，望B她好象要C说D么，可是一句话也没说
出来。　　　　　　着

14. 我不喜欢A太辣B食品，可是他们C俩却十分D喜欢。　　　　的

15. 我们班会用A计算机B就他C一个D。　　　　的

16. 不该你A知道B事你最好C不要D问。　　　　的

17. 我爸爸是一名A有丰富经验B高中C语文D教师。　　　　的

18. 站在树下A穿着裙子B姑娘C就是我D表妹。　　　　的

19. 周恩来总理在南开学校读书A时，曾经说过：我B是C爱南
开D。　　　　的

20. 听A了这个好消息，她高兴B像孩子C一样D大笑起来。

　　　　　　　　　　　　　　　　　得

21. 他一边听A音乐，一边B无精打采C收拾着D饭桌。　　　　地

22. 他在我面前走_____走。

 A. 过　　　B. 地　　　C. 了　　　D. 着

23. 你们怎么不相信我_____，我说的全是真话。

    A. 呢   B. 吗   C. 吧   D. 着呢

24. 你不是说要一个人去_____，现在改变主意了？

    A. 啊   B. 吧   C. 呢   D. 吗

25. 眼前的风景多么美好_____！真想永远留在这里。

    A. 吧   B. 啊   C. 啦   D. 唉

26. 我才不愿意管他们那些事_____！

    A. 吗   B. 吧   C. 呢   D. 啦

27. 蚊子不咬我，为什么偏偏咬你_____？

    A. 吗   B. 呢   C. 吧   D. 啦

28. 你都病了好几天了，怎么还不去医院_____？

    A. 吗   B. 吧   C. 呢   D. 啦

29. 也许在教室你能见到他_____？

    A. 吧   B. 吗   C. 呀   D. 了

30. 明天天气好_____，咱们一起去爬山。

    A. 着   B. 来着   C. 的话   D. 罢了

五. 상용조사

A

[啊] (甲)

승낙, 깨달음 등을 나타냄. (경성)

啊, 我知道了。/啊, 对了! 我想起来了。

[啊] (甲)

가벼운 긍정, 반문, 응답을 나타냄. (2성)

啊？你说什么, 我没听清。

[啊] (甲)

놀라움이나 의아함을 나타냄. (3성)

啊？他怎么会考试不及格？

B

[吧] (甲)

(1) 문장의 끝에 쓰여 요구, 제의, 청구, 명령의 어기를 나타냄.

晚上吃米饭吧。/你说给大家听听吧。

(2) 문장 끝에 쓰여서 동의 또는 승낙의 어기를 나타낸다.

好吧, 我一定去。/就这样执行吧。

(3) 문장 끝에 쓰여서 의문의 어기를 나타낸다. 추측의 의미를 지니고 있다.

他现在明白了吧。/你弄通了吧。

(4) 문장 가운데 쓰여서 휴지(休止)를 나타내며 가정의 어기를 지님.(흔히 두 가지 상황을 열거하여 이러지도 저러지도 못하는 상황을 나타냄.)

说吧, 不好；不说吧, 也不好。

D

[的] (甲)

(1) 소유관계를 나타낸다.

我的书。/他的衣服。

(2) 사람이나 사물을 대신한다.

他是唱歌的。/坐在那儿的是谁？

(3) 문장 끝에 쓰여서 긍정의 어기를 나타낸다. "是"와 호응한다.

这句话是蜈对的。/是我买的。

[地]（甲）

단어나 구 뒤에 쓰여 뒤에 따라오는 술어를 수식한다.

慢慢地走。/高兴地唱起来。

[得]（甲）

(1) 동사 뒤에 쓰여서 가능을 나타낸다.

我们可粗心不得。/她能去我为什么去不得？

(2) 동사와 보어 중간에 쓰여서 가능을 나타낸다.

我拿得动。/买得到。

(3) 동사나 형용사 뒤에 쓰여 결과나 정도를 표시하는 보어를 연결시키는 역할을 한다.

冷得打哆嗦。/笑得肚子痛。

[等]（甲）

열거한 사물의 낱낱 또는 집합의 뜻으로 한정함을 나나내는 말. 증첩할 수 있음.

北京，上海等地。/课外小组很多，有书法班，音乐队，舞蹈班等等。

E

[而已]（丁）

평서문의 끝에 쓰여 어기를 제한한다. "罢了"와 같은 뜻으로 "只", "不过", "仅仅" 등과 호응하여 사용한다. 문장의 의미를 약화시키는 역할을 한다.

我不过是说说而已。

[啦](甲)

(1) 어기조사 "了"와 "啊"의 합음으로 "了"와 "啊"의 의미를 함께 갖는다.

(2) 문장 끝에 쓰여서 희열, 찬탄, 경이, 분노 등을 나타낸다.

我们胜利地完成任务啦。/这个方法好极啦。

(3) 문장 끝에 쓰여서 상황이 이미 변화하였거나 계속해서 변할 예정임을 나타낸다.

他上工地去啦。/他又要演出啦。

(4) 문장 끝에 쓰여서 인정, 해명, 권고 등을 나타낸다.

有错没关系，改了就行啦。/你就别提这件事啦。

(5) 문장의 끝에 쓰여서 의문을 나타낸다.

你怎么啦？/他往哪里走啦？

(6) 열거를 나타냄.

红的啦，白的啦，黄的啦，衣服的颜色很多。/书啦，报纸啦，笔记本啦，钢笔啦，堆得满桌子都是。

[来](乙)

수사 뒤에 쓰여 이유를 열거한다.

这次参加活动，一来是发展一下自己的水平，二来是向其他同志学习。

[了](甲)

(1) 동사 또는 형용사 뒤에 쓰여 동작 또는 변화가 이미 완료되었음을 나타냄.

他的脸红了。/写完了。/吃了饭就去。

(2) 문장의 끝이나 중간의 끊어지는 곳에 쓰여 변화 또는 새로운 상황의 출현을 표시함.

快下课了。/刮风了。

[哩](乙)

평서문의 끝에 쓰여 긍정, 추측, 과장, 강조 등의 어기를 나타낸다. 용법이 "呢"와 같다.

还早哩。/外边冷着哩。

[喽] (丙)

(1) 동작의 예상이나 가정에 쓰인다.

完成任务就成功喽。

(2) 주의를 환기시키는 어기를 나타낸다.

开饭喽。

(3) 말이나 일이 이치에 맞고 조리가 있음을 나타낸다.

那当然是可以的喽。

M

[嘛] (甲)

아주 명확하고, 사리가 이와 같음을 나타낼 때 쓴다.

你做得很好嘛。/不要紧, 边干边学嘛。

[吗] (甲)

(1) 평서문의 끝에 쓰여 의문문을 만든다.

昨天布置的事办了吗?

(2) 문장 안에 사용하여 정돈의 어기를 나타내어 화제를 이끌어낸다.

这辆汽车吗, 早该报废了。

N

[哪] (呐) (甲)

"啊"의 변형으로 앞 글자의 운미가 −n으로 끝나면 "啊(a)"가 "哪(na)"로 변한다. 감탄을 표시한다.

你要留神哪。/看哪, 禾苗长的很壮。

[呢] (甲)

(1) 의문문의 끝에 써서 의문의 어기를 나타낸다.

你怎么知道呢?/你干什么呢?

(2) 반어문의 끝에 써서 반문의 어기를 강조한다.

这件事谁不知道呢。/好吃什么呢。

⑶ 평서문의 끝에 써서 사실을 확인하는 어기를 나타낸다.

他们都要求比赛呢。/他还没来呢。

⑷ 평서문의 끝에 써서 동작이나 상태가 계속됨을 나타낸다.

他学习呢。/我正吃饭呢。

⑸ 문장의 가운데 써서 잠시 멈추어 강조하는 어기를 나타냄.

现在呢, 跟过去大不同了。/今年呢, 比去年收成好。

[嗯](甲)

의외나 불만 등을 나타낸다.

嗯? 钢笔怎么不出水啦。/嗯? 你说什么?

O

[噢](丙)

이미 이해했거나 납득했음을 나타낸다.

噢, 你来了。/噢, 原来是他。

[哦](丙)

납득, 이해, 동의 따위를 나타낸다.

哦, 我明白了。/哦, 这么简单呀。

S

[似的](丙)

어떤 종류의 사물이나 상황과 서로 유사함을 나타낸다.

他乐的什么似的。/他好象没见过我似的看着我。

[似乎](乙)

마치 ……인 것 같다.

他似乎不喜欢吃香菜。/他们似乎无所不谈。

[所](乙)

(1) 동사의 앞에 쓰여 그 동사와 함께 명사적 성분이 된다.

所有/各尽所能/所向无敌

(2) '为', '被' 등과 같이 쓰여 피동을 나타낸다.

为人所骗。

W

[哇](乙)

"啊(a)"가 'u, ao, ou'로 끝나는 앞말의 음절로 인해 변음한 것이다.

天气多好哇。/怎么拿不出哇。

Y

[呀](甲)

앞 음절의 모음이 'a, e, i, o, u, ü'로 끝난 경우에 그 영향을 받아 "啊"가 음이 변한 어조사. 어기를 나타낸다.

群众的力量真大呀。/老张, 快去呀。

[哟](丙)

문장 끝에 쓰여 권유의 어감을 나타낸다.

用力拉哟。/大家跟上哟。

[以来](乙)

과거의 어떤 시점에서부터 지금까지의 시간을 나타낸다.

到中国以来。/相识以来

Z

[着](甲)

(1) 동작의 진행이나 상태의 지속을 나타낸다.

正吃着饭。/开着门。

(2) 정도가 심함을 나타낸다.

好着呢。/忙着呢。

[之](丙)

(1) 종속관계를 나타낸다. 赤子之心。

(2) 일반적 수식관계를 나타낸다.

缓兵之计。/不速之客。

접속사 连词

접속사는 단어, 구, 분구 등을 연결하여 일정한 문법관계를 이끌어내는 허사이다. 복문에서, 구와 구 사이의 관계를 분명히 하기 위해서 관련 어휘를 사용하여 연결시켜 준다. 주로 사용하는 접속사 고정어구는 아래와 같다.

1. 병렬관계 : 也, 又, 还, 一边……一边, 既……又, 不是……而是, 是……不是

2. 순접관계 : 就, 更, 才, 于是, 然后, 后来, 接着, 首先/起先……接着/其次/然后/后来…

3. 선택관계 : 是……还是……, 或者……或者……, 不是……就是, 要……要么, 宁可……也 不, 与其……不如

4. 점층관계 : 而且, 并且, 何况, 甚至, 况且, 不但/不仅/不只/不光……而且/还/也/又……, 别说……就是./连……, 除了……还……

5. 인과관계 : 由于, 因此, 因为……所以……, 之所以……是因为……, 既然……那么/就……

6. 가설관계 : 如果/假如/要是/若/倘若……那么/就/更……

7. 양보관계 : 假使/就是/就算/哪怕……也/还……, 再……也

8. 역접관계 : 可(是), 但(是), 然而, 不过, 却, 而, 虽然/尽管……但是/可是/不过/却……

9. 조건관계 : 只要……就……, 只有/除非……才……, 无论/不论/不管……都……

10. 목적관계 : 为了, 以便, 好., 为的是, 以, 以免, 免得, 省得

二. 시험에 잘 나오는 접속사

1. 접속사 용법 분석
2. 고정어구

三. 문제분석

1. 我们厂采用了新的技术成果后，人员不变，_____产量增加了2倍。

   A. 和　　　　B. 又　　　　C. 而　　　　D. 才

   【解析】“和”는 병렬관계로 평등한 연합관계를 나타낸다. “又”는 부사로 “既”와 호응하여 “既/又……又”어구를 만들어 “……할 뿐만 아니라 ……도”의 의미로 쓰인다. “而”은 병렬관계를 나타내는 “和”와 같은 용법으로 쓰인다. 또한 역접관계를 나타내기도 한다. “才”는 부사로 명사 “产量” 앞에 쓸 수 없다. 문제의 의미를 파악해 보면 역접관계이다.

   정답은 D(而)

2. 明天咱们先去养鸡场，_____去参观纺织厂。

   A. 后来　　　B. 并且　　　C. 然后　　　D. 其次

   【解析】“后来”와 “然后”는 순접관계로 동작의 시간상의 선·후를 나타낸다. “然后”는 뒤의 동작이 앞의 동작 뒤에 바로 일어남을 나타내며, 과거, 미래시제에 다 쓸 수 있다. 종종 “先/首先”과 호응하여 사용한다. “后来”는 일반적으로 앞·뒤 동작 사이에 어느 정도 시간 차이가 있을 때 쓴다. 과거시제에만 쓴다. 종종 “起先/起初”와 호응하여 쓴다. “并且”는 병렬관계를 나타내어, 뒷부분이 앞부분보다 진일보함을 나타낸다. “其次”는

대명사로 "그 다음"이라는 뜻이다.

3. 这次回国主要是为了给父母扫墓，_____还想寻找一个贸易合作伙伴。
  A. 除了　　　　B. 并且　　　　C. 从此　　　　D. 除非

【解析】"除了"는 전치사로 "除了……以外/外/之外"의 고정어구를 만든다. 해석은 "~이 외에". 뒤에 "还"나 "也"가 오면, 이미 알고 있는 상황 이외에 또 다른 상황이 있음을 나타낸다. "并且"의 용법은 문제 2번 참고. "从此"는 부사로 "지금부터"의 의미이다. "除非"는 조건을 나타내는 접속사로 "才"와 호응하여 "除非……才……"의 형태로 사용한다. 뜻은 "다만 ~함으로써만이 비로소)"로 "只有……才"와 같은 뜻이다. 가끔 "除非" 뒤에 "不然"이나 "否则"가 와서 이러한 상황 아래에서 비로소 어떤 결과가 있고, 그렇지 않으면 이러한 결과가 없을 것임을 나타낸다. 문제는 병렬관계를 나타내므로,

정답은 B(并且)

4. _____王老师严格要求我，我哪里有今天的好成绩。
  A. 别说　　　　B. 即使　　　　C. 不管　　　　D. 要不是

【解析】"别说……就是……(也)……"(~은 말할 것도 없고 ~도)는 점층을 나타내는 접속사로, "别说/不要说/不用说"가 사물이 분명히 문제가 될 것이 없음을 이끌어내고, "就是……(也)……"는 부가설명이다. "既使/就是/哪怕……也/还……(설령 ~일지라도)"는 양보를 나타내는 접속사로, "既使" 뒤에 일반적으로 상황을 가정하는 어휘가 온다. "也" 뒤에는 결과나 결론이 앞의 상황의 영향을 받지 않음을 나타낸다.

예 : 即使有时间, 我也不想运动(설령 시간이 있다고 할지라고, 운동하고 싶지 않다.) "不管"의 용법은 문제 21번 참고. "要不是"는 가설을 나타내는 접속사로 "만약 ~가 아니라면"의 뜻이다. 문제의 의미상 가설관계이다.

정답은 D(要不是)

5. 英语是我学习中的弱项, 这次考试＿＿＿考得最好。

    A. 反而   B. 而且   C. 因而   D. 所以

【解析】"反而"은 역접이자, 동시에 점층을 나타낸다. 앞의 문장과 완전 상반됨을 나타내고, "不但不", "不仅不"와 호응하여 사용한다. "而且"는 병렬을 나타내는 접속사로, "게다가 ……뿐만 아니라"로 해석한다. 예 : 我参加了这次比赛, 而且得了第一名。"因而"은 "因此"와 같은 의미로 결과를 나타내며, 문두에 놓인다. "所以"는 뒤에 결과를 이끌어낸다. 종종 "因为"와 호응하여 사용한다. 문제의 의미상 역접관계이므로,

정답은 A(反而)

6. 这件事不着急, 你今天去＿＿＿明天去都可以。

    A. 还是   B. 所以   C. 或者   D. 但是

【解析】"还是"와 "或者"는 선택을 나타내는 접속사로 "还是"는 의문문이나 부정문에 쓰이고, "或者"는 평서문에 쓰인다. 예 : 你是今天去还是明天去?/我或者今天去, 或者明天去。"所以"의 용법은 문제 5번 참고. "但是"는 역접으로 뒤의 상황이 앞의 상황과 같지 않음을 나타낸다. 문제에서는 평서문에서의 선택관계를 찾아야 한다.

정답은 C(或者)

7. 这套衣服看上去很一般，价格_____高得惊人。

   A. 却   B. 但   C. 不过   D. 可

【解析】"可(是), 但(是), 然而, 不过, 却"는 모두 역접으로, 의미가 비슷하다. 그러나 "可(是), 但(是), 然而, 不过"는 역접을 이끌어낼 때 분구의 문두에 오지만, "却"는 분구의 주어 뒤에 온다. 때때로 의미를 강조하기 위해서 "可(是), 但(是), 然而, 不过, 却"를 모두 한 문장에 쓸 수 있다. 예 : 这套衣服看上去很一般, 可是/但是/不过价格却高得惊人。

정답은 A(就是)

8. 这是国家文物，它属于国家，你_____给再多的钱我也不卖。

   A. 就是   B. 而且   C. 要是   D. 于是

【解析】문제 4번, 5번 참고. "要是"는 가설을 나타내는 접속사로 "만약 ~한다면"의 뜻이다. "于是"는 순접을 나타내는 접속사로 뒤의 동작이나 상황이 앞의 동작이나 상황을 이끌어낸다. 문제의 의미상 양보관계를 나타내는 것이므로,

정답은 A(就是)

9. 我这次考试考得不好，_____比上次好一点儿。

   A. 因而   B. 否则   C. 而且   D. 不过

【解析】문제 5번, 7번 참고. "否则"는 "그렇지 않으면"의 뜻으로 역접을 나타내는 접속사로, 앞 문장과 상반되는 내용을 이끌어낸다.

정답은 D(不过)

10. 你可别小看他，他看起来笨，_____并不笨。

   A. 其实   B. 其次   C. 因此   D. 于是

【解析】문제 2번, 8번 참고. "其实"는 부사로 말하려는 상황이 진실임을 나타낸
다. 가끔 문두에 쓰여서 "但是"에 해당하는 역접의 의미를 지니기도 한
다. "因此"는 인과관계를 나타내는 접속사로, 결과나 추론을 나타내는
문두에 쓰인다.

정답은 A(其实)

11. 到时候你可别忘了提醒我一下, _____我忘了这件事。

    A. 从而   B. 所以   C. 以免   D. 于是

【解析】문제 5번, 8번 참고. "从而"은 문장의 앞부분이 원인·방법에 해당하고
뒷부분이 결과·목적 등을 나타낼 때에 이를 연결하는 접속사로 쓰인다.
"以免/免得/省得"는 목적을 나타내는 접속사로 문두에 사용하며, 원하
지 않는 상황이 발생하는 것을 방지한다.

정답은 C(以免)

12. 连 "ABC" 也不会念, _____他没学过英语。

    A. 可见   B. 可是   C. 结果   D. 于是

【解析】문제 7번, 8번 참고. "可见"은 순접으로, 구나 단락을 이어준다. 뒷부분
의 결론이 앞부분의 사실로부터 얻어진 것임을 나타낸다. 추측을 나타내
는 문장에 많이 쓴다.
예 : 你不知道王强是男还是女, 可见根本不认识他。
"结果"는 순접으로, 여러 개의 구를 연결하여 앞의 사건이 뒤의 결과임
을 나타낸다. 일반적으로 과거의 사건을 말한다.

정답은 A(可见)

13. 工厂实行了按劳取酬, 多劳多得的政策, ＿＿＿调动了职工的
劳动积极性。
　　A. 从而　　　　B. 可是　　　　C. 而是　　　　D. 反而

정답은 A(从而)

14. ＿＿＿明天能继续爬山, 我们今晚就住在了山腰的旅馆里。
　　A. 不仅　　　B. 只要　　　C. 因此　　　D. 为了

정답은 D(为了)

15. ＿＿＿中国地形的特点是西高东低, 黄河, 长江都从西往东
流。
　　A. 由于　　　B. 因此　　　C. 结果　　　D. 所以

정답은 A(由于)

16. 她＿＿＿舞跳得好, ＿＿＿歌也唱得很好。
　　A. 因为　　所以　　B. 既　　　又　　C. 不仅　　而且　　D. 除了　　还

【解析】문제 3번, 5번 참고. "既……又"는 병렬관계로 동사나 형용사는 연결하여 동시에 두 가지 상황이 공유됨을 나타낸다. "不仅/不但……而且/还……"(~뿐만 아니라 ~도)는점층을 나타내는 접속사로, 동사, 형용사, 혹은 구를 연결한다. 문제에서는 병렬관계 혹은 점층관계지만, "既……又"는 구를 연결할 수 없으므로 점층관계에 해당한다.

정답은 C(不仅　而且)

17. ＿＿＿吃饭＿＿＿看电视不利于人体消化。

　　A. 既　又　　B. 只有　才　　C. 只要　就　　D. 一边　一边

【解析】문제 3번, 14번, 16번 참고. "一边……一边……"은 병렬관계로 뒤에 동사가 온다. 둘, 혹은 두 가지 이상의 동작이 동시에 진행됨을 나타낸다. 문제의 의미상 병렬관계를 나타내므로,

정답은 D(一边　一边)

18. ＿＿＿他很守信用, ＿＿＿大家都愿意把钱借给他。

　　A. 既　又　B. 不但　而且　C. 因为　所以　D. 不是　就是

【解析】문제 5번, 16번 참고. "不是……就是"는 선택을 나타내는 접속사로 "或者……, 或者……"와 같은 의미이다. 문제에서는 의미상 인과관계이므로,

정답은 C(因为　所以)

19. 咱们俩只能去一个, ＿＿＿你去, ＿＿＿我去。

　　A. 或者　或者　B. 如果　那么　C. 既　又　D. 一边　一边

【解析】문제 6번, 16번, 17번 참고. "如果/假如/要是/若/倘若……那么/就/更……"(만약 ~한다면)은 가설을 나타내는 접속사로, 어떤 상황에 대한

가정을 나타낸다. 문제의 의미상 선택을 나타내고 있으므로,

정답은 A(或者　　或者)

20. 这场改革_____影响中国, _____影响世界。
　　A. 连　　也　　B. 即使　　也　　C. 不但　　而且　　D. 虽然　　但是

【解析】문제 4번, 7번, 16번 참고. "连……也"는 강조구문으로 "连"과 "也" 사이에 강조할 내용을 삽입한다. 예 : 你怎么连校长也不认识。문제의 의미상 점층을 나타내므로,

정답은 C(不但　　而且)

21. _____身材还是相貌, 她 _____是一流的。
　　A. 不论　　都　　B. 只要　　就　　C. 倘若　　那么　　D. 不是　　而是

【解析】문제 14번, 19번 참고. "无论/不论/不管……都/也……"(~에도 불구하고~)는 어떠한 조건 아래에서도 모두 이러함을 나타낸다. "不是……而是……"는 병렬관계로 앞이 부정이고, 뒤가 긍정이다. 문제의 의미상 조건을 나타내므로,

정답은 A(不论　　都)

22. _____干什么工作, _____应该认真对待。
　　A. 无论　　都　　B. 只有　　才　　C. 要是　　那么　　D. 尽管　　也

【解析】문제 3번, 19번 21번 참고. "尽管……也/可(是)/但(是)/却……"는 역접으로, "비록(설령) ……라 하더라도"로 해석되며 "尽管" 뒤에는 사실을 나타낸다. 문제는 의미상 조건관계이므로,

정답은 A(不论　　都)

23. 象他那样的好人在现在的社会生活中_____太多了, _____太
     少了。

     A. 如果　　那么　B. 虽然　　但是　C. 无论　　也　D. 不是　　而是

【解析】문제 7번, 19번, 21번 참고.

정답은 D(不是　　而是)

24. 传统文化对现代人的影响_____深远_____广泛。

     A. 既　又　　B. 也　也　　C. 越　越　　D. 或者　或者

【解析】문제 1번, 6번 참고. "也……也……"는 병렬관계로 뒤에 동사가 오며, 동
　　　작이 동시에 존재함을 나타낸다. "越……越……"는 정도가 조건에 따라
　　　서 더욱 발전하는 것을 나타낸다. 예 : 雨越下越大。문제에서는 병렬관
　　　계를 나타내지만, "深远", "广泛" 등 형용사가 있으므로 "也……
　　　也……"를 쓸 수 없다.

정답은 A(既　　又)

25. 中国队在这次比赛上失利的原因很多, _____技术原因, _____
     有心理原因。

     A. 除非　　才　　B. 即使　　也　　C. 除了　　还　　D. 不但　　还

【解析】문제 3번, 4번, 16번 참고.

정답은 C(除了　　还)

26. 他_____已是80岁高龄, _____耳不聋, 眼不花。

     A. 不但　而且　B. 因为　　所以　C. 即使　　也　D. 虽然　但是

【解析】"문제 4번, 5번, 7번, 16번 참고.　　　　　정답은 D(虽然　　但是)

27. ＿＿＿＿是写到夜里12点，我＿＿＿＿要把作业完成再睡觉。
    A. 即使　也　　B. 不但　　而且　　C. 因为　　所以　　D. 既　又

【解析】문제 4번, 5번, 16번 참고.

정답은 A(即使　也)

28. ＿＿＿＿生了病再花钱买药吃，＿＿＿＿先用钱买个健身器，多锻炼，预防疾病。
    A. 虽然　但是　　B. 与其　不如　　C. 不但　而且　　D. 只有　才

【解析】문제 3번, 7번, 16번 참고. "与其……不如"는 선택을 나타내는 접속사이다. 앞뒤 양자를 비교하여 후자를 선택함을 나타낸다.

정답은 B(与其　不如)

29. 这次考试＿＿＿＿不算太难，＿＿＿＿大家一定要认真准备。
    A. 尽管　可是　　B. 如果　那么　　C. 只要　就　　D. 因为　所以

【解析】문제 5번, 14번, 19번, 22번 참고.

정답은 A(尽管　可是)

30. 中国方言众多，有些方言＿＿＿＿外国人听不懂，＿＿＿＿中国人也听不懂。
    A. 不是　而是　　B. 尽管　还　　C. 别说　就是　　D. 因为　所以

【解析】문제 4번, 5번, 21번, 22번 참고.

정답은 C(别说　就是)

四. 연습문제

1. 今年我国遇到严重的自然灾害，A粮食总重量比B去年还是增长了C将近1/3D。　　不过

2. 一个人A认为可笑的事情，B另一个人C不一定D认为可笑。　　却

3. 这次地震A造成严重的人员伤亡B重大的经济C损失，D我们感到万分伤痛，并希望尽最大的努力帮助灾区人民战胜灾害，重建家园。　　和

4. 葛洪从小A热爱学习，但父亲B死得早，家境C不好，D生活的重担就落在他的肩上。　　又

5. A汉语学起来B有点儿难，C但是我D有信心把它学好。　　尽管

6. A这么简单的题目B，C就是比它难10倍的我也D能做出来。　　别说

7. 一年没见，A他个子B长高了，C身体长壮了，D性格也好象开朗了很多。　　并且

8. 我们最好现在A就往回走，B他们C等得D着急。　　以免

9. 这么简单的数学题你都不会，＿＿＿你上课时没有注意听讲。

　　A. 可是　　　　B. 可见　　　　C. 于是　　　　D. 之所以

10. 幸亏消防人员及时赶到，_____一场大火是不可避免的。

    A. 所以   B. 不然   C. 那么   D. 以免

11. 陈景润_____在国内是家喻户晓的科学家，就是在国外也有
    多人知道他。

    A. 不仅   B. 因为   C. 即使   D. 除非

12. _____老板答应我们提出的要求，不然我们的罢工决不结束。

    A. 为了   B. 如果   C. 假如   D. 除非

13. 他没有从上次的错误中认真吸取教训，_____这次又犯了类
    似的错误。

    A. 甚至   B. 以致   C. 要是   D. 至于

14. 单位近来组织了各种技术竞赛，大力开展技术革新活动，
    _____大大提高了产品数量和质量。

    A. 但是   B. 从而   C. 既然   D. 免得

15. 再大的困难我们也能克服，_____目前这种算不上困难的小
    问题。

    A. 不论   B. 但是   C. 而且   D. 何况

16. 我小时候很喜欢画画儿，_____家穷买不起笔和纸。

    A. 可是   B. 而是   C. 而且   D. 于是

17. 不管我当干部_____当教师，我都会尽力把工作做好。

    A. 而且   B. 而是   C. 还是   D. 反而

18. 据调查，北京市家庭中使用计算机最多的是青少年学生，
　　　_____是父亲，再次是母亲。

　　　A. 而且　　　　B. 其次　　　C. 甚至　　　D. 以免

19. _____时间不够，我们只去了中国历史博物馆。

　　　A. 由于　　　　B. 为了　　　C. 因此　　　D. 如此

20. 这种工作看起来轻松有趣，_____枯燥乏味。

　　　A. 而且　　　　B. 其实　　　C. 并且　　　D. 不如

21. _____王刚因病缺考以外，其他人全都顺利地通过了这次考
　　　试。

　　　A. 以免　　　　B. 除了　　　C. 不但　　　D. 除非

22. 参加舞会的事我还没有决定，_____去，_____不去。

　　　A. 不是　而是　B. 即使　也　C. 或者　或者　D. 只要　就

23. 平时我_____看书备课，_____常和同学们打篮球，踢足球。

　　　A. 除非　才　B. 因为　所以　C. 除了　还　D. 假如　那么

24. _____他们贫或富，我们_____应该同等对待。

　　　A. 假如　就　B. 即使　也　C. 不管　都　D. 既然　那么

25. 这种商业上的竞争_____一般的比赛，_____一场你死我活的
　　　较量。

　　　A. 既　又　B. 越是　越是　C. 不是　而是　D. 要不是　那么

26. _____顾客不买商店里的商品，服务员的态度_____那么热情。

    A. 即使　也　　B. 虽然　但是　　C. 不论　都　　D. 只有　才

27. _____我没完成自己的学习计划，_____我努力学习的决心没有改变。

    A. 虽然　却　　B. 虽然　可是　　C. 因为　所以　　D. 宁肯　也不

28. _____山区的学习环境很差，_____那里的孩子克服一切困难坚持学习。

    A. 虽然　但是　　B. 假如　也　　C. 不仅　而且　　D. 与其　不如

29. 他在比赛中的突出表现_____使队友，_____使教练感到吃惊。

    A. 因为　所以　　B. 不但　而且　　C. 无论　也　　D. 既然　就

30. _____他乐于助人，_____在他有困难的时候，也有很多人帮助他。

    A. 即使　也　　B. 一　就　　C. 因为　所以　　D. 如果　才

五. **상용접속사**

표9-1

	连词	搭配	例句
承接关系	并且 bìng qiě	…，并且…	见到有人落水，他大喊救人～立即跳入水中。
	不是…而是 bú shì…ér shì	不是…而是…	今天不是星期一，而是星期三。
	此后 cǐ hòu	…，此后…	我95年去过韩国，～就没去过。
	从此 cóng cǐ	从此…	故事～往后就更有趣了。
	从而 cóng ér	…，从而…	同志们消除了隔阂，～形成了团结的集体。
	而 ér	…而…	多～杂。
	而且 é qiě	不但/不仅…而且…	不仅质量好，～价钱便宜。
	反之 fǎn zhī	…，反之…	天气热时根的吸水力强，～根的吸水力就弱。
	跟 gēn	…跟…	我～他在一起工作。
	好 hǎo	…，好…	把场地清理干净～打球。
	和 hé	…和…	我～老师打球。
	及+ jí	…及…	我公司生产各种手机～配件
	既 jì	既…又…++ jì yòu	既快又好。
	既…也 jì…yě	既…也…	既不喜欢唱歌，也不喜欢跳舞。
	接着 jiē zhe	(先/首先)…接着…	先参观了养鸡厂，～去了养猪厂。
	连同 lián tóng	…连同…	货物～清单一并送去。
	那 nà	…，那…	你还有事，～我就不再等了。
	那么 nà me	(既然)…，那么…	他不来了，～我也回去了。
	且 qiě	既…且…	既高～大。
	然+ rán hòu	先/首先…然后…	我先去学校，～再去银行。
	一+ yī biān	一边…一边…	～听音乐，～写作业。
	一面…一面… yī miàn yī miàn	一面…一面…	他～跑～喊。
	以及 yǐ jí	…以及…	国家领导～有关方面负责共

			同出席了会议。
	于是 yú shì	…，于是…	听到有人敲门，～他站起来去开门。
	与 yú	…与…	成～不成，在此一举。
	总之 zǒng zhī	总之，…	～，我们要主动，不要被动。
选择关系	不如 bù rú	…不如…	晚上吃米饭～吃饺子。
	不是…就是… bú shì…jiù shì	不是…就是…	下星期考试，不是星期一就是星期二。
	还是 hái shì	是…还是…	你是中国人～韩国人？
	或 huò	…或…	在五天～六天之内。
	或是 huò shì	(或是)…或是…	我决定学医～学法律。
	或者 huò zhě	(或者)…或者…	这个任务可以交给小李～小张。
	宁可 níng kě	宁可…也(不)…	～早点儿出发，也不要迟到。
	宁肯 níng kěn	宁肯…也(不)…	～自己辛苦点，也不要麻烦别人。
	宁愿 níng yuàn	宁愿…也(不)…	～吃苦受累，也要把工作做好。
	要么 yào me	要么…要么…	～给他发个电报，～打个长途电话。
	与其 yǔ qí	与其…不如…	～在这里等他，不如去　他。
因果关系	故 gù	…，故…	他一向工作努力，～这次大家选他当先进。
	既然 jì rán	既然…，那么/就/也…	～病了，　就休息两天吧。
	可见 kě jiàn	…，可见…	连ABC都不知道，～没学过英语。
	所以 suǒ yǐ	因为…，所以…	因为刻苦训练，～成绩提高很快
	以至 yǐ zhì	…，以至…	她愈陷愈深～不能自拔。
	以致 yǐ zhì	…，以致…	由于紧张，～把想好要说的话都忘了。
	因而 yīn ér	…，因而…	准备得很充分，～顺利地通过了考试

	因此 yīn cǐ	…，因此…	他身体不好，～没来上课
	由于 yóu yú	由于…，…	～家里有事，我请假一周。
	则 zé	…则…	闻过～喜。
假 设 关 系	便 biàn	便…也…	～是天塌下来，我也不怕。
	假如 jiǎ rú	假如…那么/就…	～不坐汽车，我们就不能按时到车站。
	假若 jiǎ shè	假若…那么/就…	～这些推论是合乎逻辑的话，
	假使 jiǎ shǐ	假使…那么/就…	～你遇见这桩事情，你怎么办？
	就算 jiù suàn	就算…也…	到那里去～有困难，我也不退却。
	若 ruò	…，那么/就…	～有时间的话，就到我家喝茶。
	如 rú	如…，那么/就…	～不提高工资，我们就罢工。
	如果 rú guǒ	如果…，那么/就…	你～要来，请事先告诉我。
	倘若 tǎng ruò	倘若…，那么/就…	～有困难，我定设法相助。
	万一 wàn yī	万一…，就…	～下大雨怎么办？
	要 yào	要…，那么/就…	～有时间，就到我家玩儿。
	要不（然）yào bù (rán)	…，要不然…	按我的话办，～你会后悔的。
	要不是 yào bù shì	要不是…，…	～你来，我们还不知道该怎么办呢？
让 步 关 系	要是 yào shì	要是…，那么/就…	你没有时间来的话，我可以去找你。
	固然 gù rán	固然…，也…	大米白面～好，高粱玉米也不错。
	即便 jí biàn	即便…，也…	～有钱也不能乱花。
	即使 jí shǐ	即使…，也…	～我知道了也不告诉他。
	就是 jiù shì	就是…，也…	～下雨，我们也要去。
转 折 关 系	哪怕 nǎ pà	哪怕…，也…	～写到天亮，我也要把它写完。
	不然 bù rán	…，不然…	要去就快去，～就迟到了。
	不过 bù guò	…，不过…	病人精神还不错，～胃口还不好。
	而 ér	…而…	看起来不错，～实际并不好。
	但 dàn	虽然…，但…	好吃，～不贵。

	但是 dàn shì	虽然…，但是…	虽然困难很多，～他一点也不怕。
	否则 fǒu zé	…，否则…	开展工作必须发动群众，～就会一事无成。
	固然 gù rán	固然…，但是…	工作～很忙，但还是可以抽出一些时间来的。
转折关系	尽管 jìn guǎn	尽管…，可是/但/也…	～费了好大力气，也没成功。
	可 kě	…，可…	你想今天来，～我今天不在。
	可是 kě shì	虽然…，可是…	他虽然有病，～仍继续工作。
	然而 rán ěr	…，然而…	演出结束了，～大家还意犹未尽地坐在那里。
	虽 suī	虽…但是/可是…	麻雀～小，五脏俱全。
	虽然 suī rán	虽然…但是/可是…	～已八十多了，可耳不聋，眼不花。
	虽说 suī shuō	虽说…但是/可是…	我们～有经验，但还得学习新东西
	则 zé	…则…	今～不然。
	只是 zhǐ shì	…只是…	他的作业全做对了，～字写得不够端正。
	不管 bù guǎn	不管…都/总/也…	～春夏秋冬，他每天都坚持锻炼。
	不论 bù lùn	不论…都/总/也…	～是教师还是学生，都应该努力学习
	除非 chú fēi	除非…才/否则…	～在这里修个水库，～不能解决供水问题。
	等到 děng dào	等到…，就…	～有了孩子，你就知道了。
	任 rèn	无论…都/总/也…	他太犟了，～谁说都不听。
	无论 wú lùn	无论…都/总/也…	～天气多么冷，每天早晨他都要去海河游泳。
	只要 zhǐ yào	只要…就/也…	～大家鼓足干劲，什么困难也能克服。

目 的 关 系	只有 zhǐ yǒu	只有…才…	只有依靠群众，才能做好普查工作。
	免得 miǎn dé	…，免得…	多问几句，～走错路。
	为 wèi	为…而…	～实现理想而努力。
	为了 wèi le	为了…，…	～准备考试，他每天只睡4个小时。
	以便 yǐ biàn	…，以便…	说话清楚些，～听懂你的意思。
递 进 关 系	以免 yǐ miǎn	…，以免	路滑，小心一点儿，～摔倒。
	并 bìng	…，并…	我们完全同意～拥护这个报告。
	并且 bìng qiě	…，并且…	他学习用功，～乐于助人。
	不但 bù dàn	不但…而且/也/还…	～好吃，而且好看。
	不仅 bù jǐn	不仅…而且/也/还…	我的家乡～风景优美，物产也富。
	不只 bù zhǐ	不只…而且/也/还…	河水～可供灌溉，还可用来发电
	除了…以外 chú le…yǐ wài	除了…以外，还/也…	除了六日以外，周二下午也不上课。
	而且 ér qiě	…，而且～	他学习认真，～十分虚心。
	何况 hé kuàng	…，何况…	你去接他吧，这儿不好找，～他又是第一 次来。
	加以 jiā yǐ	…加以…	他本来聪明，～勤奋好学，所以进步很快。
	进而 jìn ěr	…进而…	先搞清词语的意思，～才能研究文章的内容。
	况且 kuàng qiě	…，况且…	这书内容好，～又不贵，你买一本吧。
	甚至 shèn zhì	…，甚至…	他们贡献出所有的精力，～不惜牺牲生命。
	甚至于 shèn zhì yú	…，甚至于…	报纸上的字太难了，有些～连字典上也查不到。

10 전치사 介词

(一) 전치사는 명사나 대명사 앞에 놓여서 시간, 장소, 방향, 대상, 목적, 원인 등을 이끌어내는 허사이다.

1. 시간, 공간, 장소, 방향을 이끄는 전치사

   예 : 从, 自, 自从, 打, 到, 当, 在, 于, 趁, 随(着), 临, 向, 往,
       朝, 由, 沿(着), 顺(着)

2. 대상을 이끄는 전치사

   예 : 关于, 和, 跟, 与, 比, 为, 给, 让, 叫, 论, 将

3. 목적, 원인을 이끌어내는 전치사

   예 : 为 , 为了, 因, 由于

4. 방식, 근거, 핑계를 이끌어내는 전치사

   예 : 按(照), 照, 根据, 依, 本着, 经(过), 通过, 以, 就, 凭, 用,
       靠, 拿

5. 동작의 주체나 동작의 대상을 이끌어내는 전치사

   예 : 把, 被, 叫, 让

6. 제거를 나타내는 전치사

   예: 除, 除了

(二) 전치사의 특징

1. 전치사는 일반적으로 단독으로 문장 성분이 될 수 없다. 반드시 명사나 대
   명사와 함께 전치사 구를 이루어 문장에서 상황어나, 보어, 한정어 역할을
   한다.
2. 전치사 뒤에 바로 동태조사 "着", "了", "过"가 올 수 없다.

3 전치사는 중첩할 수 없다.

4. 전치사는 정반의문문에 사용할 수 없다.

二. 시험에 잘 나오는 전치사

1. 전치사의 용법 분석

2. 문장 안에서 전치사의 위치

3. "把"자 구문의 용법(※사람이나 사물에 대한 처치를 나타낼 때 : "동작의 주체＋把＋동작의 대상＋동사＋…" 형식을 쓰는데, 이를 처치문이라 한다.)

(1) "把"자 구문 안의 동사

① "把"자 구문의 동사는 반드시 목적어를 취할 수 있어야 한다.

예 : "鞭炮声把孩子吓哭了"에서 吓는 목적어 孩子를 앞으로 도치시키면서 "把" 구문을 이끌어내었다.

② 어떤 동사는 목적어를 취할 수 있지만 "把"자 구문으로 쓸 수 없다.

A. 상태를 나타내는 동사 : 有, 是, 在, 象 등.

B. 심리를 나타내는 동사 : 赞成, 承认, 知道, 同意, 感谢, 相信, 觉得, 以为 등.

C. 운동방향을 나타내는 동사 : 上, 下, 进, 出, 起 등.

③ 동사는 단독으로 나올 수 없고, 뒤에 부가 성분이 있어야 한다.

A. 把手举起来。(把手举×)

B. 把我吓了一跳。(把我吓×)

C. 他把自动铅笔丢了。(他把自动铅笔丢了×)

D. 快把手巾递给我。(快把手巾递×)

④ 문장 안에 능원동사나 부사는 "把"자 앞에 위치한다.

A. 他能把300公斤重的东西举起来。

B. 你怎么还没把饭做好？

C. 下次你一定得把课本带来。

※ 능원동사나 부사가 "把"자 구문 안의 어떤 성분에 의해 수식을 받
　거나 제한될 때에는 문장의 의미에 따라 능원동사나 부사는 "把"
　뒤에 놓는다. 예 : 大家把花都搬到院子里。

(2) "把" 뒤의 목적어

　① "把" 뒤의 목적어는 반드시 화자가 마음속으로 확정한 사물이어야지,
　　총괄하여 나타내서는 안 된다. 예를 들어 "把这杯茶喝了"는 맞지
　　만, "把一杯茶喝了"는 틀린 표현이다.

　② "把" 뒤의 목적어는 문장 뒤로 이동하여 동사의 목적어가 될 수도
　　있다. "주어＋把＋목적어＋동사……"(예 : 你把门打开) ⟹ "주어
　　＋동사……＋목적어"(예 : 你打开门)

　③ 어떤 "把"자 구문에서는 "把"자 뒷부분을 생략하기도 하는데, 문장
　　안에서 기타 성분의 순서, 위치가 변하지 않고, 의미 역시 변화가 없을
　　때 원래 문장의 "把" 뒷부분의 목적어가, 현재 문장의 주어가 된다.

　　A. 把我吓了一跳。→ 我吓了一跳

　　B. 把鼻子碰破了。→ 鼻子碰破了。

4. 피동문의 용법

　피동의 관계를 나타내어, "被"가 실행자를 이끌어 올 때 형식은 ; "동
작의 대상＋被＋동작의주체＋동사……"이다.

(1) 피동문 안의 동사

　① 피동문의 동사는 반드시 목적어를 취할 수 있어야 하며 "被" 앞의
　　명사나 대명사가 바로 목적어가 된다. 예 : 孩子被鞭炮声吓哭了。

　　→ 鞭炮声吓哭了孩子。

　② 동사는 단독으로 쓸 수 없으며 뒤에 일정한 부가성분이 있어야 한다.

　　A. 我被她那动人的歌声吸引住了。(我被她那动人的歌声吸引。×)

　　B. 教室的玻璃被他们擦得干干净净。(教室的玻璃被他们擦。×)

　　C. 新买的自行车被我丢了。(新买的自行车被我丢。×)

③ 동사 앞에 능원동사나 부사가 있으면 "被" 앞에 놓는다.

　　A. 脏衣服已经被洗干净了。

　　B. 我提出的建议没被采纳。

　　C. 他的时间都被工作占去了。

(2) "被" 뒤의 목적어

"被" 뒤의 목적어를 명확히 가리킬 필요가 없을 때는 생략이 가능
하다. 즉 "동작이 대상＋被＋동사……"의 형식이다.

　　A. 偷东西的人被抓住了。

　　B. 我丢的课本被检到了。

三. 문제분석

1. 为了A找到这种样式的扣子, B我C附近大大小小的百货店都D
转遍了。　　　　把

【解析】"把"자 구문의 일반 형식은 : A(동작의 주체 : 명사/대명사)＋把＋B(동
작의 대상 : 명사/명사)＋동사……, 그 중 A부분은 생략 가능하다.

정답은 C

2. A灭鼠药B放好, 不要让C孩子们D看见。　　　　把

【解析】문제 1번 참고. A부분이 생략된 형태로 즉, 把＋명사/대명사＋동사……이다.

정답은 A

3. 虽然你是A老板, 也B不能C雇工D当成动物, 动不动就打骂他
们。　　　　把

【解析】능원동사나 부사는 "把" 앞에 놓인다.

정답은 C

4. 到北京的游人A都B会C吸引住D。　　　被美丽的景色

【解析】능원동사나 부사는 "被" 앞에 놓인다. 그래서 부사 "都"와 능원동사 "会"는 "被" 앞에 와야 한다.

정답은 C

5. A李教授的到来B会场上一下子C变得D热闹起来。　　　使

【解析】사역을 나타내는 문장의 형식은 : A(명사/대명사)＋使＋B(명사/대명사)＋동사……로, 어떤 사람이나 사건의 재촉하에 다른 사람이나 사건이 발생함을 나타낸다. 때때로 "因为A, 所以B＋동사"의 형태와 의미가 비슷하며 그 중, A부분은 생략이 가능하다.

정답은 B

6. 校长号召A全校同学B都要C张鹏同学D学习。　　　向

【解析】전치사 "向"의 주요 용법은
(1) 동작의 방향을 가리켜 동사 앞에서 상황어 역할을 한다. 즉, A(명사/대명사)＋向＋B(명사/대명사)＋동사……, A부분 생략 가능하다. 동사 뒤에서 보어 역할을 하기도 한다. 즉, 동사＋向＋명사/대명사.
(2) 행동의 대상을 가리킨다.
　　예 : 有问题多向老师请教。
　　문제에서 "都"와 "要"는 모두 부사로 마땅히 전치사 "向" 앞에 놓여야 한다.

정답은 C

7. 请您相信我, A明天B开始C我再也D不迟到了。　　　　从

【解析】"从"은 장소. 시간, 방향의 출발점을 나타낸다 그 형식은 : A(명사/대명사) + 从 +B(명사/대명사) + 동사……로 从……起, 从……到……, 从……开始, 从……以后와 같은 고정어구를 종종 보게 된다. 문제에서는 从……开始의 용법으로 시간의 출발점을 나타낸다.

정답은 A

8. A老师B通知C大家D, 本周五下午的课改在周四下午上。　让我

【解析】전치사 "让"의 일반형식은 : A(명사/대명사) + 让 +B(명사/대명사) + 동사……이다. 그 중 A부분은 생략 가능하다. "让"의 주요 용법은
⑴ "使"와 같이 사역을 나타낸다.
　　예 : 他取得这么好的成绩, 让我感到以外。
⑵ "被"와 같이 동작이나 행위의 주체를 이끌어내어 "허락, 허가"의 의미를 나타낸 다.
　　예 : 不能让她一个人去。
⑶ "叫", "令"과 같이 명령, 지시를 나타낸다.
　　예 : 爸爸让我买肉。
　　문제에서 "让我"는 "让 +B부분"에 해당하므로 동사인 "通知" 앞에 와야 한다.

정답은 B

9. 等了不到一分钟, 接线员B就C王丽丽D接通了电话。　　　　为

【解析】전치사 "为"의 일반 형식은 : A(명사/대명사) + 为 +B(명사/대명사) + 동사……로, A는 생략 가능하다. "为"의 주요 용법은

⑴ 행위의 대상을 나타낸다.

　예 : 我给你们介绍一下。

⑵ 동작의 원인이나 목적을 나타낸다.

　예 : 为达到目的，他们不惜一切代价。

문제에서 "就"는 부사로 전치사 앞에 와야 한다.

정답은 C

10. A现在B我C介绍D一下，这就是我们的经理。　　　给大家

【解析】 전치사 "给"의 일반 형식은 : A(명사/대명사)＋给＋B(명사/대명사)＋동사……로, A는 생략 가능하다. "给"의 주요 용법은

⑴ "为", "替"와 같이 행위의 대상을 나타낸다.

　예 : 我给你们介绍一下。

⑵ "对", "向"과 같이 동작, 행위의 수익자를 나타낸다.

　예 : 给他写封信吧，已经半年 没见了。

문제에서 "给大家"는 "给＋B"의 부분으로 동사 "介绍" 앞에 와야 한다.

정답은 C

11. A车速能不能再快一点儿，B这种速度开，我们就不能C准时 D到达了。　　　按照

【解析】"按照"의 문장에서의 형식은 : A(명사/대명사)＋按照＋B(명사)＋동사……로, A부분은 생략 가능하다. "按照"의 주요용법은

⑴ 일종의 표준으로 행위의 근거를 마련한다.

　예 : 按照老传统，每年正月不能买鞋，理发。

⑵ 고정어구 : 按/按照＋명사＋(来)说 는 어떤 일의 도리에 상응하는 판단이나 결론을 내림을 의미한다.

예 : 按道理说, 年轻人应该尊敬老人。

문제에서 "按照"는 "这种速度" 앞에 놓여 "这种速度"는 "开车"의 근거가 된다.

정답은 B

12. A你B能C这块骨骼D判断死者的年龄吗?　　　根据

【解析】"根据"의 문장에서의 형식은 : A(명사/대명사) + 根据 + B(명사) + 동사……로, A부분은 생략 가능하다. 어떤 사물이나 행위에 근거나 전제를 마련한다.

예 : 根据最新消息, 外国人也可以参加我国医师资格考试。

문제에서 능원동사 "能"은 "根据" 앞에 와야 한다.

정답은 C

13. A咱们一起度过的这一个星期将B我C终生D难忘。　　　令

【解析】"令"의 문장에서의 형식은 : A(명사/대명사) + 令 + B(명사) + 동사……로, A부분은 생략 가능하다. 주요 용법은

(1) 사역을 나타낸다.

　예 : 他的话令人气愤。

(2) 명령을 나타낸다.

　예 : 老板令他20天内完成这项工作。

　"令"의 목적어는 일반적으로 사람이다.

정답은 B

14. 会议室的玻璃＿＿＿＿打碎了。

　　A. 被　　　B. 让　　　C. 叫　　　D. 使

【解析】"被", "让", "叫" 모두 피동을 나타내는데, "被"는 목적어를 생략할 수도 있다. 그러나 "让", "叫"는 목적어를 생략할 수 없다.

정답은 A(被)

15. 这场损失近百万元的重大火灾是_____一名工人吸烟引起的。

    A. 对　　　　B. 为　　　　C. 由　　　　D. 被

【解析】"由"의 주요 용법은

  ⑴ "从"과 같이 시간, 공간의 기점을 나타낸다. 由……到……, 由……来/去……, 由……而……과 같은 고정어구를 종종 보게 된다.

  ⑵ 근거나 구성요소를 나타낸다. 由……引起, 由……组成/形成/构成/而成, 由……可见/可知/看来와 같은 고정어구가 있다.

  ⑶ 동작의 주체를 나타낸다.

  문제에서는 일의 발생원인을 나타내고 있다.

정답은 C(由)

16. 中华民族是一个_____许多民族融合而成的整体。

    A. 因　　　B. 被　　　C. 从　　　D. 由

【解析】문제 15번(2) 참고.

정답은 D(由)

17. _____天津飞往成都的717班机每周四上午10：30起飞。

    A. 往　　　B. 由　　　C. 朝　　　D. 向

【解析】문제 15번(1) 참고. "向", "往", "朝"는 동작의 방향을 이끌어내므로, 기점을 나타낼 수 없다.
정답은 B(由)

18. 大家生活上的事＿＿＿＿我负责, 有问题找我就可以。

    A. 由　　　　B. 使　　　　C. 被　　　　D. 给

【解析】문제 5번, 10번, 15번(3) 참고.

정답은 A(由)

19. 他开始时＿＿＿＿刘四爷开的车厂里租车, 后来自己存钱买了
    一辆车。

    A. 把　　　　B. 让　　　　C. 在　　　　D. 向

【解析】문제 6번, 8번 참고. "在"는 시간, 장소, 공간을 이끌어내며, 두 가지 형식이 있다.

    (1) 在 + 명사/대명사 + 동사

    (2) 동사 + 在 + 명사/대명사

문제에서 "在"는 장소를 이끌어내는 역할을 한다.

정답은 C(在)

20. 这个商店的服务员＿＿＿＿顾客一点儿也不热情。

    A. 对于　　　　B. 给　　　　C. 对　　　　D. 向

【解析】"对于"와 "对"는 문법적으로 바꾸어 쓸 수 있다. "对于"와 "对"의 공통적인 용법은

    (1) 동작의 대상을 이끌어 상대적인 상황을 나타낸다.

        예 : 对(于)这件事, 我们很不满意。

    (2) 고정어구 : 对(于)……来说/说来는 어떤 사람이나 사물의 각도에서 문제를 바라봄을 나타낸다.

"对于"와 "对"의 용법의 차이점은

    (1) 동작이 어떤 사람이나 장소로 향할 때는 반드시 "对"를 쓴다.

① 他什么话也不说，只是对我笑。

② 我对爸爸说：“晚上早点儿来接我。

(2) 사람과 사람 사이의 관계를 타나낼 때는 반드시 “对”를 쓴다.

① 他对我很好。

② 他对人非常有礼貌。

(3) “对”는 능원동사나 부사 앞뒤에 쓸 수 있고, “对于”는 능원동사나 부사의 앞에만 쓸 수 있다.

① 对于这种安排，大家都很满意。

② 对这种安排大家都很满意。

③ 大家都对于这种安排很满意。

④ 大家都对这种安排很满意。

문제에서는 사람과 사람 사이의 관계를 나타내므로,

정답은 C(对于)

21. 大家不要争了，领导会_____这件事作出正确处理的。
    A. 对于   B. 对   C. 关于   D. 至于

【解析】“关于”는 “对于”와 의미, 용법이 같다.

① 关于/对于奖金的问题，大家已经讨论过了。

② 关于/对于这种安排，我完全同意。

그러나 주요 차이점은

(1) “关于”는 주어 앞에만 쓸 수 있고, “对于”는 주어 앞뒤에 다 쓸 수 있다.

① 关于这件事，我一点儿也不知道。

② 对于这件事，我一点儿也不知道。

③ 我关于这件事一点儿也不知道。

④ 我对于这件事一点儿也不知道。

(2) “关于”는 언급되는 내용을 강조하고, “对于”는 대상을 강조한다.

① 我买了两本关于历史的书。

② 我买了两本对于历史的书。

⑶ "关于……"는 단독으로 쓰여 문장의 제목이 될 수 있고, "对于"는 그렇지 않다.

예 : 文章的题目是《关于提高教学质量的问题》

문제 20번 참고.

정답은 B(对)

22. 小王正在看一篇_____北京交通情况的文章。

    A. 关于   B. 对于   C. 至于   D. 相关

【解析】문제 22번 참고.

정답은 A(关于)

23. 票贩子就是_____贩卖各种车票, 影票, 球票为业的人。

    A. 凭   B. 因   C. 以   D. 由

【解析】"凭"은 "근거, 의지, 증거"를 나타낸다. "因"은 원인을 나타낸다. 문제는 "以A为 ……"의 형식으로, "A가 ……를 하다"의 의미이다.

정답은 C(以)

24. 上海人一般用茶招待客人, 而在金昌则_____瓜代茶。

    A. 以   B. 按   C. 对   D. 把

【解析】"以"의 주요용법은

⑴ 동작이나 행위의 구실을 나타낸다.

① 我以老朋友的身份劝你不要这么固执。

② 战士们以一当十，打退了敌人一次又一次的进攻。

(2) 동작이나 행위의 방식을 나타낸다.

① 以我的理解，他是不想让我们去。

② 以每月存500块计算，一年就是6000块。

문제는 (1)번 용법으로 "수박을 먹는 것으로 물을 대신한다"는 뜻이다.

정답은 A(以)

25. 他1985年毕业_____南京大学，后来一直从事应用心理学研究。

    A. 在   B. 从   C. 于   D. 到

【解析】문제 7번, 19번 참고. "于"의 주요 용법은

(1) "在"와 같은 용법으로 시간이나 범위를 나타낸다.

① 他生于1890年，死于1947年。

② 我们处于进退两难之中。

(2) "从"，"由"와 같이 방향이나, 사물이나 동작의 기점을 나타낸다.

① 艺术来源于生活。

② 出于感谢，我送给他两幅画

문제는 (2)번 용법으로, 졸업을 한 장소를 이끌어낸다.

정답은 C(于)

26. 这本书你先看吧，不过别借_____别人。

    A. 给   B. 为   C. 向   D. 由

【解析】"为"와 "由"는 "동사＋为/由＋명사/대명사"의 용법이 없다. "向"은 방향과 장소를 나타내므로,

정답은 A(给)

27. 那位女士_____我笑了笑，有礼貌地把手伸了出来。

    A. 给   B. 从   C. 于   D. 冲

【解析】 전치사 "冲"은 방향이나 대상을 이끌어낸다. "向", "朝", "对"와 같은 의미이다.

정답은 D(冲)

28. _____他没注意，我悄悄把他的钥匙藏了起来。

    A. 趁   B. 在   C. 把   D. 被

【解析】 "趁"은 어떤 조건이나 기회를 이용하여 일을 진행함을 나타낸다.

정답은 A(趁)

29. 我们俩_____认识到现在已经两年多了。

    A. 离   B. 打   C. 当   D. 在

【解析】 전치사 "打"는 시간, 장소, 방향의 기점을 나타낸다. "离"는 떨어져 있는 거리를 나타내고, "当"은 사건이 발생한 시간을 이끌어낸다.

정답은B(打)

30. 听了这个消息，她的眼泪_____脸颊流了下来。

    A. 靠着   B. 顺着   C. 按着   D. 趁着

【解析】 "顺着"는 사물이 지나간 노선이나 방향을 나타낸다.

정답은 B(顺着)

1. "A你别走，我B还没说完呢！"说着，我一把C赵先生的胳膊D抓住了。　　把

2. 刚才你妈妈来电话，A让B你C给D她送去。　　把钥匙

3. 请稍等，计算机马上A就B能C显示D出来。　　把计算结果

4. 既然知道我们这种做法不正确，A为什么B不C告诉我们D？　　把正确的

5. 这件事A要B父母C发现可D坏了。　　被

6. 这个小小的惊喜，A他B暂时C忘记了D失去亲人的痛苦。　　使

7. A今天上午我B采访了王市长，C他D询问了近几年来天津经济文化的发展情况。　　向

8. A美国1980年的B户口调查中可以看出，C无子女家庭比10年D前有了很大增长。　　从

9. A《较量》这部影片B观众C看到了D当年那场战争的真实场面。　　让

10. 这么晚了他还没来，A我B很C担心D。　　为他

11. 他的话＿＿＿大家很生气。

    A. 使   B. 把   C. 对   D. 给

12. ＿＿＿一周播十集计算，播完这部电视剧至少要两个月。

    A. 由   B. 按   C. 为   D. 从

13. 我刚睡着就＿＿＿汽车的喇叭声吵醒了。

    A. 使   B. 被   C. 把   D. 为

14. 作为服务员，我们的工作就是＿＿＿大家提供优良的服务。

    A. 对   B. 为   C. 临   D. 跟

15. 要＿＿＿碗里的米饭吃干净，不要剩下。

    A. 被   B. 让   C. 为   D. 把

16. 小偷怎么也没想到竟＿＿＿一名女学生抓住了。

    A. 被   B. 把   C. 跟   D. 使

17. 我＿＿＿他很少见面，对他不太了解。

    A. 让   B. 把   C. 跟   D. 使

18. 中央京剧团昨天晚上在天津大戏院＿＿＿大学生演出了《锁麟囊》。

    A. 向   B. 对   C. 为   D. 为了

19. _____一名教育工作者来说，了解学生，热爱学生是教学成
    功的基础。

    A. 为   B. 对   C. 使   D. 向

20. 那两个杀人犯昨天_____枪毙了。

    A. 让   B. 使   C. 令   D. 被

21. 孤儿们得到了社会的爱，他们又通过自己的行动把爱回报
    _____社会。

    A. 向   B. 从   C. 对   D. 给

22. 老人站起身，_____屋外走去。

    A. 向   B. 对   C. 使   D. 为

23. 夏天的蚊子真_____人讨厌。

    A. 被   B. 令   C. 为   D. 把

24. 工人们都_____这种分工很满意。

    A. 对   B. 为   C. 对于   D. 关于

25. 听说南开大学的王教授要来_____咱们做报告。

    A. 向   B. 给   C. 对   D. 由

26. 上周我没上班，这_____经理对我很不满意。

    A. 往   B. 把   C. 为   D. 使

27. 父亲经常教育我们要虚心_____别人学习。

    A. 给   B. 让   C. 对   D. 向

28. 放心吧，我已经_____他打了电话，他说马上就来。

    A. 给   B. 向   C. 对   D. 为

29. 人们的生活水平提高了，不再_____吃鱼，吃肉，买米，买面担忧了。

    A. 为   B. 对   C. 让   D. 被

30. _____资金的管理和使用上，还存在着很多问题。

    A. 对   B. 从   C. 以   D. 在

表10-1

分类	介词	释义	例句
引出时间地点处所起点	从 cóng	由；自，引出动作的时间，起点	～古至今/～我做起。
	当 dāng	正在那时候或那地方；面对面	～…时/～地/他～着大家的面批评我。
	距 jù	引出时间，处所，表示相隔的空间时间	天津～北京120公里。/～比赛还有1个月。
	距离 jù lí	引出时间，处所，表示相隔的空间时间	～他的要求还有差距。/这里～医院很远。
	顺 shùn	沿，引出地点	～着湖边跑。/～这条路一直走。
	沿 yan	顺着，引出地点	～着湖一直向前走。/～街叫卖。
	由 yóu	自；从，引出动作的时间，起点	～始至终/～起点出发。
	于 yú	在；自；从，引出动作的地点，起点	生～北京/取之～民/出～自愿
	在 zài	表示事情的时间，地点，情形，范围	～宿舍/～大会上/会议定～12号。
	自 zì	从；由，引出地点	～上而下/～古以来。
引出方向	朝 cháo	向；往，引出动作的方向	～前走。/～我笑。
	冲 chòng	对着，引出动作的方向	他～我笑。/～墙站着。
	往 wǎng	朝；向，引出动作行为的方向	～前走。/～上看。
	向 xiǎng	朝；往，引出动作的方向	～看前/～上爬。
	照 zhào	向；对着，引出动作的方向	～敌人开枪。
引出对象	比 bǐ	引出比较的对象	他～你高。/今天～昨天热。
	对 duì	朝着指出动作的目的；对待，引出态度的对象；引进对象，说明与事物的关系	我～墙站着。/他～我笑。他～我很好。/服务员～顾客很热情。我～这事有意见。/我～这种结果很满意。

引出 对象	对于 duì yú	表示人，事物，行为之间的对待关系	～这件事，我不太了解。
	跟 gēn	对；向，引出动作的对象	你一定～他学。/我已经～他说了
	关于 guān yú	引出所要说明的对象	～这种结果，我们十分满意。
	将 jiāng	拿；用，引出动作的对象	～心比心/～计就计。
	较 jiào	用于两种事物的比较，相当于"比"	环境～以前更差/现在～刚来时好多了。
	就 jiù	引出所要说明的对象或范围，常跟后面的"说"，"看"，"而论"等相呼应	～事论事/～两国的关系问题发表意见。
	让 ràng	允许，使；任凭	不～他来/～他闹去/
	替 tì	为；给，引出所要说明的对象	～人受罪/你～我买本书吧。
	为 wèi	替；给，引出所要说明的对象	他～我买药/律师～他處理这个事件。
	以 yǐ	用；拿，引出动作的对象	～一当十/～苦为乐/～身作则。
	与 yú	跟；和，引出所要说明的对象	这所房子～你刚才看过的完全一样。
引出 原因， 目的， 条件	随 suí	表示动作行为的条件，跟着	～波逐流/～风飘动。
	随着 suí zhe	用在句首或动词前面，表示动作，行为或事件的发生所依赖的条件	～工农业生产的大发展，必将带来教育事业的大发展。
	为 wèi	为了，引出原因或目的	～国家献出生命。
	为了 wèi le	引出原因或目的	～通过HSK考试，他每天学到深夜。
	以 yǐ	目的在于；因为，引出原因或目的	～待时机/不～物喜，不～己悲。
	至于 zì hú	表示提出另一话题，用在下	大家说的都很好，～怎么

		文开头	做，以后我再考虑考虑。
引出施事和受事	把+ bǎ	表示处置，致使； 表示动作行为的结果	把头一扭/把一大碗米饭都吃了。
	被 bèi	表示被动，主语是受事者，引出施事者	他～老板辞退了/课本～人借走了。
	将 jiāng	把，引出受事者	～门关好/～答完的试卷交上来。
	叫 jiào	让，用在句中表示被动，主语是受事者	衣服～雨淋湿了/这件事～猜对了。
	让 ràng	用在句中表示被动，主语是受事者	他～自行车撞了。
	为 wéi	被，引出动作行为的施事者	～人所骗/不～表面现象所迷惑。
	由 yóu	引出动作的施事者，表示某事归某人做	这件事～我负责/联欢会～三年级主办。
表示排除或加合	除 chú	不计算在内，常跟"还"，"又"，"也"等配搭，表示在此之外，还有别的	～他以外，我都认识。
	除了 chú le	表示排除或加合，常跟"还"，"又"，"也"等配搭，表示在此之外，还有别的	一天到晚，他～工作，就是学习。
引出依据凭借	本着 běn zhe	介绍出动作，行为的凭借或依据	我们要～实事求是的精神处理这个问题。
	趁 chèn	表示利用某种条件，某个时间或机会进行某种事情	～热打铁/～他没注意，偷偷溜出来。
	冲 chòng	凭；根据，引出行为或动作的依据	～着老朋友的关系，我哪能亏待他。
	根据 gēn jù	把某种事物作为语言或行动的前提	可以～云上的光彩现象，推测天气的情况。
	据 jù	表示动作的根据或表示论断的依据	～专家预测，今天夏天将持续高温。

	凭 píng	引出行为或动作的依据	～票入场/你～什么打人？
	依照 yī zhào	引出行为或动作的依据	～法律审理案件/～指令行动。
引出 依据 凭借	由 yóu	凭借，引出行为或动作的依据	～此可知/代表团～十个人组成。
	照 zhào	引出行为或动作的依据	～他说的去做/～这样下去，你会生病的。
	作为 zuò wéi	就人的某种身分或事物的某种性质来说	～教师，要注意自己的言行/～国家干部，我们要把人民的利益放在第一位。

앞에서 조사, 접속사, 전치사 부분의 연습문제를 마친 후 앞의 어법을 얼마나 이해했는지 계속해서 아래의 종합문제를 풀어보자. 모두 30문제로 정답은 (   ) 안에 써 넣는다. 제한시간은 20분으로 주어진 시간 내에 풀 수 있어야 한다. 문제를 다 풀고 난 후에 정답과 해설을 본다.

开始时间＿＿＿点＿＿＿分

(   ) 1. 对A改进B管理方法的问题，大家都提C出D自己的意见。　　　了

(   ) 2. 上周五，我和大家谈A谈B这次去C上海参观D，学习的情况。　　　了

(   ) 3. 我从来没有A想B要C离开D自己的祖国。　　　过

(   ) 4. 他走进A屋子，指B桌子上的书对C我说："这是从D书店买的。"　　　着

(   ) 5. 中国位于亚洲东A南B部，是亚洲最大C国家D。　　　的

(   ) 6. "一寸光阴一寸金"，时间A是B用多少C钱也买不到D。　　　的

(   ) 7. 戴A上这副新眼镜后，看B比以前C清楚多D了。　　　得

(   ) 8. 造成这么严重的后果，A是B大家C没有D料到的。　　　所

( ) 9. 那间房子以前养过马，后来因为A人太多，就B一直C住人D。　　　了

( ) 10. 如果不忙＿＿＿，去我家喝杯茶吧。

    A. 吗　　　　B. 吧　　　　C. 来着　　　　D. 的话

( ) 11. 祝所有老师A帮助过我的朋友们B，在新的一年里C身体健康，D事事如意。　　　以及

( ) 12. 自从A实行"菜篮子工程"以来，B市场上蔬菜的数量增多了，C品种多样了，D价格也下降了。　　　并且

( ) 13. 你们只知道A他B会说日语，C他的汉语也挺好D。

    其实

( ) 14. 做一切工作都应该发动群众，依靠群众，＿＿＿就会一事无成。

    A. 并且　　　B. 那么　　　C. 然而　　　D. 否则

( ) 15. ＿＿＿花这么多钱大吃大喝，＿＿＿用这笔钱做些有利于社会的事情。

    A. 不仅　而且　　　　B. 与其　不如

    C. 虽然　但是　　　　D. 如果　那么

( ) 16. 以前这个地方十分干旱，不但没有水浇地，＿＿＿吃的水也得从十几里外挑来。

    A. 所以　　　B. 甚至　　　C. 然而　　　D. 至于

（　　）17. ＿＿＿＿他经常骗人，＿＿＿＿我不相信他的话。

      A. 由于　因此　　　　B. 因为　所以

      C. 因为　结果　　　　D. 因此　所以

（　　）18. ＿＿＿＿他决心已定，＿＿＿＿我们就不好再说什么了。

      A. 即使　也　　　　B. 既然　那

      C. 尽管　可　　　　D. 除非　才

（　　）19. 这件衣服＿＿＿＿款式新颖，＿＿＿＿做工考究。

      A. 不是　就是　　　　B. 只要　就

      C. 不仅　而且　　　　D. 因为　所以

（　　）20. 路太远，我们＿＿＿＿坐车去，＿＿＿＿骑车去，走着去可
不行。

      A. 既　又　　　　　B. 或者　或者

      C. 一边　一边　　　D. 不但　还

（　　）21. 孔子首创私人办学，＿＿＿＿文化教育得到发展。

      A. 向　　　B. 对　　　C. 从　　　D. 使

（　　）22. 这家饭店是＿＿＿＿韩国人经营管理的。

      A. 把　　　B. 被　　　C. 由　　　D. 向

（　　）23. 您先别告诉我，＿＿＿＿我仔细想想。

      A. 让　　　B. 对　　　C. 使　　　D. 给

(　　)24. 访问日本的青少年代表团＿＿＿＿15名中小学生组成。

    A. 因　　　　B. 以　　　　C. 由　　　　D. 让

(　　)25. 他们是好朋友，每天一起＿＿＿＿图书馆学习。

    A. 跟　　　　B. 让　　　　C. 和　　　　D. 在

(　　)26. 先别走，＿＿＿＿房间收拾干净再走。

    A. 被　　　　B. 使　　　　C. 把　　　　D. 让

(　　)27. 透过车窗＿＿＿＿外望去，只见一片白茫茫的戈壁，荒无人烟。

    A. 向　　　　B. 从　　　　C. 对　　　　D. 跟

(　　)28. 单＿＿＿＿体重来看，人体大部分是水，约占人总体重的70%。

    A. 在　　　　B. 从　　　　C. 于　　　　D. 用

(　　)29. 两千年来，儒家学说＿＿＿＿中国的思想，政治影响很大。

    A. 对　　　　B. 使　　　　C. 让　　　　D. 为

(　　)30. 我的第一个老师就是我的母亲，是她＿＿＿＿我认识了“爱”。

    A. 给　　　　B. 使　　　　C. 由　　　　D. 把

完成时间＿＿＿＿点＿＿＿＿分

1~10번은 조사에 관한 문제이다.

1. "了"는 동사 뒤에 와야 하고, "出"는 결과보어이므로, "了"는 "出" 앞에 올 수 없다. 정답은 D

2. "谈谈"은 동사의 중첩으로 짧은 시간에 일어남을 나타낸다. "了"가 A위치에 와서 동작이 이미 발생했음을 나타낼 수 있다. "去……参观"은 연동용법으로, "情况"의 한정어가 되어, 동작의 완성을 나타내는 것이 아니므로, C나 D의 위치에는 올 수 없다. 정답은 A

3. "过"는 동태조사로 동사 뒤에 온다. "没有", "要"는 부사이므로, "过"가 A, C의 위치에 올수 없다. "想"과 "离开"는 동사구문이지만, "没有"의 수식을 받으므로 "过"가 D의 위치에 올 수 없다. 정답은 B

4. "着"는 동태조사로 동작이 진행 중임을 나타낸다. "进"은 동사 "去"의 추향보어이므로, "着"가 A의 위치에 올 수 없다. "对"와 "从"은 전치사이므로 C와 D의 위치에도 올 수 없다. 정답은 B

5. "的"는 명사인 "国家" 앞에 와야 한다. 정답은 C

6. "是……的" 강조구문으로 "的"는 문미에 와야 한다. 정답은 D

7. 구조조사 "得"는 동사나 형용사 뒤에서 보어를 이끌어낸다. 정답은 B

8. "所"자 구문에서 "没有"는 부사이므로 동사 앞에 와야 한다. 정답은 C

9. "因为", "就"는 접속사로, 뒤에 "了"가 올 수 없다. "一直"는 부사이므로 역시 뒤에 "了"가 올 수 없다. 문제에서는 어기조사 "了"의 용법으로 문장 끝에 와야 한다. 정답은 D

10. "……的话"는 단어나 구에 쓰여 가정을 나타낸다. 정답은 D

11~20번은 접속사 문제이다.

11. "以及"는 병렬관계를 나타낸다. "和"와 같은 뜻으로, 정답은 B
12. "骈且"는 병렬관계를 나타내는 접속사로 "수량", "품종", "가격"을 연접
    시킨다. 정답은 D
13. "其实"는 부사로, 구의 첫머리에 많이 온다. 정답은 C
14. 문제의 의미상 역접관계이다. "否则"는 "그렇지 않으면……"의 의미로
    앞부분과 상반된 결과를 가지고 온다. 정답은 D
15. 문제의 의미상 선택관계이므로 정답은 B
16. 문제의 의미상 점층관계이므로 정답은 B
17. 문제의 의미상 인과관계이므로 A, B, C는 틀린 용법이다. 정답은 B
18. 문제의 의미상 인과관계이므로 정답은 B
19. 문제의 의미상 점층관계이므로 정답은 C
20. 문제의 의미상 선택관계이므로 정답은 B

21~30번은 전치사 문제이다.

21. 문제의 의미상 사역을 나타내므로, 정답은 D
22. "由"는 동작이나 행위의 주체를 이끌어낸다. 정답은 C
23. "让"은 동작이나 행위의 주체를 이끌어내어, 허락, 허가를 나타낸다.
    "对"는 동작이나 행위의 대상을 이끌어낸다. "使"는 사역을 나타낸다.
    "给"는 동작이나 행위의 수혜자를 나타낸다. 정답은 A
24. "由"는 组成/形成/构成/而成과 같은 어휘와 호응하여, 구실, 출처, 구성
    등을 나타낸다. "因", "以", "让"은 이러한 용법이 없다. 정답은 C
25. "在"는 장소를 이끌어낸다. "跟", "让", "和"는 대상을 이끌어낸다.
                                        정답은 D

26. "把"는 동작이나 행위의 대상을 이끌어낸다. 정답은 C

27. "向"은 방향을 이끌어낸다. "從"은 시간, 장소, 공간, 기점을 이끌어낸다.

정답은 A

28. "从"은 종종 "看，来看，看来，来说，说来" 등과 호응하여 논술의 각
도나 착안점 등을 나타낸다. 정답은 B

29. "对"는 대상을 이끌어낸다. 정답은 A

30. 문제의 의미를 파악해 보면 사역동사의 용법을 묻는 것이므로, 정답은 A

11 성어 成语

一. 개설

성어는 사람들이 오랫동안 습관적으로 사용해 온, 간결하고 정밀한 고정 단어 결합 어구이다. 특징은, 의미가 완전하고, 형식이 정형화되었으며, 표현력이 강하다. 어떤 성어는 글자만으로 이해할 수 없는 것도 있다. 한어의 성어는 대부분 사자성어로 이루어져 있으며, 고대 우화, 고사, 고전문학 및 민간에서 구전으로 이어져 내려오고 있다.

二. 시험에 잘 나오는 성어

성어의 이해 및 활용

1. 有的人看人只看缺点，常常把别人说得________。

    A. 一无所有   B. 一无是处   C. 一无所获   D. 一无所知

2. 他们已经把事情说得很清楚了，我在这儿就不画______添足了。

    A. 龙   B. 狗   C. 蛇   D. 马

3. 一进门，他就打开新买的书________地看了起来。

    A. 筋疲力尽   B. 津津有味   C. 大同小异   D. 目瞪口呆

4. 不管做什么事都要善始善终，不能______头蛇尾。

    A. 牛   B. 熊   C. 龙   D. 虎

5. 只有虚心向别人学习，取长补______，才能使自己不断进步。

    A. 短   B. 充   C. 漏   D. 缺

6. 年轻人往往眼______手低，看起来觉得很简单，但真到做的时候自己又做不出。

    A. 矮   B. 大   C. 高   D. 红

7. 老师叫我去办公室，我的心里________的，不知是不是因为昨天逃课的事。

    A. 兴高采烈   B. 马马虎虎   C. 力不从心   D. 七上八下

8. 最近我们居住的小区里接二______三地发生盗窃事件，使得大家都很紧张。

    A. 连   B. 和   C. 又   D. 加

9. 大家都聚精会_____地听着，会场上安静极了。

    A. 目   B. 意   C. 神   D. 气

10. 世界杯足球比赛期间，成千上_____的球迷坐在电视机前观看比赛。

    A. 十   B. 百   C. 万   D. 亿

11. 他一进办公室，大家都笑了起来，弄得他有些莫名其_____。

    A. 妙   B. 好   C. 意   D. 中

12. 虽然明知这种收费不合理，但不交费就不能领结婚证，大家也无_____奈何。

    A. 关   B. 可   C. 论   D. 法

13. 昨天晚上没睡好吧，怎么看起来无_____打采的?

    A. 人   B. 精   C. 神   D. 言

14. 他刚才还说这里是最好的，现在又说这里不好，这不是_______吗?

    A. 自相矛盾   B. 自作自受   C. 自高自大   D. 自力更生

15. 丰富的知识是经过努力钻研，_____积月累得来的，不下苦工夫可不行。

    A. 天   B. 时   C. 周   D. 日

16. 技术人员千方百_____地搞创新，不断改进产品，提高质量。

    A. 法   B. 面   C. 点   D. 计

17. 老人自言自_____地说"这二十年的变化可真大啊!"

　　A. 说　　　B. 话　　　C. 讲　　　D. 语

18. 作为一名共产党员, 就要全_____全意为人民服务。

　　A. 心　　　B. 眼　　　C. 面　　　D. 身

19. 在全市服务行业技术比武活动中, 他和她一_____钟情。

　　A. 眼　　　B. 瞧　　　C. 见　　　D. 看

20. 80年代, 中国的国有大中型企业经历了暴风骤_____式的改
　　革。

　　A. 雪　　　B. 雨　　　C. 雷　　　D. 雾

21. 时间过得真快, ________地他们都从年轻人变成了老年人。

　　A. 小心翼翼　　　B. 半信半疑　　　C. 不知不觉　　　D. 粗心大意

22. 他昨天晚上不辞而_____, 现在我们也在找他。

　　A. 走　　　B. 别　　　C. 离　　　D. 跑

23. 他们年龄一样, 工作能力也________。

　　A. 不知不觉　　　B. 目中无人　　　C. 理所当然　　　D. 不相上下

24. 孩子结结巴巴, ________地说出了事情的经过。

　　A. 无话可说　　　B. 断断续续　　　C. 总而言之　　　D. 名副其实

25. 目前市场上的服装很多, 样式也层出不_____。

　　A. 穷　　　B. 完　　　C. 错　　　D. 了

26. 只有知己知彼，才能百战____胜。

    A. 十　　　　B. 百　　　　C. 千　　　　D. 万

27. 孩子们____不转睛地看着展室里这些标本和化石。

    A. 目　　　　B. 眼　　　　C. 眉　　　　D. 脸

28. 魔术师精彩的表演使得大家________。

    A. 默默无闻　　　B. 三言两语　　　C. 目中无人　　　D. 目目登口呆

29. 这场文艺晚会十分成功，美中不____的就是歌唱节目多了点儿。

    A. 够　　　　B. 足　　　　C. 丑　　　　D. 见

30. 实事____是地说，这种做法对解决问题毫无益处。

    A. 找　　　　B. 于　　　　C. 求　　　　D. 认

A

[按劳分配] (丁)

노동에 따라 분배하다[사회주의 사회에 있어서의 개인생활 필수품의 분배 원칙].

：工厂坚持～, 合理发放奖金, 调动了工人的积极性。

B

[百花齐放] (丁)

백화 제방.

1. 갖가지 학문, 예술이 함께 성하다[자유로이 발전하다].

2. 예술계의 번영의 모습을 나타냄.

：我们一向提倡～, 鼓励各种艺术形式发展创新。

[百家争鸣] (丁)

1. 춘추전국시대 때, 사회가 대변혁 시기에 처하여 유, 법, 도, 묵 등 각종 사사의 유파가 생겨났는데, 그들 서로 논전을 벌임으로써 학술적인 번영을 이룩한 현상.

2. 갖가지 학문, 예술이 함께 성하다.

：只有提倡～, 允许不同意见进行争论, 学术界才能繁荣发展。

[半途而废] (丁)

(일 등을 완전히 끝내지 않고) 중간에 그만두다.

：做任何事都应该坚持到底, 不能～。

[暴风骤雨] (丁)

사나운 바람과 모진 비. 대동란.

：他们在～中前进。

[不卑不亢] (丁)

거만하지도 않고 비굴하지도 않다.

：在谈判中，他～的态度赢得了对手的尊敬。

[不辞而别] (丁)

말 없이 이별하다

：他昨天晚上～，现在我们也在找他。

[不言而喻] (丁)

말하지 않아도 안다, 말할 필요까지 없다.

：他解决了工作中的一个难题，心里的喜悦是～的。

[不正之风] (丁)

(사상, 정치, 생활에서)나쁜 기풍[작태].

：纠正～I我们党内还还存在着～。

[不知不觉] (丁)

자기도 모르는 사이에, 무의식중에, 부지중에, 부지불식간에.

：时间过得真快，～地从年轻人变成老年人。

C

[层出不穷] (丁)

차례차례로 나타나서 끝이 없다, 계속되다.

：新生事物～。I服装的样式～。

[成千上万] (丙)

수천수만, 대단히 많은 수.

：～的球迷前来观看比赛。

[诚心诚意] (丁)

성심성의

：他们是～地邀请您，请　一定答应。

[川流不息] (丁)

냇물의 흐름이 쉬지 않다. (사람과 차들이) 물처럼 끊임없이 오가다.

：正是上下班高峰时间，路上车辆～。

[从容不迫] (丁)

태연자약하다, 침착하다.

：他总是能～地处理各种难题。

[粗心大意] (丙)

세심하지 못하다, 데면데면하다.

：这次考试不及格完全是因为自己太～了。

D

[大包大揽] (丁)

1. 모든 일을 도맡아 하다.

2. 모든 책임을 떠맡다.

：没把握的事就不要～。

[大公无私] (丁)

1. 공평 무사하다.

2. 오로지 국민 대중을 위해 생각할 따름으로 전혀 사심이 없는 마음.

：我们的县长～, 总是为群众着想。

[大同小异] (丁)

대동 소이하다.

：这两种机器功能～, 只要买一台就够了。

[大有作为] (丁)

충분히 활동할 여지가 있다. 크게 이바지할 수 있다.

：是金子总会闪光的, 你在这个领域一样能～。

[得不偿失] (丁)

얻는 것보다 잃는 것이 많다. 수지가 맞지 않다. 혹 떼려다가 도리어 혹 붙이다.

：你这样做～。

[东奔西走] (丁)

동분서주하다. 이리저리 뛰어다니다.

：为了推销产品，他每天～。

[独立自主] (丁)

(국가, 민족 ,정당 등이) 독립된 주권을 행사하다.

：～的国家 | ～地作出选择。

[断断续续] (丁)

끊어졌다 이어졌다 하며[하는].

：这项工作～做了一年多。

[多劳多得] (丙)

많이 일하면 (수입을) 많이 얻는다.

：～是社会主义的分配原则。

F

[发愤图强] (丁)

분발하여 강해지기를 꾀하다.

：～, 振兴中华。

[发扬光大] (丁)

(사업,전통 등을) 원래의 기초 위에서 더욱 확대 발전시키다.

：使中华民族的优良传统～。

G

[改邪归正] (丁)

잘못을 고치고 바른 길로 돌아오다.

：他已经～了, 我们就不再提过去的事了。

[格格不入] (丁)

조금도 어울리지 않는다, 도무지 맞지 않다.

：他的思想与时代～。

[各奔前程] (丁)

  1. 각기 제 갈 길을 가다, 각기 자기의 목표를 향해 노력하다.

  2. 각자가 자기 멋대로 행동하다.

    : 毕业后大家～。

[各行各业] (丁)

  각종 직업.

    : 来自～的代表共商国家大事。

[各式各样] (丙)

  각양각색, 가지각색.

    : ～的商品|～的材料。

[根深蒂固] (丁)

  뿌리가 깊고 꼭지가 튼튼하다 : 매우 깊이 뿌리박혀 있다, 고질이 되다.

    : ～的恶习|他这种轻视群众的错误观念已经～了。

[供不应求] (丁)

  수요가 너무 많아서 공급이 수요를 따라잡지 못하다, 공급이 수요를 따르지 못하다.

    : 新产品一上市就～。

[顾全大局] (丁)

  대국을 고려하다.

    : 为了～, 我宁愿放弃个人的利益。

[归根结蒂] (丁)

  결국, 끝내.

    : ～, 这些发明对促进社会的进步是有贡献的。

H

[浩浩荡荡] (丁)

  호호탕탕하다.

1. 광대하여 끝이 없다.

2. 규모가 크고, 기세가 등등하다. 위풍당당하다.

　：～的长江 | 游行的队伍～。

[和平共处] (丁)

　평화 공존.

　：～, 共同发展是各个国家友好往来的原则之一。

[合情合理] (丁)

　공평하고 합리적이다. 정리(情理) 에 맞다. 인정과 도리에 맞다.

　：他说得～ | ～的要求。

[轰轰烈烈] (丁)

　기백이나 기세가 드높다.

　：～的革命运动。

[画蛇添足] (丙)

　뱀을 그리는데 다리를 그려 넣다.

　쓸데없는 짓을 하다, 사족을 가하다, 아무 소용없는 일을 하다.

　：你应该直接说出来, 采取这样的行动就显得有点儿～了。

J

[家喻户晓] (丁)

　어느 집이나 다 잘 알고 있다.

　：英雄的事迹在这里已经～了。

[坚贞不屈] (丁)

　지조가 굳세어 굴하지 않다.

　의지가 강하여 굽힐 줄 모르다.

　：在敌人的刺刀前, 他～。

[接二连三] (丁)

　끊임없이(잇따라) 연속되는 모양.

: 好消息～地传来。

[津津有味] (丁)

　홍미진진하다.

: 虽然是家常饭。但大家吃得～。

[精打细算] (丁)

　정밀하게 계획하다. 면밀하게 계산하다.

: 老钱过日子一贯～。

[精益求精] (丁)

　훌륭한 것을 더 훌륭하게 하려 하다, 더 잘하려고 애쓰다, 더욱 공을 들이다.

: 在产品质量上, 我们应该～。

[兢兢业业] (丁)

　부지런하고 성실하다, 신중하고 조심스럽게 주어진 일을 열심히 하다.

: 他在工作中～。

[敬而远之] (丁)

　경원하다, 존경하기는 하되 멀리하다.

: 大家都对他～。

[举世闻名] (丁)

　세상에 널리 이름나다.

: 中国的长城～。

[举世瞩目] (丁)

　온 세상 사람이 모두 주목하다.

: 取得了～的成绩。

[聚精会神] (丙)

　정신을 집중하다, 전심하다, 열중하다.

: 学生们～地听讲。

K

[开天辟地] (丁)

천지 개벽. 유사 이래.

：感谢那些～, 为我们带来幸福的英雄们！

[可歌可泣] (丁)

노래 부르게 할 만하고 눈물짓게 할 만하다.

매우 감동적이다.

：烈士们～的英雄事迹感动了每一个人。

L

[理所当然] (丁)

도리로 보아 당연하다.

：子女孝敬老人是～的事。

[理直气壮] (丁)

이유가 충분해서 하는 말이 떳떳하고 거리낌이 없다.

：我们现在可以～地说：中国人民站起来了。

[连滚带爬] (丁)

1. 허둥지둥, 허겁지겁.

2. 구르고 기면서.

：打得敌人～地逃走了。

[乱七八糟] (丁)

엉망진창이다, 아수라장이다, 혼잡하다.

：房间里～的, 好几天没收拾了。

M

[美中不足] (丁)

훌륭한 가운데에도 조금 모자라는 점이 있다.

옥에도 티가 있다.

아무리 훌륭한 사람이나 물건이라도 작은 흠은 있다.

：他的事业，家庭处处让人羡慕，～的是孩子不在身边。

[门当户对] (丁)

(혼인 관계에 있어서) 남녀 두 집안의 사회적 지위나 재력이 엇비슷하다.

：现在的青年人更重视对方的人品，能力，不再讲～。

[面面俱到] (丁)

1. 모든 방면을 빈틈없이 배려하다, 구석구석까지 샅샅이 고려되다.

2. 이것 저것 다 미치고(언급하고) 있지만, 피상적일 뿐이다.

3. 없는게 없이 다 갖추어지다.

：处理问题要抓住要害，不要～。

[名副其实] (丁)

명실상부하다, 이름[명성]과 실상[실제]이 부합되다.

：他是～的好干部。

[莫名其妙] (丁)

1.영문을 모르다.

2. 아무도 그 오묘함을 설명할 수 없다.

：他总说些～的话。

[目中无人] (丁)

안하무인, 눈에 뵈는 게 없다.

：你才取得一点成绩，就这样～。

[目空一切] (丁)

안하무인. 안중무인.

：～的人往往是狂妄，无知的。

N

[能歌善舞] (丙)

　　노래도 잘하고 춤도 잘 춘다.

　　　: 蒙古族个个~。

[弄虚作假] (丁)

　　그럴 듯 하게 위장하다, 허위로 날조하다.

　　　: 做生意要老实, 不能~。

P

[萍水相逢] (丁)

　　(모르던 사람을) 우연히 만나다, 우연히 알게 되다.

　　　: 我们只不过是~, 并不是什么好朋友。

Q

[七嘴八舌] (丁)

　　여러 사람이 시끄럽게 (제각기) 떠들어대다.

　　　: 大家一个一个地说, 不要这样~地乱吵。

[奇花异草] (丁)

　　진귀한 풀과 꽃

　　　: 他的院子里种满了~。

[岂有此理] (丁)

　　어찌 이럴 수가 있는가?

　　　: 打了人, 还要挨打的赔钱, 真是~!

[恰到好处] (丁)

　　꼭 알맞다, 꼭 들어맞다, 지극히 적당하다.

　　　: 饭菜烧得~|话说得~。

[千方百计] (丙)

　온갖 방법, 계책[계략](을 다하다).

　：～的评价 | 措辞～。

[千军万马] (丁)

　천군만마 : 싸움이 격렬하다, 기세 충천하다.

　：洪水就是命令, ～奔向抗洪前线。

[前赴后续] (丁)

　앞에 있는 사람에게 용감히 돌진하고, 뒤에 있는 사람이 바짝 뒤쫓아가다.

　희생을 무릅쓰고 용감히 앞으로 나아가다.

　：战士们～, 奋勇杀敌。

[前所未有] (丁)

　미증유의, 공전의.

　：我们取得了～的成功。

[勤工俭学] (丁)

　일하면서 배우다, 고학하다.

　：他依靠～的收入完成了学业。

[全力以赴] (丁)

　혼신의 힘을 다해 일에 임하다, 전력 투구하다.

　：同学们～迎接考试。

[全心全意] (丁)

　성심 성의.

　：～为人民服务。

R

[热泪盈眶] (丁)

　뜨거운 눈물이 눈에 그렁그렁하다.

　：他激动得～。

[如醉如痴] (丁)

취한 듯 홀린 듯하다.

：他～地沉醉在美妙的音乐中。

S

[三番五次] (丁)

재삼제사, 거듭, 여러 번.

：他～来找我，请我帮忙。

[十全十美] (丁)

완벽하여 흠잡을 데가 없다.

：他想把工作做得～。

[实事求是] (乙)

실사 구시 :사실을 토대로 하여 진리를 탐구하다.

：我们对待问题应该～。

[思前想后] (丁)

지난날을 회상하고 앞날을 여러모로 생각하다: 앞뒤를 생각하다.

：我～，实在不知怎么对他说。

[四面八方] (丙)

사면 팔방.

：站在高塔上目光扫视着～。

[似是而非] (丁)

비슷한 것 같으면서도 다르다. 겉모습은 그럴 듯하지만 실제는 다르다.

：他的回答～，让大家摸不着头脑。

[似笑非笑] (丁)

웃는 것 같지만 웃지 않는다. 웃는 듯 마는 듯 하다.

：他～地看着我。

[随时随地] (丁)

언제 어디서나.

그때 그때에 따라서.

：有了问题我～帮您解决。

[损人利己] (丁)

남에게 손해를 끼치고 자기의 이익을 도모하다.

：你不能做这种～的事。

T

[探头探脑] (丁)

머리를 내밀고 주위를 두리번거리며 살피다, 행위가 은밀하다.

：老鼠在洞口～。

[讨价还价] (丁)

흥정하다. 다양한 조건을 내걸고 옴니암니 따지다.

：经过一番～, 拟定了一个折衷方案。

[滔滔不绝] (丁)

끊임없이 흐르다[말하다].

：这个人说起话来～。

[天长地久] (丁)

하늘과 땅처럼 영원하다.

영원히 변치 않다[대부분 애정을 형용함].

：愿你们的爱情～！

[投机倒把] (丁)

투기 매매를 하다.

：严厉打击一切～的行为！

W

[万古长青] (丙)

영원히 봄날의 초목처럼 푸르고 싱싱하다.

(정신이나 우의가) 영원토록 변하지 않다.

: 两国人民的友谊~！

[微不足道] (丁)

하찮아서 말할 가치도 없다. 보잘 것 없다.

: 我取得的一点儿成绩~。

[无话可说] (丁)

할 말이 없다, 이야기할 것이 없다.

: 对这样的无赖, 我真~。

[无可奉告] (丁)

알릴 만한 것이 없다, 알릴 것이 없다.

: 这件事, 我一无所知, 自然~。

[无可奈何] (丙)

어찌할 도리가 없다, 방법이 없다.

: 你没办法, 我也~。

[无能为力] (丁)

무능해서 아무 일도 못하다, 일을 추진시킬 힘이 없다.

: 面对这样的灾难, 无论是谁都~。

[无情无义] (丁)

무정하다, 냉정하다.

: 对这种~的人, 根本不值得同情。

[无所作为] (丁)

적극적으로 하는 바가 없다.

어떤 성과도 내지 못하다[현재의 상황에 만족하여 적극적이고 창조적인 면이 부족함을 가리킴].

：已经快五十岁了，可是一直～。

[无微不至] (丁)

미세한 것까지 이르지 않음이 없다.

(관심이나 보살핌이) 매우 세밀하고 두루 미치다.

：她～地照顾福利院的孤儿。

X

[显而易见] (丁)

똑똑히 보이다, 명백히 알 수 있다.

：这样～的道理，还用我讲吗!

[想方设法] (丁)

온갖 방법을 생각하다, 갖은 방법을 다하다.

：～解决问题|～帮困难企业走出困境。

[欣欣向荣] (丁)

초목이 무성하다. 무럭무럭 자라다.

(사업이) 활기차게 발전하다, 번영하다.

：教育事业～。

[新陈代谢] (丁)

신진 대사, 낡은 것이 없어지고 새 것이 대신 생겨나는 일.

：生物每天都在进行着～，我们组织建设工作也是一样。

[形而上学] (丁)

형이상학.

：我们不能～地看问题。

[兴高采烈] (丙)

아주 흥겹다, 매우 기쁘다, 신바람 나다, 기뻐 어쩔 바를 모르다.

：孩子们～地迎接儿童节的到来。

[循序渐進](丁)

차례대로 한걸음 한걸음 앞으로 나아가다, (학습, 업무를) 점차적으로 심화시
키다.

: 工作不能急躁, 要～。

Y

[一干二净](丁)

깨끗이, 모조리, 깡그리.

: 我把身上的钱花得～|他们把饭菜吃了个～。

[一哄而起](丁)

와아 소리를 지르며 떨쳐 일어나(게 하)다, 갑자기 집단적인 행동으로 뛰어
들다.

: 投资应慎重, 不能～。

[一技之长](丁)

장기. 뛰어난 재주[솜씨].

: 有～, 才能在激烈的竞争中获胜。

[一毛不拔](丁)

털 한 가닥도 안 뽑는다, 매우 인색하다, 야박하다.

: 他是个～的守财奴。

[一概而论](丁)

일률적으로 논하다[처리하다]. [주로 부정문에 쓰인다]

: 要区别对待, 不能～。

[一帆风顺](丁)

순풍에 돛을 올리다, 일이 순조롭게 진행되다.

: 祝你～|事情办得～。

[以身作则](丁)

솔선 수범하다, 몸소 모범을 보이다.

: 领导干部首先要~。

[引人注目] (丁)

　　사람들의 주목[이목]을 끌다.

　　: 无论走到那里, 他都是那么~。

[有口无心] (丁)

　　입은 거칠지만 악의는 없다.

　　: 他是个~的人, 你别把他的话记在心里。

[有声有色] (丁)

　　(연기 · 이야기 · 동작 따위가) 1. 능란하다. 2. 생생하다, 실감나다.

　　: 文章写得~∣工作开展得~。

[永垂不朽] (丁)

　　(이름 · 공훈 · 정신 따위가)오래 전해져 사라지지 않다, 길이 빛나다.

　　: 革命先烈~!

Z

[斩草除根] (丁)

　　풀을 베고 뿌리를 뽑다, 화근을 철저히 없애버리다.

　　: 只有~, 才能永绝后患。

[斩钉截铁] (丁)

　　결단성 있고 단호하다.

　　: 他~地拒绝了他们的要求。

[朝气蓬勃] (丁)

　　생기가 넘쳐흐르다, 생기 발랄하다.

　　: 一群~的青年。

[朝三暮四] (丁)

　　조삼모사.

　　1. 변덕스러워 갈피를 잡을 수 없다.

2. 간사한 꾀로 남을 속여 희롱하다.

  : 这种~的小人，还是离他远点儿好。

[争先恐后] (丁)

  늦을세라[뒤질세라] 앞을 다투다.

  : 大家~地往车上挤。

[指手画脚] (丁)

  1. (흥이 나서) 손짓 몸짓하면서 말하다.

  2. 무책임하게 함부로 이러쿵저러쿵하다, 함부로 이래라 저래라 하고 시키다

  : 别人做事时，你最好不要在旁边~。

[众所周知] (丁)

  모든 사람이 다 알고 있다(주지하고 있다).

  : ~，李白是中国古代最伟大的诗人之一。

[诸如此类] (丁)

  1. 이러하다, 대개 이런 것들과 같다.

  2. 이와 같은 여러 가지(것들).

  : ~的活动，均在严打之列。

[自负盈亏] (丁)

  손익을 자기가 책임지다.

  : 企业必须~，不能事事依靠国家。

[自力更生] (丁)

  자력 갱생하다.

  : 一个国家只有~，才能真正强大起来。

[自始至终] (丙)

  처음부터 끝까지, 시종 일관, 자초지종.

  : 在会上，他~一言不发。

[自私自利] (丁)

  이기적이다.

: ～的行为 | 他非常～。

[自相矛盾](丙)

자가 당착(이다), 자체 모순이다.

: 他的话前后～, 很难让人相信。

[自言自语](丙)

혼잣말을 하다, 중얼거리다.

: 她一边写信, 一边～。

[总而言之](丙)

총괄적[전체적]으로 말하면. 요컨대.

: ～, 只要事情成功, 别的我都不在乎。 | ～, 这次还算顺利。

12 관용어 习用语

一. 개설

관용어는 구어에서 형성된 고정 단어 결합이다. 간단 명료하고 생동감이 있으며, 통속적인 특징이 있다.

예 : 开夜车(밤새워 일하다, 공부하다), 打交道(교제하다, 사귀다), 碰钉子(거절당하다, 퇴짜맞다), 泼冷水(흥을[열정을] 깨다), 出洋相(추태를 부리다), 走后门(연줄 따위로 입학하거나 취직하다), 走弯路(나쁜 길로 빠지다, 타락하다), 不管三七二十一(다짜고짜로, 물불을 가리지 않고.), 三天打鱼两天晒网 (공부나 일을 꾸준히 하지 못하다, 하다 말다 하다.), 有两下子(꽤 솜씨가[재간이] 있다, 실력이 보통이 아니다) 등.

관용어와 성어는 비슷한 점이 있지만 관용어는 구어의 색채가 비교적 짙고, 성어는 서면어 색채가 짙다. 관용어는 함축적인 의미가 단순하고, 성어는 함축적인 의미가 풍부하다.

二. 시험에 잘 나오는 관용어

관용어의 이해 및 활용

1. 听了他的话，大家哭笑不______。

    A. 会　　　B. 好　　　C. 了　　　D. 得

2. 看到儿子考试成绩这么差，父亲气得无话______说。

    A. 要　　　B. 可　　　C. 想　　　D. 能

3. 你怎么总是______的，我都听厌了。

    A. 没完了　　　B. 没了完　　　C. 没完没了　　　D. 没了没完

4. 王大娘一天到______只是坐着，很少跟别人说话。

    A. 过　　　B. 晚　　　C. 夜　　　D. 完

5. 只要孩子能考上重点大学，我______现在花多少钱。

    A. 不成问题　　　B. 不在乎　　　C. 不要紧　　　D. 不用说

6. 有什么______的事，这么晚了还给我打电话。

    A. 大不了　　　B. 不大了　　　C. 不大　　　D. 了不大

7. 这件事他说得有鼻子有眼，______你不信。

    A. 不含糊　　　B. 不由得　　　C. 不客气　　　D. 不敢当

8. 由于手术急需用钱，______他只好卖了祖传的一幅字画。

    A. 不得不　　　B. 不得已　　　C. 不见得　　　D. 不像话

9. 现代人白天忙于学习和工作，早饭和午饭常常______，只有晚餐才能坐下来慢慢吃。

A. 万事如意　　　B. 马马虎虎　　　C. 不欢而散　　　D. 无可奈何

10. 这姑娘要论模样，身材，个头儿，哪儿都________，就是脾气
　　不好。

    A. 有一套　　　B. 没挑的　　　C. 有的是　　　D. 很拿手

11. 中午别走了，在我家吃顿家常____饭吧。

    A. 便　　　B. 好　　　C. 做　　　D. 之

12. 老王是我们公司的________，什么事都得经过他同意。

    A. 一只手　　　B. 一位手　　　C. 一双手　　　D. 一把手

13. 小张这周结婚，我们每人只送10块钱，有点儿太________了。

    A. 拿不到手　　　B. 拿不出手　　　C. 拿不动手　　　D. 拿不了手

14. 你太________了，怎么把我们的房间弄得乱七八糟。

    A. 不用說　　　B. 不要紧　　　C. 不在话下　　　D. 不像话

15. 小王很自负，一向不把别人____在眼里。

    A. 放　　　B. 戴　　　C. 列　　　D. 排

16. 这件事最好提前跟他们打个____，让他们有所准备。

    A. 保票　　　B. 交道　　　C. 手势　　　D. 招呼

17. 他学过两年汉语，简单对话不____问题。

    A. 存　　　B. 有　　　C. 成　　　D. 生

18. 这场比赛不重要，看不看都＿＿＿＿＿＿。

    A. 无所谓   B. 没说的   C. 不怎么样   D. 别提了

19. 他干什么事都是＿＿＿＿天打鱼两天晒网的，没有一次坚持到底。

    A. 一   B. 二   C. 三   D. 四

20. 我请他帮忙，没想到＿＿＿＿了个大钉子。

    A. 碰   B. 见   C. 遇   D. 靠

21. 这本书的内容很吸引人，我恨不得＿＿＿＿＿＿读完它。

    A. 一睁眼   B. 一口气   C. 一阵风   D. 一时半会儿

22. 请你们原谅，我这样做实在是出于＿＿＿＿＿＿。

    A. 不像话   B. 不得不   C. 不见得   D. 不得已

23. 他太骄傲了，我们应该适当给他＿＿＿＿点儿冷水。

    A. 吹   B. 闹   C. 泼   D. 喝

24. 大家虽然是初次见面，但很＿＿＿＿＿＿。

    A. 谈得来   B. 说得上   C. 谈不到   D. 说不得

25. 我A找了B半个多小时，C才D找到你的家。   好容易

26. A听了B她的话C，我们D哈哈大笑。   不由得

27. 还有20分钟飞机就要起飞，A我B再C去D我他了。   来不及

28. A很长时间B没看见老刘来茶馆了C，原来D他住院了。

怪不得

29. 我A太想远在日本的爸爸妈妈了，B马上C放寒假，那样我D
就可以见到他们了。 恨不得

30. 这条土路本来就不平，昨天又A下了雨，这样B来，C就更难D
走了。 一

B

[半真半假] (丁)

사실인지 거짓인지 알 수 없다.

你说的话～，让我们摸不着头脑。

[不得不] (乙)

……하지 않으면 안 된다, 반드시 ……해야 한다.

：他们～去参加一次葬礼。|要取得学位，你就～通过一定的考试。

[不得了] (乙)

1. 큰일났다, 야단났다.

：～了，着火了!

2. 매우 심하다.

：他高兴得～|坏得～。

[不得已] (丁)

부득이하다, 어쩔 수 없다, 하는 수 없이.

：万～|～，我只好一个人回去。

[不敢当] (乙)

(상대방의 초대나 칭찬 등에 대해서) 별 말씀을 다하십니다, 황송합니다,

천만의 말씀입니다, 죄송합니다.

：您这样说，我可～。

[不好意思]

1. 부끄럽다, 쑥스럽다, 창피스럽다.

：～推辞。

2. 계면쩍다(체면 때문에) ……하기가 곤란하다[난처하다, 부끄럽다, 낯뜨겁다].

：听到夸奖，她有点儿～。

[不见得] (丙)

반드시 ……라고는 할 수 없다, ……라고는 생각되지 않는다.

: 他明晚～来。| 今天～下雨。

[不是吗] (乙)

～가 아닙니까?

반어문에서 긍정을 나타냄.

: 你们俩是好朋友, ～？| 你一直很喜欢她, ～？

[不象话] (丙)

(언어나 행동이) 말이 아니다.

꼴불견이다, 덜되다.

: 大家这样关心, 你还闹情绪, 真～！| 他这么做太～了。

[不要紧] (乙)

1. 괜찮다, 문제없다, 일없다.

2. 괜찮다, 문제없는 듯하다.

: 只有一点儿感冒, ～。| 路远也～, 我们骑车去。

[不一定] (乙)

1. 반드시 ……하는 것은 아니다.

2. 확정적이지 않다.

: 他～来。| 我的看法～对, 仅供参考。

[不由得] (丙)

1. 허용하지 않다, ……하지 않을 수 없다.

2. 저절로, 자연히, 저도 모르게.

: ～流下了眼泪。| ～大笑起来。

[不在乎] (丙)

대수롭지 않게 여기다, 염두에 두지 않다, 문제삼지 않다.

: 这点儿钱, 我才～呢。| 您怎能～集体的荣誉呢？

[不怎么样] (丙)

1. 보통이다, 그리 좋지 않다.

2. 아무렇지도 않다.

：今天天气～。|你这个主意～。

[不至于] (丁)

……에 이르지 못하다, ……에 미치지 않다, ……까지는 안 된다.

：他还～穷到卖房子的地步。|还～如此吧!

C

[出难题] (丙)

고의로 남을 곤란에 빠뜨리다.

：他最喜欢给领导～。|他常常给我们～。

[出洋相] (丙)

보기 흉한 꼴을 보이다, 망측한 꼴을 드러내다.

웃음거리가 되다, 추태를 부리다.

：他总是在大家面前～。

[除此以外] (丁)

이것 이외에. 이밖에.

D

[打交道] (丙)

왕래하다, 접촉하다, 교제하다, 사귀다, 교섭하다.

：我从未跟他打过交道。|水手们每天和大海～。

[打招呼] (丙)

1. (가볍게) 인사하다.

：他向老师～。|我们互相～。

2. (사전에) 알리다[통지하다].

：这件事我已经和局长打过招呼了。

[大锅饭] (丁)

1. 한 솥의 밥.

2. 대중 식사. 공동 취사.

3. 일을 적게 하든 많이 하든.

：吃～│实行～制度。

[得了] (丙)

1. 마치다, 되다.

2. 됐다, 되다, 좋다[허락이나 금지를 나타낸다].

：～, 别说了。│～, 你不愿意去我去。

[对不起] (甲)

미안합니다.

：～, 打扰您了。│踩了您的脚, 真～。

[对得起] (丙)

면목이 서다, 볼 낯이 있다, 낯이 서다, 떳떳하다.

：～父母和兄弟│他对我很好, 我也～他。

[对了] (丙)

1. 긍정을 나타냄. 그렇습니다, 맞습니다.

：你说～。│～, 说的没错。

2. 갑자기 생각이 났을 경우. "아～ 맞다"

：～, 你能不能借给我自行车│哎, ～, 我还没还你的钱呢。

F

[发脾气] (丁)

화를 내다, 성질을 내다.

：这件事使她大～。│动不动就～。

G

[感兴趣] (甲)

흥미를 가지다.

：我对集邮很～。|对别人的事不～。

[怪不得] (丙)

1. 과연, 그러기에, 어쩐지.

：～, 天气这么闷热, 原来要下雨了。

2. 탓할 수 없다, 책망할 수 없다.

：这是我弄错了, ～他。

H

[恨不得] (丙)

…(하지) 못한 것이 안타깝다, 간절히 ……하고 싶어하다.

：我～一拳把他打倒。|～立即采取行动。

[或多或少] (丙)

많든 적든.

：每年～都有剩余。|～, 总要捐些钱。

K

[看不起] (乙)

1. 경멸하다, 깔보다.

2. (돈이 없어) 보지 못하다.

：我最～这种拍马屁的人。

[看样子] (乙)

모양을 보니 …… 것 같다, 보아하니 …… 듯하다.

：～他今天不会来了。

[可不是] (丙)

그렇다, 그렇고 말고(요).

：“听说你最近身体不太好？”“～, 刚从医院出来。”

[可想而知] (丁)

미루어 알 수 있다, 능히 짐작할 수 있다.

：一点儿也没有复习，～考试结果会怎么样。

L

[来不及] (乙)

1. 미치지 못하다, 시간이 맞지 않다

2. 여유가 없다, 틈이 나지 않다.

：我走得匆忙，～和他见面。|飞机马上起飞，现在去机场已经～了。

[来得及] (乙)

1. 늦지 않다.

2. 할 수 있다.

：赶快去，现在还～|还～吃饭。

[来回来去] (丁)

1. 한 곳을 왔다 갔다 하다, 반복해 오가다.

2. (말을) 되풀이하다, 되씹다.

：他～总是那几句话。|别～地走。

[了不得] (乙)

1. 대단하다, 훌륭하다, 굉장하다, 비범하다.

：自以为～|多得～。

2. 심하다, 지독하다.

：～了，整座房子都烧起来了。

[了不起] (乙)

보통이 아니다, 뛰어나다.

：～的作品|～的人。

[没吃没穿] (丁)

먹을 것도 입을 것도 없다

：~的苦日子|家里~。

[没错] (乙)

1. 틀림없다, 분명하다.

2. 잘못됨이 없다.

：听我的，准~。|他做事，究放心，~。

[没关系] (乙)

1. 관계가 없다.

2. 괜찮다, 문제없다, 염려 없다.

：对他来说，什么都~|"对不起""~"。

[没事儿] (乙)

1. (볼) 일이 없다, 용건이 없다, 한가하다.

：今晚~，我想去看电影。

2. 상관없다, 대수롭지 않다, 괜찮다.

："唷，踩了你的脚了"。--"~"

[没说的] (乙)

1. 나무랄 것이(데) 없다.

：这小伙子思想进步，工作积极，真是~。

2. (의논 따위에서) 말할 여지가 없다, 거론할 필요가 없다.

：~，这是我们应尽的责任。

[没用] (乙)

1. 쓸모가(소용이) 없다.

2. 쓰지 않았다, 쓰고 있지 않다.

：学这些~。|这个人真~，这么简单的事也不会做。

[没辙] (丁)

　방법이 없다. 도리가 없다.

　　:孩子不努力, 家长着急也~。

N

[闹笑话] (丙)

　(무지로 인한 실수가) 웃음거리가 되다. 웃음을 자아내다.

　　:不懂不要乱说, 不然非~不可。

[闹着玩儿] (丙)

　1. 장난하다, 농을 걸다.

　　:别生气, 我是和你~。

　2.(말이나 행동으로) 희롱하다, 놀리다.

　　:别让小孩自己过马路, 那可不是~的。

　3. 신중하지 못한 태도로 사람[일]을 처리하다[대하다].

P

[碰钉子] (丙)

　1. 난관에 봉착하다, 지장이 발생하다.

　2. 거절당하다, 퇴짜맞다.

　　:又~了吧, 告诉你不要去求他。

R

[忍不住] (丙)

　참을 수 없다, 억누르지 못하다, 도저히 ……하지 않고는 못 배기다.

　　:~大叫一声 | ~哭出声来。

S

[伤脑筋] (丙)

골머리를 앓다. 애를 먹다.

:这件事让人很～。

[舍不得] (丙)

(헤어지기) 아쉽다, 아깝다, 미련이 남다, 섭섭하다.

:～离开这里。|～把车卖掉。

[说不定] (丙)

단언하기가 어렵다. ……일지도 모른다, 아마[짐작컨대] ……일 것이다.

:～他已经走了。|今天～下雨。

Y

[用不着] (乙)

소용되지 않다, 필요치 않다, 쓸모 없다.

:～客气|你～买，我送你一个。

[有的是] (乙)

얼마든지 있다, 많이 있다, 숱하다.

:这种东西～，不值钱。

[有两下子] (丙)

꽤 솜씨가[재간이] 있다, 실력이 보통이 아니다.

:他还真有～。

[与此同时] (丁)

이와 동시에, 아울러.

:他已经采取了措施，～也通知了大家。

Z

[这样一来] (丙)

이렇게 되어, 이리하여

: ～, 我们就不得不重新开始了。| ～我们又能一起工作了。

[走后门儿] (丙)

뒷거래를 하다, 뒷구멍으로 손을 쓰다, 뒷문으로[뒷구멍으로] 거래하다.

연줄 따위로 입학하거나 취직하다.

: 招生坚持择优录取的原则, 严禁～。

[走弯路] (丙)

1. (길을) 돌아가다.

2. 비뚤어지다, 나쁜 길로 빠지다, 타락하다.

: 由于没有老师指导, 他在学习中走了不少弯路。

13 고정어구 固定结构

一. 개설

한어에서는 고정적인 형식을 가지고 있는 어구가 있다. 예를 들어 连……带……, 左……右……, ……来……去 등과 같은 것인데 마음대로 변화시킬 수 없는 것이 특징이다.

二. 시험에 잘 나오는 고정어구

고정어구의 호응어휘

三. 문제분석

1. 上海的经济在全国占有重要地位，_____工业来说，就远远超过北京和天津。

   A. 拿　　　B. 与　　　C. 对　　　D. 比

【解析】“拿……起来”는 “예를 들면……”의 뜻이다. 문제에서는 공업을 예로 들었으므로, “拿……起来”를 선택해야 한다. “对……来说”는 동작의 대상을 이끌어낸다.

예：对我来说，语法很难。(나에게 있어서는 어법이 매우 어렵다.)에서 对我来说는 “내가 생각하기에……”의 뜻이다.

정답은 A(拿)

2. 一次，两次学不会，我就学第三次，第四次，直到学会_____。

    A. 不止   B. 停止   C. 停下   D. 为止

【解析】"到……为止"는 "……끝으로 하다, ……까지(끝내다)."의 뜻이다.

정답은 D(为止)

3. 由于路滑，他连人_____车一下子摔倒了。

    A. 加   B. 又   C. 和   D. 带

【解析】"连……带……"는

    ⑴ 전후 두 항목을 하나로 포괄한다.(……랑 ……도, ……에서 ……까지)

    ⑵ 두 동작이 이어서 거의 동시에 진행됨을 나타낸다.(……하고 ……하며, …하고 ……하면 서)

    예 : 连说带笑, 连滚带爬   정답은 D(带)

4. 咱们去这家饭店吧，里面的饭菜再好不_____了。

    A. 了   B. 如   C. 能   D. 过

【解析】"再……不过了"는 중간에 형용사나 감정을 나타내는 동사가 삽입되어 정도가 심함을 나타낸다. "가장 ……하다"와 같은 뜻이다.

정답은 D(过)

5. 他在办公室里_______，好象在考虑事情。

    A. 走来走去   B. 走走来去   C. 走去走去   D. 来走去走

【解析】"……来……去"는 중간에 같은 동작이 반복되어 일어남을 나타낸다.

정답은 A(走来走去)

6. 我望着那张＿＿＿笑非笑的脸，不知道该怎么办。

    A. 又   B. 似   C. 象   D. 是

【解析】"似……非……"는 중간에 단음절 명사나 동사가 삽입되어 ~인 것 같기
도 하고, 아닌 것 같기도 함을 나타낸다.

정답은 B(似)

7. 小姑娘又聪明又漂亮，＿＿＿提多可爱了。

    A. 别   B. 不   C. 没   D. 一

【解析】"别提多……了"는 중간에 형용사나 감정을 나타내는 동사가 들어가 정
도가 심함을 나타낸다. "아주……"와 같다.

정답은 A(别)

8. 他的病＿＿＿好＿＿＿坏，听说这几天又重了。

    A. 忽　忽   B. 似　非   C. 又　又   D. 连　也

【解析】"忽……忽……"는 중간에 상반된 의미를 지닌 형용사나 동사를 삽입하
여 두 가지의 상황이 바뀌어 나타나는 것을 나타냄.

정답은 A(忽　忽)

9. 咱们快点儿骑吧，雨说下＿＿＿下，可别淋上雨。

    A. 不   B. 一   C. 就   D. 可

【解析】"说……就……"는 중간에 동일한 동사가 들어가 "곧…" 혹은 어떤 동작
이 변하지 않음을 나타낸다.

예 : 说走就走ㅣ说不去就不去
정답은 C(就)

10. 他的建议好＿＿＿好，可是在实际工作中可操作性差。

　　A. 又　　　　B. 一　　　　C. 了　　　　D. 是

【解析】"……是……, 可是/但是/然而……"은 "是" 앞뒤에 동일한 형용사를
　　　　삽입하여 양보관계를 나타내고, 뒷부분에는 점층관계가 된다. 예 : 喜欢
　　　　是喜欢, 可是买不起。

　　　　　　　　　　　　　　　　　　　　　　　　　　　　　정답은 D(是)

11. 你今天＿＿＿得说清楚不可，我到底什么地方做错了!

　　A. 要　　　　B. 并　　　　C. 只　　　　D. 非

【解析】"非……(不可)"는 중간에 동사를 삽입하여 "반드시…"를 나타낸다. 예 :
　　　　非坐汽车, 骑车去也不远呀。不可는 가끔 생략 가능하다.

　　　　　　　　　　　　　　　　　　　　　　　　　　　　　정답은 D(非)

12. 这次考试将从12月26日＿＿＿报名。

　　A. 以来　　　　B. 到　　　　C. 起　　　　D. 内

【解析】"从……起"는 "…부터 시작하여"의 의미로, 시간의 기점을 나타낸다.
　　　　예 : 从今天起, 我要努力学习。

　　　　　　　　　　　　　　　　　　　　　　　　　　　　　정답은 C(起)

13. 妈妈的病情＿＿＿好＿＿＿坏，刚出院就又住院了。

　　A. 又　又　　　　B. 不　不　　　　C. 时　时　　　　D. 有　有

【解析】时……时……" 중간에 상반된 의미를 나타내는 형용사나 동사를 삽입하
　　　　여 "有时……, 有时……"와 같은 의미를 나타낸다.

예：时冷时热。

정답은 C(时　　时)

14. 这件事我＿＿＿＿求＿＿＿＿求，爸爸就是不同意。
　　A. 上　下　　　　B. 前　后　　　　C. 内　外　　　　D. 左　右

【解析】"时……时……"는 중간에 상반된 의미를 지닌 형용사나 동사를 삽입하여 "때로는……, 때로는……"를 나타낸다.
예：左想右想也想不出来。　　　　　정답은 C(时　　时)

15. 他＿＿＿＿说＿＿＿＿带劲儿，我却越听越糊涂。
　　A. 连　也　　　　B. 愈　愈　　　　C. 一　就　　　　D. 不　不

【解析】"愈……愈……"는 서면어로 많이 쓰는데 "越……越……"와 같은 뜻이다. 중간에 동사나 형용사를 삽입하여 정도가 조건에 따라서 더욱 발전하는 것을 나타낸다.
예：愈想愈伤心　　　　　정답은 B(愈　　愈)

16. 尖端的科学技术往往为少数国家＿＿＿＿垄断。
　　A. 所　　　　B. 以　　　　C. 给　　　　D. 不

【解析】"为……所"는 피동을 나타낸다. "为" 뒤에 동작의 주체를 이끌어내고, "所" 뒤에는 동사가 온다.
예：为情所误。　　　　　정답은 A(所)

17. 村子里＿＿＿＿＿＿，年轻一点儿的都进城赚钱去了。
　　A. 老的老小的小　　　　B. 老和小　　　　C. 老或小　　　　D. 老的和小的

【解析】"A 的 AB 的 B"는 "A 아니면 B이다" 혹은 "A이거나, 아니면 B이거나"
를 나타낸다. A, B는 동사나 형용사이어야 한다.
예 : ① 唱的唱跳的跳，大家玩儿得很热闹。
　　② 大的大小ず小，一个符合标准的也没有。

정답은 A(老的老小的小)

18. ＿＿＿美国总统的邀请，江泽民主席将于本周三对美国进行
友好访问。
　　A. 应　　　B. 就　　　C. 收　　　D. 发

【解析】"应……邀请"은 "…의 초대를 받아들이다"의 뜻으로, 서면어에서 많이 쓴다.

정답은 A(应)

19. 去＿＿＿，不去＿＿＿，你倒是赶快决定呀。
　　A. 吗　吗　　B. 也好　也好　　　C. 啦　啦　　　D. 或者　或者

【解析】"也好……，也好……"는 중간에 동사나 구가 삽입되어 두 가지 모두 가
능함을 나타낸다.

정답은 B(也好　　也好)

20. 他＿＿＿一句＿＿＿一句说得挺高兴，我可听得迷迷糊糊。
　　A. 东　西　　　B. 前　后　　　C. 里　外　　　D. 上　下

【解析】"东一……西一"는 동일하거나 의미가 비슷한 명사가 삽입되어 말하는
것이 중심이 없거나 여러 방향에서 토론이 일어나는 것을 나타낸다.
예 : 他东一榔头，西一棒槌，不知要说什么。

정답은 A(东　　西)

1. 到目前_____，我已经参加过3次汉语水平考试了。

   A. 止住   B. 停止   C. 停住   D. 为止

2. 你说这样做不行，我_____要试试。

   A. 非   B. 莫   C. 没   D. 不

3. 最近几天气温变化大，_____冷_____热的，你要注意别感冒。

   A. 一　就   B. 从　开始   C. 忽　忽   D. 不　不

4. 他在房间里_______，不知在想什么。

   A. 踱踱来去   B. 踱去踱来   C. 踱来踱去   D. 来踱去踱

5. 我们班同学都很努力，_____小王来说，每天都要学习三四个小时。

   A. 对   B. 和   C. 如   D. 拿

6. 两个都不错，我有点儿犹豫，不知到底买哪个_____。

   A. 对   B. 好   C. 成   D. 错

7. 他的病时好时_____，常常发生反复。

   A. 坏   B. 轻   C. 停   D. 完

8. 他_____睡非睡地躺在那里，一动也不动。

   A. 象   B. 能   C. 似   D. 如

9. _____初学开汽车的人来说，克服紧张心理十分重要。

   A. 由于   B. 至于   C. 对于   D. 关于

10. 这是我_____一次登台表演，心里不免有些紧张。

    A. 首　　　B. 头　　　C. 最　　　D. 更

11. 在西方留学生_____，写汉字是最困难的。

    A. 来看　　　B. 看来　　　C. 而说　　　D. 来说

12. _____我没时间，_____最近身体也不太好，我看咱们就下次
　　　再喝酒吧。

    A. 因为　所以　　B. 首先　接着　　C. 一来　二来　　D. 先　后

13. 他总是_____我过不去，我说东，他偏说西。

    A. 跟　　　B. 对　　　C. 把　　　D. 拿

14. 他_____天没回家了，不知怎么回事。

    A. 多　　　B. 好几　　　C. 几个　　　D. 一阵

15. 他刚买完饭就被人撞了一下，_____饭带菜撒了一地。

    A. 连　　　B. 把　　　C. 和　　　D. 又

16. _____我看来，学习语言就得多说多听。

    A. 对　　　B. 拿　　　C. 与　　　D. 在

17. 对于这种小道消息，他有些_____信_____疑。

    A. 半　半　　　B. 全　全　　　C. 不　不　　　D. 百　百

18. 人总是有这样_____的不同，世界上没有完全相同的两个人。

    A. 这样　　　B. 各样　　　C. 那样　　　D. 怎样

19. ______国家安全，是指一个国家生存发展所需要的生态环境
处于不受或少受破坏与威胁的状态。

   A. 所谓　　　　B. 所说　　　　C. 所讲　　　　D. 所想

20. 实行了联产承包制以后，农民的日子______过______好。

   A. 既　又　　　B. 一　就　　　C. 连　也　　　D. 越　越

21. 一天比______凉了，你要多穿衣服。

   A. 昨天　　　　B. 两天　　　　C. 一天　　　　D. 上天

22. 你们__________，到底有没有结果？

   A. 研究来研究去　　　　B. 来研究去研究

   C. 研究去研究　　　　　D. 研究的研究

23. 这件衣服不大不______正合适。

   A. 瘦　　　B. 肥　　　C. 紧　　　D. 小

24. 我从小______大一次医院也没去过。

   A. 长　　　B. 起　　　C. 到　　　D. 来

25. 每______听到这首歌的时候，我就想起故乡的亲人。

   A. 当　　　B. 在　　　C. 从　　　D. 由

26. 他为通过研究生入学考试______刻苦学习。

   A. 而　　　B. 就　　　C. 来　　　D. 都

27. 以江泽民主席_____首的代表团将要访问日本和韩国。

    A. 作　　　　B. 当　　　　C. 是　　　　D. 为

28. 为了保险_____，你们最好把钱存在银行，不要放在家里。

    A. 起见　　　　B. 目的　　　　C. 的话　　　　D. 出发

29. 你看他骑车的样子，_______的，一定是刚学。

    A. 左一拐右一拐　　　　B. 右一拐左一拐

    C. 一拐左一拐右　　　　D. 一拐右一拐左

30. _____目前为止，这台机器还没出现过质量问题。

    A. 当　　　　B. 到　　　　C. 在　　　　D. 从

앞에서 성어, 관용어, 고정어구 부분의 연습 문제를 마친 후 앞의 어법을 얼마나 이해했는지 계속해서 아래의 종합문제를 풀어보자. 모두 30문제로 정답은 (　) 안에 써 넣는다. 제한시간은 20분으로 주어진 시간 내에 풀 수 있어야 한다. 문제를 다 풀고 난 후에 정답과 해설을 본다.

开始时间＿＿＿点＿＿＿分

(　　)1. 人们从＿＿＿面八方汇集到天安门广场，欢度国庆之夜。
　　　A.五　　　　B.六　　　　C.七　　　　D.四

(　　)2. 在老师＿＿＿微＿＿＿至的关心和帮助下，同学们很快适应了这里的学习和生活。
　　　A.无　不　　　B.不　不　　　C.无　无　　　D.没　不

(　　)3. 有意见请＿＿＿＿＿提出来，不要在背后说三道四。
　　　A.自私自利　　B.直截了当　　C.兴高采烈　　D.自言自语

(　　)4. 精神文明建设和物质文明建设同样重要，偏重一方就会顾＿＿＿失彼。
　　　A.此　　　　B.本　　　　C.过　　　　D.前

(　　)5. 他常常坐在那儿自＿＿＿自语，谁也不知他说什么。
　　　A.说　　　　B.讲　　　　C.谈　　　　D.言

(　　)6. 比赛结束后，获奖运动员兴＿＿＿采烈地走上台来领奖。
　　　A.奋　　　　B.高　　　　C.欢　　　　D.热

（　　）7. 总迟到可不行，今天是最后一次，＿＿＿＿不为例。

    A. 前　　　　B. 后　　　　C. 从　　　　D. 下

（　　）8. 现在就开始准备吧，免得考试前＿＿＿＿阵磨枪。

    A. 到　　　　B. 临　　　　C. 对　　　　D. 来

（　　）9. 你怎么总是丢＿＿＿＿落四的，以后别这么马虎。

    A. 一　　　　B. 三　　　　C. 五　　　　D. 七

（　　）10. 看到前边排着这么多人，他＿＿＿＿可奈何地叹了一口气，转身离开了。

    A. 不　　　　B. 非　　　　C. 无　　　　D. 没

（　　）11. 学习时不能爱＿＿＿＿，有问题就要问，不能不懂装懂。

    A. 脸蛋　　　B. 面子　　　C. 眉目　　　D. 手脚

（　　）12. 他自从当上了市长的司机，就＿＿＿＿起架子来了。

    A. 摆　　　　B. 用　　　　C. 提　　　　D. 走

（　　）13. 这件事真抱歉，请您千万别＿＿＿＿在心上。

    A. 提　　　　B. 放　　　　C. 举　　　　D. 丢

（　　）14. 本来是他们的错，却让我们＿＿＿＿＿＿。

    A. 背黑锅　　B. 别提了　　C. 做白日梦　　D. 不对劲儿

（　　）15. 小王今天要这个，明天要那个，总是给我们＿＿＿＿＿＿。

    A. 出难题　　B. 出洋相　　C. 出毛病　　D. 出力气

（　　）16. 我也不知道这瓶酒是谁的，咳，不管＿＿＿＿＿＿＿，我们
先喝了它再说。
A. 四七二十八　　　　B. 二七一十四
C. 三七二十一　　　　D. 五七三十五

（　　）17. 儿子眼看就30岁了，可对象连个＿＿＿＿＿也没有。
A. 样子　　　　B. 影子　　　　C. 身子　　　　D. 脚印

（　　）18. 遇到这种事，可够你伤＿＿＿＿＿的。
A. 心脏　　　　B. 胃口　　　　C. 眼睛　　　　D. 脑筋

（　　）19. 我可以替他＿＿＿＿＿＿＿，请你们相信他。
A. 打保票　　　　B. 打交道　　　　C. 打瞌睡　　　　D. 打退堂鼓

（　　）20. 已经是11点多了，我A看B他今天C来了D。　　　　不见得

（　　）21. 我＿＿＿＿＿＿＿，还是拿不定主意。
A. 想去想来　　　B. 想想来去　　　C. 来想去想　　　D. 想来想去

（　　）22. 最近天气不正常，气温＿＿＿＿＿＿＿的。
A. 似高非低　　　B. 忽高忽低　　　C. 不高不低　　　D. 连高带低

（　　）23. 我刚才＿＿＿＿＿＿＿，他们说的话我也听到了一二。
A. 似睡非睡　　　B. 睡来睡去　　　C. 说睡就睡　　　D. 一说就睡

（　　）24. 咳，别提了，便宜＿＿＿＿＿便宜，可没穿几天这双鞋就坏了。
A. 是　　　　B. 一　　　　C. 了　　　　D. 不

(   ) 25. 大家________，海阔天空地聊着。

    A. 上一句下一句　　　B. 一句上一句下

    C. 一句西一句东　　　D. 东一句西一句

(   ) 26. 一家五口人，上班的时间______，很少坐在一起吃早饭。

    A. 不早不晚　B. 早的早晚的晚　C. 早的和晚的　D. 早或晚

(   ) 27. 最近几天天气________，感冒的人很多。

    A. 时好时坏　B. 似好非坏　C. 连好带坏　D. 又好又坏

(   ) 28. 你算说对了，秋天是这儿最好的季节，____冷也____热。

    A. 既　又　　B. 不　不　　C. 说　就　　D. 一　就

(   ) 29. 对日本人____，发"r"这个音比较困难。

    A. 来看　　B. 看来　　C. 而说　　D. 来说

(   ) 30. 我________，他就是不同意。

    A. 左说右说　B. 左右说说　C. 右说左说　D. 说左说右

完成时间_____点_____分

1~10번은 성어에 관한 문제이다.

1. 四面八方 : 동서남북 각 방향. 정답은 D

2. 无微不至 : 미세한 것까지 이르지 않음이 없다. : (관심이나 보살핌이) 매우 세밀하고 두루 미치다. 정답은 A

3. 直截了当 : 단도 직입적이다, 단순 명쾌하다. 정답은 B

4. 顾此失彼 : 이것을 돌보다보니 저것을 놓치다. : 한쪽에 열중하다 보니 다른 쪽을 소홀히 하다, 두루 다 돌보지 못하다. 정답은 A

5. 自言自语 : 혼잣말을 하다, 중얼거리다. 정답은 D

6. 兴高采烈 : 아주 흥겹다, 매우 기쁘다, 신바람 나다, 기뻐 어쩔 바를 모르다.

정답은 B

7. 下不为例 : 이후로는 이처럼 하지 않는다, 이것으로써 그만두다. 정답은 D

8. 临阵磨枪 : 싸움터에 임하여 창을 갈다, 준비 없이 있다가 급하게 되어서야 바삐 서두르다. 정답은 B

9. 丢三落四 : 잘 빠뜨리다, 이것저것 잘 잊어버리다, 건망증이 심하다.

정답은 B

10. 无可奈何 : 어찌할 도리가 없다, 방법이 없다. 정답은 C

11~20번은 관용어 문제이다.

11. 爱面子 : 체면을 중시하다, 체면 차리다. 정답은 B

12. 摆架子 : 거드름 피우다, 허세를 부리다, 뽐내다. 정답은 A

13. 放在心上 : 중시하다, 중요하게 여기다. 정답은 B

14. 背黑锅 : 남의 죄를 뒤집어쓰다, 누명을 쓰다, 무고한 죄를 입다.

정답은 A

15. 出难题 : 번거롭거나 어려운 일을 가지고 오다. 정답은 A

16. 不管三七二十一 : 앞뒤를 가리지 않고 무턱대고, 다짜고짜로, 물불을 가리지 않고. 정답은 C

17. 连影子也没有 : 조금도 보이지 않다, 아무것도 없다. 정답은 B

18. 伤脑筋 : 골머리를 앓다, 애를 먹다. 정답은 D

19. 打保票 : 보증하다, 단언하다. 정답은 A

20. 不见得 : 반드시 ……라고는 할 수 없다, ……라고는 생각되지 않다.
    동사 "前" 앞에 와야 한다. 정답은 C

21~30번은 고정어구 문제이다.

21. "想来想去"는 "A 来 A 去"의 형태로, "이리저리 생각해보다"는 의미.
                                        정답은 D

22. "忽高忽低"는 "忽 A 忽 B"의 형태로, "(기온이) 갑자기 올라갔다, 갑자기 내려갔다"함을 나타낸다. 정답은 B

23. "似睡非睡"는 "似 A 非 A"의 형태로, "잠을 자는 것 같기도 하고, 아닌 것 같기도 함"을 나타낸다. 정답은 A

24. "A 是 A, 可是 ……"의 형태로, A는 형용사나 동사이어야 한다. 앞부분의 구는 양보를 나타내고, 뒷부분은 역접을 나타낸다. 정답은 A

25. "动一句西一句"는 "动一A西一句A"의 형태로, "이 말 저 말 두서 없이 [조리 없게] 말하다."는 의미이다. 정답은 A

26. "早的早晚的晚"은 "A 的 AB 的 B"의 형태로, "어떤 것은 빠르고, 어떤 것은 느려서 상황이 통일되지 않음"을 나타낸다. 정답은 B

27. "时好时坏"는 "时 A 时 B"의 형태로, "간혹 좋아졌다가 또 나빠짐"을 나타낸다. 정답은 A

28. "不冷也不热"는 "不 A 也不 B"의 형태로, 기온이 딱 알맞음"을 나타낸

다.   정답은 B

29. “对……来说”는 고정어구로, “对”가 동작의 대상을 이끌어낸다.

정답은 D

30. “左说右说”는 “左 A 右 A”의 형태로, “반복해서 말함“ 나타낸다.

정답은 A

14 한정어 · 상황어 · 보어

定语, 状语, 补语

一. 개설

한어구문의 기본 형식은 "주어＋술어＋빈어(목적어)"이다. 술어 앞에는 상황어가 오고, 뒤에는 보어가 온다. 주어와 목적어 앞에는 한정어를 첨가시킬 수 있다. 어떤 구문은 주어나 목적어를 생략할 수도 있다. 그러나 술어는 생략할 수 없다.(표14-1 참고.)

표14-1

	定语	主语	状语	谓语	补语	定语	宾语
1		你	1要2早一点儿	回			家。
2		我	1从来2没 3对别人	说过。			
3		我	很希望	能有		1一个2进修汉语的	机会。
4		她	1正2给孩子	织		1一件2冬天穿的 3小4薄	毛衣。
5		弟弟	刚	看	完	1那2本	小说。
6			1今天2可能	赶	不上	1这2趟	火车了。
7		他	想了半天才	说	出	一句	话。
8	我的	父母	对我	寄予		很大的	希望。
9	班主任	高老师	真	是		1一位2好	老师。
10	1昨天买的2那个	花瓶	被我不小心	打	碎了。	很大的	希望

1. 한정어 : 명사나 명사구를 수식하는 성분을 한정어라 한다. 명사, 형용사, 대명사, 수량사, 동사, 구 모두 한정어가 될 수 있다. 한정어는 일반적으로 중심어 앞에 놓이고, 간혹 그 사이에 구조조사 "的"가 필요한 경우도 있고,

그렇지 않은 경우도 있다. (제8장 조사 참고)

2. 상황어 : 동사나 형용사 앞의 수식성분을 상황어라 한다. 부사, 형용사, 시간사, 처소사, 개빈구조(전치사+목적어) 등이 모두 상황어가 될 수 있다. 상황어는 일반적으로 술어 앞에 놓이고, 간혹 그 사이에 구조조사 "地"가 필요한 경우도 있고, 그렇지 않은 경우도 있다. (제8장 조사 참고)

3. 보어 : 동사나 형용사의 뒤에 위치해서 동사나 형용사에 대한 보충설명을 해 주는 성분을 보어라 한다. 의미와 구조에 따라 정도보어, 가능보어, 수량보어, 결과보어, 추향(방향)보어, 상태보어로 나눈다.

1. 문장 안에서 한정어 · 상황어 · 보어의 위치
2. 보어의 종류 및 용법
3. "一点儿" "有点儿"의 용법 비교 (표14-2 참고)

표14-2

	(一)点儿	有(一)点儿
定语	一点儿+名词 1. 给我一点儿钱，我去买盒儿烟。 2. 这点儿东西太少了，实在拿不出手。 ※"有"为动词时，可以：有+一点儿+名词 3. 我和他有一点儿亲戚关系。	
状语	只用于否定式结构，表示强调，一般格式为：一点儿+都/也+不/没+动词/形容词 1. 他一点儿也听不懂中国话。	可以用于肯定和否定，表示程度，一般格式为：有点儿+动词/形容词 1. 这个消息来得有点儿突然，很

状语	2. 虽然考得不好，可他一点儿也不在乎。	多人都没想到。 2. 真有点儿后悔，不该把这件事告诉他。
补语	一般格式为：动词/形容词+一点儿 1. 我们那里的天气比天津热一点儿。 2. 再吃一点儿吧，这是韩国的特色菜。	

三. 문제분석

1. 半年A过去了B, 他的计划C也没有改变D。　　　一点儿

【解析】"一点儿"은 문장에서 상황어 역할을 하며, 부정문에서 "一点儿 + 也 + 没有 + 동사"의 형태로 강조를 나타낸다. "一点儿"은 동사 뒤에 바로 올 수 없다. 그래서 A의 위치에 올 수 없다.

정답은 C

2. 你最好A快B, 我在这儿C等D你。　　　一点儿

【解析】"一点儿"은 문장에서 보어 역할을 하며 형용사 "快" 뒤에 온다. "一点儿"은 형용사나 동사 앞에 바로 올 수 없으므로 A, C의 위치에 올 수 없다. D의 위치에 오면 대명사 "你"의 한정어가 되므로,

정답은 B

3. 今晚我要A写B东西, 你先睡C吧, 我D写完再睡。　　　一点儿

【解析】"一点儿"은 문장에서 한정어 역할을 하며, 명사 "东西" 앞에 온다. "一

点儿"은 동사 앞에 바로 올 수 없으므로, A, D의 위치에 올 수 없다. C의 위
치에 오면 동사 "睡"의 보어가 되어 시간보어가 되므로 의미상 맞지 않다.

정답은 B

4. 我A可能B感C冒D, 口干, 嗓子也疼。　　　有一点儿

【解析】"有点儿"은 문장에서 상황어 역할을 하며, 동사 "感冒" 앞에 온다. 문제
의 의미상 "有点儿"이 강조하는 것은 "感冒"이지 "可能"이 아니다. 그
래서 A의 위치에 올 수없다.

정답은 B

5. 我A赞成他们的看法, B的确应该增加历史文化课, 我没有C
看法D。　　　其他

【解析】대명사 "其他"는 문장에서 한정어 역할을 하며, 명사 "看法" 앞에 온다.
"其他"는 동사 "赞成"이나, 부사 "的确" 앞에 올 수 없다.

정답은 C

6. A马上要回国了, 真B离开C在一起学习, 生活了四年的中国
朋友们D。　　　舍不得

【解析】"舍不得"는 포기하거나 버릴 수 없음을 나타내는 가능보어의 일종이다.
형식은 "동사+不得"로, 비슷한 것으로는 : 怪不得, 恨不得, 顾不
得, 算不得, 记不得 등이 있다. "舍不得"는 문장에서 상황어 역할을
하며 동사 "离开" 앞에 온다.

정답은 B

7. 你把他拿A走吧，我去B和服务员说C就行D了。　　　一下

【解析】“一下(儿)”의 용법은 :

(1) 보어로 동작이 일어난 시간이 짧거나 혹은 수량을 나타낸다.

예 : ① 等一下，我马上就来。

② 我只是轻轻地打了她一下，她就哭起来了。

(2) 상황어로 동작이 갑자기 발생했거나, 아주 빨리 끝남을 나타낸다.

예 : 看了三遍以后，我一下全明白了。

문제의 의미상 동사 “说”의 뒤에 놓여 보어로서 동작이 가볍고 간단함을 나타낸다.

정답은 C

8. 为了发展山区经济，A今年B就修了C两条公路D。　　　一下子

【解析】문제 7번 참고. 문장에서 상황어 역할을 하므로 동사 “修” 앞에 와야 한다.

정답은 C

9. 我A给他B讲了C昨天下午发生的事情D。　　　一遍

【解析】“一遍”은 수량조사로 문제에서는 수량보어 역할을 하므로 동사 “讲” 뒤에 와야 한다.

정답은 C

10. 你还不知道，A食品厂和肉联厂B已经C合并D了。　　　两年

【解析】“两年”은 수량조사로 문제에서는 시간보어 역할을 하므로 동사 “合屏” 뒤에 와야 한다.

정답은 D

11. 我今天才知道, 原来A你们B到C这儿D了。　　　一个多月

【解析】"一个多月"는 수량조사로 문제에서는 시간보어 역할을 하므로 동사
　　　　"到" 뒤에 와야 한다. 그러나 "到" 뒤에 장소를 나타내는 명사 "这儿"
　　　　이 있으므로, "一个多月"는 목적어 뒤에 와야 한다.

정답은 D

12. 放假这两天我忙得_____。
　　A. 不得了　　　　B. 极了　　　　C. 死了　　　　D. 透了

【解析】"동사/형용사＋得＋不得了/不行/要命/要死"는 정도보어의 일종으로,
　　　　동사·형용사와 보어 사이에 반드시 "得"가 있어야 한다. "동사/형용사
　　　　＋极了/死了/透了/坏了"역시 정도보어지만, 동사·형용사와 보어 사이
　　　　에 "得"가 올 수 없다.

정답은 A(不得了)

13. 朋友的一番话使我又鼓_____生活的勇气。
　　A. 了　　　B. 下　　　C. 起　　　D. 出

【解析】문제22번, 23번 참고. "了"(발음 liǎo)는 보어로 일반적인 형식은 : "동사
　　　　＋得/不＋了"이고, 어떤 동작의 완성에 대한 가(可), 불가(不可)를 나
　　　　타낸다. "起"는 동사 다음에 붙어 동작이 아래에서 위로 향하는 것을 표
　　　　현하는 방향보어이다. 문제에서 "勇气"는 무에서 유로, 적은 것에서 많
　　　　은 것으로 향하는 것을 나타내므로,

정답은 C(起)

14. 听说中了奖, 他高兴得嘴都合不_____了。

    A. 上　　　B. 闭　　　C. 下　　　D. 开

【解析】 "上"이 보어로 쓰일 때 용법은

  (1) "달다, 접합하다"의 의미를 나타낸다.

    예 : 把门关上/闭上眼睛睡觉吧。

  (2) 어떤 동작이 결과가 있거나, 일정한 목적 또는 표준에 이르렀음을 나타낸다.

    예 : 经过努力, 她终于考上了博士。

  (3) 동작이 낮은 곳에서 높은 곳으로 향함을 나타낸다.

  (4) 동작이 시작하여 지속됨을 나타낸다.

    예 : 他刚休息了一会儿就又忙上了。

정답은 A(上)

15. 通过半年多的交往, 他深深地爱_____了刘教授。

    A. 得　　　B. 到　　　C. 过　　　D. 上

【解析】 문제 14번 참고.

정답은 D(上)

16. 小王爱骗人, 他的话一点儿也靠不_____。

    A. 了　　　B. 动　　　C. 住　　　D. 起

【解析】 문제 13번 참고. "住"가 보어로 쓰일 때 용법은

  (1) 정지를 나타낸다.

    예 : 站住, 不要过来。

  (2) 견고하거나 안정됨을 나타낸다.

예 : 抓住他, 别让他跑了。

"靠得住"는 고정어구로 "신용할(의지할)수 있다, 믿을 만하다."의 뜻이다.

정답은 C(住)

17. 瓶口生锈了, 怎么也打不＿＿＿盖儿。

    A. 开　　　　B. 上　　　　C. 下　　　　D. 了

【解析】 "开"가 보어로 쓰일 때 용법은

    (1) 분리됨을 나타낸다.

      예 : 太困了, 我已经不开眼了。

    (2) 동작이나 상태가 확대됨을 나타낸다.

    (3) 동작이 시작됨을 나타낸다.

      예 : 别走了, 外面下开雨了。

    (4) 수용을 나타낸다. "동사＋得/不＋起"의 형식으로 많이 쓴다.

    문제는 "동사＋开"의 형식으로 분리됨을 나타낸다.

정답은 A(开)

18. 他每月的工资很低, 还买不＿＿＿房子。

    A. 得　　　　B. 到　　　　C. 完　　　　D. 起

【解析】 "동사＋得/不＋起"는 능력의 유무, 혹은 이겨낼 수 있는지 없는지를 나타낸다. 문제는 집을 살 능력이 없음을 나타낸다. "买不到"는 수량이 적거나 구하기가 어려워서 살 수 없음을 나타낸다.

정답은 D(起)

19. 离得太远, 那位歌手的样子我没看＿＿＿。

    A. 好　　　　B. 清　　　　C. 住　　　　D. 了

【解析】 "清" 은 "清楚" 의 준말.

정답은 B(清)

20. 我已经长大了, 别总把我当＿＿＿小孩子。

   A. 成　　　B. 了　　　C. 着　　　D. 过

【解析】 "成" 이 보어로 쓰일 때 용법은

  (1) 동작의 완성이나 성공을 나타낸다.

    예 : ① 经过几十年的努力, 他终于写成了《百年海狼》这部长篇

        小说。

      ② 这么短的时间, 你完得成吗?

  (2) "~으로 되다, 변하다" 의 의미로 쓰인다.

    예 : 明天我有事, 会议改成后天上午。

정답은 A(成)

21. 昨天老师病了, 口语课没有＿＿＿。

   A. 上成　　　B. 上好　　　C. 上来　　　D. 成功

【解析】 문제 20번 참고.

정답은 A(成)

22. 从他刚才的话里, 我听＿＿＿他不想在这儿工作了。

   A. 下　　　B. 出　　　C. 得　　　D. 了

【解析】 "出" 가 보어로 쓰일 때 용법은

  (1) 동작이 안에서 밖으로 일어남을 나타낸다.

    예 : ① 爸爸从柜子里拿出一瓶酒, 放在桌子上。

      ② 他一直把我送出大门才回去。

(2) 판별, 분석, 심사숙고 후에 결론이나 답안을 얻어냄을 나타낸다.

　　예 : ① 我一眼就看出他是外国人。

　　　　② 想了半天也没想出解决办法。

(3) 초과를 나타낸다. 형식은 형용사＋出＋수량사.

　　예 : ① 他高出我十公分。

　　　　② 袖子有点儿短，再长出一寸就好了。

정답은 B(出)

23. 屋子太小了, 坐不＿＿十个人。

　　A. 上　　　B. 下　　　C. 动　　　D. 满

【解析】"下"가 보어로 쓰일 때 용법은

(1) 위에서 아래로 향해 움직이는 것을 나타낸다.

　　예 : ① 他摘下眼镜, 揉了揉眼睛。

　　　　② 您身体不好, 别起来, 快躺下吧。

(2) 동작의 완성이나 결과, 혹은 그 결과로 고정. 안정된 느낌을 나타낸다.

　　예 : ① 我已经把您的话都记下了。

　　　　② 花了两天时间, 终于攻下了这道难题。

(3) 사람이나 사물이 남거나 혹은 이탈을 나타낸다.

　　예 : ① 吃不了就剩下吧。

　　　　② 我把机器的零件卸下, 擦洗后又重新安上。

(4) 수용을 나타낸다. 형식은 "동사＋得/不＋下" 문제에서는 "동사＋不下"의 형태로 수용능력이 없음을 나타낸다.

　　예 : ① 东西太多, 一个袋子装不下。

　　　　② 这个礼堂坐得下100人。

정답은 B(下)

24. 他已经学了两年，可汉语还谈不＿＿＿＿好。

    A. 得　　　　B. 上　　　C. 到　　　D. 了

【解析】문제 14번 참고.

정답은 B(上)

25. 别看年龄相差30多岁，可他们很谈得＿＿＿＿。

    A. 来　　　　B. 出　　　C. 了　　　D. 上

【解析】"来"가 보어로 쓰일 때 용법은

  (1) 동작의 주체가 화자에게 접근하는 방향을 나타낸다. 제15장 추향보어

    참고.

    예 : ① 他向我们这边走来。

       ② 请把我的帽子拿来。

  (2) 관계가 융합됨을 나타낸다. 형식은 "동사＋得/不＋来"로 동사 자리에

    올 수 있는 어휘는 "谈，说，合，处"로 한정되어 있다.

    예 : ① 我不去，我和他谈不来。

       ② 我和她就是合不来，一见面就吵架。

정답은 A(来)

1. 今天有事A，我B再C去您家拜访D。　　　改天

2. 他跟A我们B握手，C并把D礼物送给我们。　　一一

3. 这些钱A不太多，你可要B节省C，D花完可就没有了。　一点儿

4. A他的汉语说得B不错，C原来他在中国住过三年D。　怪不得

5. A考试的时候，你一定要B细心，C考完后再认真检查，D也不能马虎。　　一点儿

6. 这A双B新的C牛皮鞋是我三D年前买的，把它送给你吧。　半

7. 最近几个月A忙了B，所以这么久C没来找D你。　　一点儿

8. 他A握B着C我的手D说："欢迎您的到来！"　　紧

9. 每天晚饭后，我和小王都A打B一会儿C羽毛球D。　　在操场上

10. 我刚来中国两个月，只A会B说C汉语D。　　一点儿

11. 小李这个人很讨厌，A我B想见C他D了。　　再也不

12. 《初级汉语课本》我A已经B学C了D。　　完

13. 等我急匆匆赶到学校，A考试B已经C进行D了。　二十多分钟

14. 我记住A生词以后B，课文C就全懂D了。　　　一下子

15. 他在上海A已经B住了C多D了。　　　三年

16. 我有个高中时的好朋友，他A现在B学习C计算机专业D。

　　　　　　　　　　　　　　　　　　　在北京大学

17. 我家来了几个亲戚，请允许A我B今夜在你家借C住D。　一下

18. 在事实面前，A他B承认自己C错D了。　　　不得不

19. 我什么书都看，知识________有什么不好呢？
　　　A. 丰富一点儿　　B. 一点儿丰富　　C. 有点儿丰富　　D. 丰富有点儿

20. 听了他讲的笑话，同事们_____哈哈大笑起来。
　　　A. 忍不住　　　　B. 忍不动　　　　C. 忍不了　　　　D. 忍不得

21. 东西太重，我________了，你快帮我一下儿。
　　　A. 拿不了　　　　B. 拿得不了　　　　C. 不拿得了　　　　D. 没拿了

22. 这两天我忙得_____，连吃饭，睡觉都顾不上了。
　　　A. 极了　　　　B. 要命　　　　C. 死了　　　　D. 透了

23. 我把"凉快"听_____了"两块"，给他两块钱，闹了个大笑话。
　　　A. 成　　　　B. 够　　　　C. 过　　　　D. 上

24. 这件事对我的伤害太大了，我怎么也_______。

    A. 忘得不了   B. 忘不得了   C. 不忘了   D. 忘不了

25. 你只要肯努力，就一定赶得_____其他同学。

    A. 上   B. 起   C. 到   D. 出

26. 穿这件新衣服_____别扭。

    A. 一点儿   B. 有点儿   C. 不点儿   D. 多点儿

27. 我看不_____现在有些女青年穿那种又短又露的衣服。

    A. 掉   B. 住   C. 过   D. 惯

28. 《泰坦尼克号》这部电影打_____了成千上万的观众。

    A. 动   B. 着   C. 透   D. 通

29. 门锁生锈了，怎么也打不_____。

    A. 上   B. 下   C. 开   D. 出

30. 我给你扔过去，你可要接_____。

    A. 成   B. 住   C. 紧   D. 动

15 방향보어 趋向补语

一. 개설

방향보어는 방향을 나타내는 동사를 보어로 사용하여 동작의 방향을 보충 설명해주는 역할을 한다. 단순방향보어와 복합방향보어로 나눌 수 있다.

1. 단순방향보어는 주로 "来"와 "去"로 구성되어 있다. 만약 동작이 화자로부터 가까워지면 "来"를 쓰고, 멀어지면 "去"를 쓴다.
   (1) 你们快上来吧(화자가 위층에 있음)
   (2) 你们快下去吧(화자가 위층에 있음)
   (3) 你们快上去吧(화자가 이래층에 있음)
   (4) 你們快下來吧(화자가 아래층에 있음)
2. 복합방향보어는 "上，下，进，出，过，回，起"와 "来", "去"를 결합하여 방향보어를 구성한다. (표15-1 참고.)

표15-1

动词+	上	下	进	出	起	过	回
来	上来	下来	进来	出来	起来	过来	回来
去	上去	下去	进去	出去	/	过去	回去

예 : (1) 你把钥匙给我扔下来。(화자가 아래에 있음)
　　　(2) 你把钥匙给我扔上来。(화자가 위에 있음)

1. 방향보어의 파생적 용법
2. 동사가 동시에 방향보어와 목적어를 취할 때 위치관계

三. 문제분석

표 15-2 참고.

표15-2

	意义	例句
上来	1. 表示人或事物由低到高。	把那个大箱子抬上楼来。
	2. 表示成功地完成某一动作。动词与 "上来" 中间常加 "得" "不"，动词限于 "说，唱，学，答，背，念，叫" 等。	1. 这个问题太太难了，我回答不上来。 2. 要问我为什么学汉语，我也说不上来。
上去	1. 表示人或事物由低到高。	不到半年他就爬上去了，当了副经理。
	2. 表示合拢或把人或事物添加于某处。	1. 从车上拆下来的零件怎么也装不上去了。 2. 把我的名字也写上去吧，我也要参加。
下来	1. 表示人或事物由高到低。	听到敲门声，他马上从床上跳了下来。
	2. 表示动作继续，一般是从过去某一时间到现在。	这是从古代流传下来的一个故事。
	3. 表示动作完成或从不固定到固定。	1. HSK证书我已经考下来了 2. 这件事不要再争了，就这么定下来了。
下去	1. 表示人或事物从高到低。	你敢从二楼跳下去吗？
	2. 表示动作从过去到现在，并以后也一直进行。	1. 请您说下去，我很想知道结果。 2. 不要放弃，你一定要坚持下去。

进来	表示人或事物从外到内。	他提着点心走进房间来。
进去	1. 表示人或事物从外到内。	上课铃响了，大家都跑进教室去。
	2. 表示接受，动词限于"听"，"看"，"吸收"等少数动词。	他的话我一点儿也听不进去。
起来	1. 表示人或事物由低到高。	1. 别把东西放在地上，快拿起来。 2. 看到老师走进教师，同学们都站了起来。
	2. 表示动作开始并继续。	1. 看到他的样子，大家忍不住笑了起来。 2. 四月了，天渐渐暖和起来了。
	3. 表示人或事物由分散到集中。	1. 请把书桌上的东西收拾起来。 2. 把晒干的衣服叠起来吧。
	4. 表示回忆有了结果，限于"想"，"回忆"，"记"等少数动词。	1. 我想起来了，你叫王刚。 2. 这件事我怎么也记不起来了。
	5. 表示估计或着眼于某一方面。	1. 他的歌听起来不错。 2. 看起来他们俩挺般配的。
出来	1. 表示人或事物从内到外；从隐藏到显露。	1. 他被老板从办公室叫了出来。 2. 我不知怎么把感谢用言语表达出来。
	2. 表示某一事物开始出现。	1. 我厂又生产出来一批新产品。 2. 计算机屏幕上打出来一行字。
	3. 表示经过识别，分析或思考后了解，知道。	1. 一点儿也看不出来他有70多岁。 2. 我算出来了，答案和老师说的一样。
出去	表示人或事物从外到内。	儿子呢？是不是又跑出去玩儿了？
过来	1. 表示人或事物随动作由一处到另一处，或方向发生变化。	1. 不要向后看，把头转过来。 2. 听到我的叫声，大家都跑了过来。
	2. 表示恢复到原来的正常状态。	1. 五个多小时后，他才从昏迷中醒过来。 2. 这种习惯不好，一定要改正过来。

263

过去	1. 表示人或事物随动作由一处到另一处，或方向发生变化。	1. 把这本书给他拿过去。 2. 我在床上翻过来翻过去，怎么也睡不着。
	2. 表示失去原来正常的状态，动词只限于"昏迷，晕，死"等。	病人昏过去了，医生马上进行抢救。
	3. 表示事情通过或完成。	1. 英语四级我已经考过去了。 2. 这件事瞒不过去，你最好还是直说吧。

四. **연습문제**

1. 他一口气把一瓶磺泉水喝_____了。
   A. 下去　　　B. 进来　　　C. 下来　　　D. 出去

2. 屋子里的孩子被切菜的声音吵醒了，哭了_____。
   A. 回来　　　B. 起来　　　C. 下来　　　D. 过来

3. 快下来，别往山上爬了，上面太危险，小心摔_____。
   A. 过来　　　B. 下来　　　C. 进去　　　D. 出来

4. 昨天对门的小两口又打又闹，今天两个人又好_____了。
   A. 过去　　　B. 起来　　　C. 下去　　　D. 回来

5. 现在市场上出售的仿古家具大多是这家工厂生产_____的。
   A. 出来　　　B. 过来　　　C. 起来　　　D. 下来

6. 中国封建社会是从什么时候开始衰弱_____的?
   A. 回来　　　B. 过来　　　C. 出来　　　D. 下来

7. 你真是个木头脑袋，这么简单的问题还转不_____。
   A. 下来　　　B. 回去　　　C. 过来　　　D. 起来

8. 做了手术后，妈妈的病一天天好_____了。
   A. 起来　　　B. 过去　　　C. 出去　　　D. 下来

9. 你说这个菜里有羊肉，我怎么吃不_____羊肉味儿?
   A. 下去　　　B. 起来　　　C. 得了　　　D. 出来

10. 衣服上的血迹怎么也洗不＿＿＿＿。

    A. 过去   B. 上去   C. 下去   D. 出去

11. 我刚把书包扔在地上，他就一把提了＿＿＿＿。

    A. 上来   B. 出来   C. 下来   D. 起来

12. 听说我打碎了那个清代花瓶，爸爸的脸马上沉＿＿＿＿。

    A. 下来   B. 上来   C. 过来   D. 过去

13. 我一点儿也没听＿＿＿＿你是韩国人。

    A. 出来   B. 起来   C. 上去   D. 下来

14. 他看＿＿＿＿聪明，其实一点儿也不聪明。

    A. 上来   B. 起来   C. 过来   D. 以来

15. 经过医生5个多小时的抢救，病人终于苏醒＿＿＿＿。

    A. 回来   B. 过来   C. 上来   D. 起来

16. 那件衣服看＿＿＿＿很一般，可价钱却不低。

    A. 上去   B. 下来   C. 上来   D. 过去

17. 这道题老师讲了3遍，我才明白＿＿＿＿。

    A. 过去   B. 回来   C. 出来   D. 过来

18. 一看老张的脸色，他把要说的话又咽＿＿＿＿了。

    A. 出去   B. 上去   C. 回去   D. 过去

19. 他只是目不转睛地盯着我，好象心里有很多话，可是却说不
____。

    A. 出来   B. 起来   C. 过来   D. 进来

20. 在我国奴隶社会末期，铁器就开始发展____了。

    A. 出来   B. 下去   C. 起来   D. 上来

21. 我刚想坐下来休息一会儿，门铃突然响了____。

    A. 上来   B. 起来   C. 过来   D. 过去

22. 经过两年多的发展，天津的经济逐渐恢复____。

    A. 回来   B. 上去   C. 过来   D. 下来

23. 像现在这样努力____，你一定会成功。

    A. 上来   B. 下去   C. 下来   D. 出来

24. 刚才还是阴沉沉的天，渐渐变得晴朗____。

    A. 过来   B. 下来   C. 上去   D. 起来

25. 一不小心，我从自行车上掉了____。

    A. 下来   B. 回来   C. 起来   D. 过来

26. 让张秘书马上把这份资料打印____，然后发给大家每人一份。

    A. 出去   B. 出来   C. 过去   D. 回来

27. 你最好还是告诉我，这件事你是瞒不____的。

    A. 回来   B. 过去   C. 起来   D. 出来

28. 刘先生的一句话，把我的一生与汉语教学工作联系＿＿＿＿。

    A. 起来   B. 出来   C. 下来   D. 过来

29. 毕业都五年了，可你看＿＿＿＿还象上大学时那么年轻，有活力。

    A. 上去   B. 回来   C. 出来   D. 上来

30. 今天预报有雨，说不定什么时候就得下＿＿＿＿。

    A. 来   B. 起来   C. 过来   D. 得来

05 종합문제

앞에서 한정어, 상황어, 보어 부분의 연습문제를 마친 후 앞의 어법을 얼마나 이해했는지 계속해서 아래의 종합문제를 풀어보자. 모두 30문제로 정답은 (　　) 안에 써 넣는다. 제한시간은 20분으로 주어진 시간 내에 풀 수 있어야 한다. 문제를 다 풀고 난 후에 정답과 해설을 본다.

开始时间＿＿＿点＿＿＿分

（　　）1. A这个城市B没有重工业，C空气这么D新鲜。　　怪不得

（　　）2. 最近天气A很怪B，你看昨天还很暖和，今天C冷起来D了。　　一下子

（　　）3. 今天大家A吃得很尽兴B，饭菜C也D没剩下。　　一点儿

（　　）4. 我A学过一年，B会C说D韩国语。　　一点儿

（　　）5. 王志强A听到B这个消息后，C傻眼了D。　　一下子

（　　）6. A老刘B是C山东D人，可从七岁起一直生活在北京，可以说北京是他的第二故乡。　　本

（　　）7. 要搬家了，A可B他C真D离开住了40多年的老房子。　　舍不得

（　　）8. A现在B去恐怕C了，D还是以后再去吧。　　来不及

（　　）9. 老师讲的内容，我还没完全吃_____。

    A. 透　　　B. 下　　　C. 完　　　D. 了

（　　）10. 每天工作12个小时，时间长了身体会_______。

    A. 吃不动　　　B. 吃不得　　　C. 吃不住　　　D. 吃不消

（　　）11. 听到楼道里人们大喊"着火了"，我_______穿衣服就往外跑。

    A. 顾不得　　　B. 怪不得　　　C. 恨不得　　　D. 舍不得

（　　）12. 他舍己救人的消息传_____了整个城市。

    A. 透　　　B. 定　　　C. 光　　　D. 遍

（　　）13. 我们俩虽然年龄相差很大，但很合得_____。

    A. 上　　　B. 来　　　C. 到　　　D. 去

（　　）14. 昨天比今天_______。

    A. 一点儿热　B. 热一点儿　C. 热有一点儿　D. 有一点儿热

（　　）15. 房子太小了，里边坐不_____这么多人。

    A. 上　　　B. 满　　　C. 够　　　D. 下

（　　）16. 这件事我一直想不_____，他们怎么能这样对待我？

    A. 够　　　B. 住　　　C. 开　　　D. 能

（　　）17. 这本书我现在用不_____了，送给你吧。

    A. 起　　　B. 得　　　C. 动　　　D. 着

(　　) 18. 由于有事，不能去北京了，只好到车站把票退_____。

　　　　A. 下　　　B. 掉　　　C. 动　　　D. 起

(　　) 19. 他说不_____聪明，可是很用功。

　　　　A. 到　　　B. 起　　　C. 动　　　D. 上

(　　) 20. 价钱太高了，我可买不_____。

　　　　A. 上　　　B. 起　　　C. 出　　　D. 得

(　　) 21. 这件事是咱们俩之间的秘密，你千万别说_____。

　　　　A. 过去　　　B. 上去　　　C. 出去　　　D. 回去

(　　) 22. 这么多内容，我一时怎么也背不_____。

　　　　A. 下来　　　B. 过去　　　C. 回来　　　D. 出来

(　　) 23. 老李在昨晚的宴会上喝多了，直到现在还没醒_____呢。

　　　　A. 起来　　　B. 过来　　　C. 出来　　　D. 上来

(　　) 24. 说着说着，他们两个不知为什么事吵了_____。

　　　　A. 过来　　　B. 下去　　　C. 出去　　　D. 起来

(　　) 25. 他的热情好像是装_____的，里面透着虚假。

　　　　A. 过去　　　B. 进来　　　C. 下来　　　D. 出来

(　　) 26. 一天留这么多作业，学生们根本做不_____。

　　　　A. 下来　　　B. 起来　　　C. 过来　　　D. 回来

（　　）27. 一见到我，他就没完没了地说了_____。

    A.过来　　　　B.上来　　　　C.进来　　　　D.起来

（　　）28. 我以为他会一口拒绝，没想到他竟答应_____。

    A.出来　　　　B.下来　　　　C.起来　　　　D.过来

（　　）29. 他学习不用功，连这么简单的问题都回答不_____。

    A.进来　　　　B.起来　　　　C.过来　　　　D.上来

（　　）30. 你买_____了什么？快拿我们瞧瞧！

    A.上来　　　　B.出来　　　　C.回来　　　　D.过来

분석 및 답안

1. 怪不得 : 과연, 그러기에, 어쩐지. 정답은 C

2. 一下子 : 돌연, 단번, 일시, 상황어로 쓰여 짧은 시간을 나타낸다. 정답은 C

3. 一点儿이 한정어가 될 때에는 부정어구로만 사용된다. "一点儿＋也＋没有＋동사"의 형태로 부정을 강조한다. 정답은 C

4. 一点儿은 동사 앞에서 상황어가 될 수 없다. 명사 앞에서 상황어가 되므로,
   정답은 D

5. 문제 2번 참고. 정답은 C

6. "本"은 부사로 "本来"의 축약형. 동사 앞에서 상황어가 된다. 정답은 B

7. 舍不得 : 아쉽다, 아깝다, 미련이 남다, 섭섭하다, 문장에서 상황어가 된다. 정답은 D

8. 来不及 : 여유가 없다 틈이 나지 않다. 정답은 C

9. "透"는 동사 "吃"의 보어. 도리, 사리, 상황 따위에 관한 이해나 인식, 연구 정도가 철저하고 분명함을 나타낸다. 정답은 A

10. 吃不消 : 견딜 수 없다, 지탱할 수 없다, 참을 수 없다. 정답은 D

11. 顾不得 : 보살필 겨를이 없다. 정답은 A

12. 遍 : 두루, 널리. 정답은 D

13. 合得来 : 성격이 잘 맞다, 수지가 맞다. 정답은 B

14. "比"를 이용한 비교분장의 형식은 "A 比 B＋형용사＋보어" 비교문에서 "比" 뒤의 형용사 앞에는 부사 "还", "更"만이 상황어로 강조를 나타내므로, "有点儿"을 쓸 수 없다. "一 点儿"은 상황어가 될 수 없으므로 A는 오답이다. "有点儿"은 보어가 될 수 없으므로 C도 오답이다. 정답은 B

15. "동사＋下"는 용납, 수용을 나타낸다. 정답은 D

16. 想不开 : 별일 아닌 것에 대해서도 생각을 떨쳐버리지 못하다, 꽁하게 생각하다. 정답은 C

17. 用不着 : 소용되지 않다. 필요치 않다. 쓸모 없다. 정답은 D

18. 掉 : 제거하다. 떼어버리다. 정답은 B

19. "동사+不上"은 어떤 기준이나 목표에 이르지 못함을 나타낸다. 정답은 D

20. "동사+不起"는 어떤 능력이 없다는 뜻으로, 문제에서는 가격이 비싸 살 능력이 안 됨을 나타낸다. 정답은 B

21. "동사+出去"는 동작이 안에서 밖으로 향함을 나타낸다. "说出人"은 다른 사람에게 알려주다는 뜻. 정답은 C

22. "동사+下来"는 동작의 완성 혹은 결과를 나타낸다. "背下来"는 기억하다, 외우다는 뜻. 정답은 C

23. "동사+过来"는 정상이 아닌 상태에서 정상으로 돌아옴을 나타낸다.
정답은 B

24. "동사+起来"는 동작이 시작하고, 지속됨을 나타낸다. 정답은 D

25. "동사+出来"는 동작이 은폐된 것에서 노출되는 것을 나타낸다. 정답은 D

26. "동사+得/不 +过来"는 완성할 수 있는지 없는지를 나타낸다. 정답은 C

27. 문제 23번 참고. 정답은 D

28. 문제 22번 참고. 정답은 B

29. "동사+上来"는 어떤 동작을 성공적으로 완성함을 나타낸다. 정답은 D

30. "동사+回来"는 본래 장소로 되돌아오거나 되돌리는 뜻을 나타낸다.
정답은 C

16 특수문형 几种特殊句型

一. 개설

"把"자 구문, "被"자 구문, "是"자 구문, "有"자 구문, 연동문, 겸어문, "是……的" 구문, 이중부정문, 정반의문문 등은 모두 한어 특수문형에 속한다. 주요 특수문형은 아래와 같다.

1. "是……的" 구문

"是……的" 구문은 강조구문의 일종으로, 동작이 발생한 시간, 장소, 방법 등을 강조하며, 강조하고자 하는 것을 "是"와 "的" 사이에 넣는다. 부정형은 "不是……的"이다.

예 ① 他是昨天下午到天津的

② 代表团不是坐飞机来的

③ 王小言是一个人从山西大学来我们学校的

2. "连……都/也……" 구문

"连……都/也……"구문은 강조구문의 일종으로, 주어, 목적어, 혹은 술어를 강조하여 "심지어"의 의미를 갖는다. 주어를 강조할 때는 "连＋주어＋都/也＋동사" 구조이고, 목적어를 강조 할 때는 목적어를 동사 앞에 놓아 "连＋목적어＋都/也＋동사" 구조가 된다. 술어를 강조할 때는 "连＋동사＋都/也＋동사의 부정형" 구조로 동사는 주로 단음절 동사가 온다.

예 : ① 连我都不知道，他们就更不知道了

② 这件事我连听都没听说过

③ 他连豆腐都吃不了，崩豆就更吃不了了

3. "一……就……" 구문

"一……就……"구문은 두 개의 동작을 연접시키는 일종의 연동문이다. 일반적으로 두세 개의 구를 중간에 휴지(休止) 없이 나열하여 청부관계나 조건관계를 나타낸다. "一"와 "就" 뒤에는 일반적으로 동사가 바로 온다.

　예 : 他一说，我马上就想起来了。

4. 이중부정문은 하나의 구 안에서 부정의 형식을 두 번 사용하여 강한 긍정을 나타내는 구문이다. 형식은 : 不……不……, 没(有)……不……, 不…… 没有……, 非……不……, 非……不可, 不能不……, 不得不…… 등이 있다.

　예 : ① 明天晚上我在电影院门口等你，咱们不见不散。

　　　② 这个组的学生没有一个不戴眼镜。

　　　③ 这次比赛我非参加不可，谁也别想阻止我。

5. "有"자 구문

　"有"자 구문의 용법은

　(1) 존재, 소유, 포함을 나타낸다.

　　예 : ① 我们家有四口人，都在大学工作。

　　　② 这个词有·种不同的解释。

　(2) 열거를 나타낸다.

　　예 : ① 我们大学有二十多个国家的留学生，有日本的，有俄罗斯的，有法国的，有瑞典的……，其中最多的是韩国留学生。

　　　② 这次考试的题型有填空，有选择，还有写作。

　(3) 비교를 나타낸다. 제17장 비교문 참고.

6. "是"자 구문

　"是"자 구문의 용법은

　(1) "A 是 B"구조. 이 구조의 부정형식은 "是" 앞에 "不"를 붙인다. 의문문은 "是……吗" 혹은 "是不是……"형식이다.

　　예 : ① 我是天津人。

　　　② 那是你的本子吗？

　　　③ 你是不是留学生？

　(2) "A 是……的" 구조. 이 구조의 "是"뒤에는 대명사, 형용사, 명사 등이

와서 "的"자 단어 결합을 만든다.

　예 : ① 那辆汽车是他新买的。

　　　　② 你是中文系的吗？

　⑶ 강조를 나타내는 "是……的"구문

7. 반어문

반어문은 일종의 강조문형으로 대답을 필요로 하지 않는다. 평서문과 의문문 모두 반문 어기를 덧붙여 반어문을 만들 수 있다. 부정형식의 반어문은 긍정을 강조하고, 긍정형식의 반어문은 부정을 강조한다.

　예 : ① **我哪**知道他是谁啊？(我不知道他是谁)

　　　　② 你怎么会不知道呢？(你应该知道)

8. 정반의문문

정반의문문은 술어 중의 주요성분의 긍정형식과 부정형식을 함께 써서 의문문을 만드는 것이다. 동사가 목적어를 가지고 오면 목적어는 동사의 긍정형과 부정형 사이에 넣을 수 있다.

　예 : ① 你买书不买？那儿的书特别便宜。

　　　　② 你吃饭不吃, 你不吃我可先吃了

만약 동사나 형용사 뒤에 "了"가 있으면 부정형식은 "没有"를 쓴다.

　예 : ① 老师来了没有？

　　　　② 你听说那个消息了没有？

二. 시험에 잘 나오는 특수문형

1. 특수문형의 의미파악

2. 특수문형의 어법적 특징과 응용

1. 你的忘性太大了, A怎么B都C不D记得了。　　　　连我

　【解析】"连……都/也……"구문은 강조구문의 일종으로, 주어, 목적어, 혹은 술
　　　　어를 강조하여 "심지어"의 의미를 갖는다. 목적어를 강조할 때는 목적어
　　　　를 동사 앞에 놓아 "连＋목적어＋都/也＋동사" 구조가 된다. 문제는 목
　　　　적어를 강조하는 것이므로 "怎么"는 "连" 앞에 와야 한다.

정답은 B

2. 王海是我的好朋友, A都B不理解我C, D何况别人呢？　　　　连他

　【解析】"连……都/也……" 구문이 주어를 강조할 때는 "连＋주어＋都/也＋동
　　　　사" 구조이다.

정답은 A

3. A他说的都是些B我C想也没有D想过的问题。　　　　连

　【解析】"连……都/也……" 구문이 술어를 강조 할 때는 "连＋동사＋都/也＋동
　　　　사의 부정형" 구조로 동사는 주로 단음절 동사가 온다.

정답은 C

4. A他的名字我最早B在C上大学时D听说的。　　　　是

　【解析】"是……的"구문은 강조구문의 일종으로, 동작이 발생한 시간, 장소, 방법
　　　　등을 강조하며, 강조하고자 하는 것을 "是"와 "的" 사이에 넣는다. 부정형
　　　　은 "不是……的"이다. 문제에서 "在……时"는 전치사구조이고, "是"가
　　　　강조하는 것은 시간이다.

정답은 B

5. A考试时B千万不能紧张, C紧张D脑子就乱了。　　　　一

【解析】 "一……就……" 구문은 두 개의 동작을 연접시키는 일종의 연동문이다.
일반적으로 두세 개의 구를 중간에 휴지(休止) 없이 나열하여 청부관계
나 조건관계를 나타낸다. 문제의 "一"는 "紧张" 앞에 온다.

정답은 B

6. 我A提B起她男朋友的名字, C她的脸D马上就红了。　　　　一

【解析】 문제 5번 참고.

정답은 A

7. 自从哥哥参军上了战场以后, A我B没有一天C为他D担心。　不

【解析】 문제는 "没(有)……不……" 이중부정문이다. 이중부정문은 하나의 구
안에서 부정 의 형식을 두 번 사용하여 강한 긍정을 나타내는 구문이다.
일반적으로 형식은 : 不……不……,　没(有)……不……,　不……没
有……,　非……不……,　非……不可, 不能不……,　不得不…… 등이
있다. 문장 안의 부사 "不"는 전치사 "为" 앞에 놓여야 한다.

정답은 C

8. 无论A发生什么B事, C也不能D吃饭呀!　　　不

【解析】 문제 7번 참고.

정답은 D

9. 这么多轿车A他不坐, B要C骑D自己的自行车不可。　　　　非

【解析】문제 7번 참고.

정답은 B

10. A一年B十二个月C, 五十二个星期D。　　　　有

【解析】"有"자 구문의 존재, 소유, 포함 용법. "是"자 구문의 용법은 ⑴ "A 是 B"구조.

정답은 B

11. A我的B朋友C日本D留学生。　　　　是

【解析】"是"자 구문의 "A 是 B"구조 용법. "是"는 문장에서 술어가 된다.

정답은 C

12. 快去接电话, 你A没B听见C电话铃D响了吗?　　　　难道

【解析】"难道"는 부사로 "吗"와 호응하여 쓴다. "难道"는 동사 앞에 쓰여서 반문의 어기를 가중시킨다. 문제에서 "难道"는 부사 "没" 앞에 와야 한다.

정답은 A

13. 今年来的留学生里＿＿＿法国人?
　　A. 有不有　　　B. 有吗　　　C. 不有　　　D. 有没有

【解析】정반의문문.

정답은 D(有没有)

14. 下午你________帮我打印这份资料？

    A. 能不能   B. 可能不可能   C. 能没能   D. 可不能

【解析】정반의문문의 술어부분에 능원동사(예 : 能, 会, 愿意, 可以)가 있을 때 의문문의 형식은 : 능원동사의 긍정형식＋부정형식＋동사.

정답은 A(能不能)

15. 你________我们厂最近要和一家美国公司合资？

    A. 不听说听说   B. 听说不听说

    C. 听没有说   D. 听没听说

【解析】정반의문문의 술어부분에 이음절 동사, 형용사(예 : 学习, 漂亮가 있을 때 동사나 형용사의 긍정형식과 부정형식은 AB 不/没 AB인데, A 不没 AB로 축약해서 쓸 수 있다.

정답은 D(听没听说)

1. 最近太忙了，A我B一天C也没D休息。　　　　连

2. A他很累，B脸C也没洗就D躺下睡觉了。　　　　连

3. A这件事B他C想D都没想就同意了。　　　　连

4. 运动员们一A下飞机，B被热情的人群C围住了D。　　　就

5. 我们也是A才到，B到C就看见D你们在里面等着取行李呢。

　　　　　　　　　　　　　　　　　　　　　　一

6. 我A在B饭店C吃饭的时候D偶然碰到20多年没见面的老同学
　　的。　　　是

7. 丈夫逢人就夸A她B温柔贤惠，C难得的D好媳妇。　　　是

8. 现在A生活水平B提高了，孩子们C变得D胖。　　　越来越

9. 他A说B学校C放假D他就回国。　　　一

10. 她说我不行，A我B做出个样子C给她D瞧瞧。　　　非

11. 今天A没有电，B我C走上D15层楼。　　　不得不

12. A情况B会C发生D变化的，你不能用一成不变的观点看问题。

　　　　　　　　　　　　　　　　　　　　　　是

13. A电话B找你C，快过来接D一下。　　　　有

14. A刚B进办公室就C感D到气氛有点儿不对。　　　　一

15. 我去的地方很少，A连上海B没C去过D。　　　　也

16. 房子里只A一张床，B一张桌子，C两把椅子和一个书架D。

　　　　有

17. ＿＿＿＿提起他的名字，我就气不打一处来。
　　　A. 连　　　　B. 一　　　　C. 和　　　　D. 也

18. 这敏好的条件，＿＿＿＿他还不满足吗？
　　　A. 难道　　　　B. 怎么能　　　　C. 如何　　　　D. 为什么

19. 我把请假条交给领导，他＿＿＿＿看＿＿＿＿不看就说"不行！"
　　　A. 连　也　　　B. 没　不　　　C. 或　或　　　D. 左　右

20. 他只想呆在家里，＿＿＿＿大门＿＿＿＿不愿出，怎么会去旅游？
　　　A. 一　就　　　B. 连　也　　　C. 越　越　　　D. 是　还是

21. 这么好的机会，我＿＿＿＿不抓住呢？
　　　A. 怎么能　　　B. 难道　　　C. 越来越　　　D. 不能

22. 你是不是＿＿＿＿喜欢这种颜色，怎么不说话？
　　　A. 不　　　B. 没　　　C. 莫　　　D. 非

23. 他可是这里的知名人物，_____人_____认识他。

    A. 不　不　　　　B. 没　不　　　　C. 非　不　　　　D. 不　没

24. 你和他同吃同住，_____不知道他喜欢喝酒？

    A. 难道　　　　B. 难得　　　　C. 难怪　　　　D. 难以

25. 有时家长_____说这本书不好，孩子却_____想看。

    A. 越　越　　　　B. 一　就　　　　C. 连　也　　　　D. 非　不可

26. 我讲的内容你们_____？

    A. 听得懂不懂　　　　B. 听不听得懂

    C. 听不懂听得懂　　　　D. 听得懂听不懂

27. _____，田野上白茫茫的一片。

    A. 雪越下越大了　　　　B. 越来越下大雪

    C. 雪越来越下大　　　　D. 雪越下了越大

28. 这件事不管你们_____，我都做定了。

    A. 同意得不同意　　B. 同意得同意　　C. 同意不同意　　D. 同意吗

29. 现在我还不知道他_____。

    A. 不愿意去愿意去　　　　B. 愿意不愿意去不去

    C. 愿不愿意去　　　　D. 愿意去不去

30. 学校下周组织留学生游览长城，你_____？

    A. 参加想不想　　　　B. 想参加不参加

    C. 想不想参加吗　　　　D. 想不想参加

17 비교문 比较的方式

一. 개설

한어에서 비교를 나타내는 방법은 크게 두 가지가 있다. 하나는 비교하는 사물의 성질과 형상이 같은지 다른지를 비교하는 것이고, 다른 하나는 성질과 정도의 차이를 비교하는 것이다. 표17-1 참고.

표17-1

分类	特点	例句
用介词 "比" 的 比较句	1. 用 "比" 引出类比的对象，说明不同事物性质或程度的差异，也可比较同一事物不同时期的差异。	1. 我现在的学习比以前好。 2. 上海的冬天比北京暖和。
	2. "比" 后的形容词前可加副词 "更"，"还" 表示强调，形容词后可带数量结构及 "一些"，"一点儿"，"多了"，"得多" 等补语。	1. 他比我小三岁。 2. 那套衣服比这套贵一点儿。 3. 我每天比爸爸还忙。
	3. 否定形式是在 "比" 前加上否定副词 "不"。	用这种工具不比用那种省力。
用动词 "有" 的 比较句	1. "有" 后边的谓语多由 "高，大，长，宽，厚，远，深，多" 等形容词或某些能够衡量程度的动词，能愿动词充当，表示事物的性质，数量达到某种程度。	1. 谁有我认识的汉字多？ 2. 这盆花已经长得有一人高了。 3. 这张画有那么值钱吗？
	2. 否定形式是 "没有"	1. 他没有我篮球打得好。 2. 你们两个人也没有他一个能吃。

用介词 "跟"， "和" 等的 比较句	3. 这类比较句中，只表示两种事物间的差异比较，因此谓语中没有表示具体差异的补语。	1. 他没有我胖一点。 2. 我长得有那么难看得多吗？
	1. ……和/跟……一样(相同，相似，相近，相像，差不多，不相上下)，表示两种事物相同或类似。如果表示比较双方的名词都带定语，后面的名词可以省略。	1. 这间屋子跟那间一样大。 2. 他的年龄和我差不多。 3. 这本书跟那本一样。
	2. 否定形式是"跟/和……不一样"或"不跟/和……一样"。在"跟/和……不一样"中，可以在"不"前加程度副词"大"，"很"，"太"等。	1. 这种菜的做法和我们国家不一样。 2. 我的专业不跟他一样。 3. 今年的天气跟往年大不一样。
用 "不如" 的 比较句	只有否定形式，作状语时与用"没有"的比较句类似。"不如"可以作谓语，表示"没有……好"，但用"没有"的比较句没有这种用法。	1. 他不如/没有我聪明。 2. 他的照相技术不如我。 3. 他的照相技术没有我。

二. 시험에 잘 나오는 비교문

1. "比"를 이용한 비교문

2. "不如"를 이용한 비교문

3. "有", "没有"를 이용한 비교문

4. "和", "跟", "与"를 이용한 비교문

1. 我这次比赛的成绩_____上次差不多。

    A. 比   B. 有   C. 比较   D. 和

2. 老人虽然已经83岁了，但看上去_____实际年龄年轻得多。

    A. 跟   B. 像   C. 比   D. 不如

3. 我看明天还是坐11点半的车吧，那趟车_____9点的便宜10块钱。

    A. 有   B. 不如   C. 没有   D. 比

4. 他说的_____我见到的完全两样。

    A. 比   B. 像   C. 和   D. 如

5. 期末考试的题型_____期中考试的近似，分为填空，选择，阅读理解和作文四项。

    A. 和   B. 有   C. 像   D. 如

6. 王丽比我高，可她_____刘芳高。

    A.不比   B. 不够   C. 不和   D. 不如

7. 北京电视塔_____天津电视塔高。

    A. 没有   B. 不比较   C. 不有   D. 不和

8. 要是我儿子还活着，也该_____他这么大了。

    A. 比   B. 如   C. 比较   D. 有

9. 这本书的价钱虽然贵，但内容_____那本书好。

    A. 不如   B. 不和   C. 不跟   D. 不有

10. 天津，北京的气候_____汉城差不多。

    A. 比   B. 跟   C. 不如   D. 有

11. 这种国产汽车的质量_____进口汽车不相上下。

    A. 比   B. 相比   C. 跟   D. 如

12. 她的汉语水平_____你高吗？

    A. 比较   B. 在   C. 更   D. 有

13. 老章每月赚到的钱_____支出的费用大体相等，根本攒不下钱。

    A. 比   B. 比较   C. 相比   D. 与

14. 你家的空调_____我家的一模一样，是幸福牌的吧？

    A. 有   B. 像   C. 和   D. 比

15. 这里的冬天不_____你们那儿冷多少。

    A. 比   B. 像   C. 比较   D. 相比

16. 别看她个子不高，可力气_____我小。

    A. 不和   B. 不如   C. 不有   D. 不比

17. 妹妹_____姐姐那么活泼开朗。

    A. 不比   B. 不跟   C. 不有   D. 不像

18. 你说小王性格内向？我的看法＿＿＿你正好相反。

    A. 与   B. 比   C. 有   D. 像

19. 你汉语说得＿＿＿中国人一样，学了很长时间了吧？

    A. 和   B. 比   C. 有   D. 对比

20. 由于工作压力太大，我现在＿＿＿半年前瘦了10斤。

    A. 比   B. 不如   C. 有   D. 没有

21. 妻子要上班又要照顾孩子，A她B一点儿C不D轻松。   比我

22. 他的A体重B我C略微D高一些。   比

23. A他唱歌唱B得C还好D。   比歌唱演员

24. 他的个子A比B我C高D。   不

25. 约翰总是谦虚地说他的汉语不好，A其实B他说得C强得D多。

                            比其他人

26. 我长得就够胖的，A没想到他B比C我D胖。   还

27. A看这种电影，B还C去D睡觉。   不如

28. A他数学B学得C好得D多。   比我

29. 我A比姐姐小四岁，不过B个子C比姐姐高D一头。   倒

30. 据专家分析，杭州西湖水域的历史已超过3000年，A比杭州
城B的历史C长D。　　　　还

18 어순 语序

一. 개설

한어에서 어순은 매우 중요하다. 글자의 배열 순서가 틀리면 의미전달이 정확하게 되지 않는다. 어순에 관한 문제는 이미 앞에서 조금 언급했는데, 중요한 것은 ① 주어, 술어, 목적어, 한정어, 상황어, 보어의 위치. ② 전치사구조의 위치. ③ 반어문, 정반의문문, 연동문, 강조구문 등 특수문형의 구조 및 순서. ④ 비교문의 어순이다. 이외에 두 가지 방면을 더 보충하면,

1. 다중 상황어 : 어떤 술어는 상황어가 하나 이상인 경우가 있는데 이때 배열 순서는 술어 내부의 논리관계와 의미에 따라 결정한다.

  배열의 일반적인 규칙은 ① 시간을 나타내는 명사나 전치사 구 →

  ② 장소를 나타내는 명사나 전치사 구 →

  ③ 어기를 나타내는 부사 →

  ④ 범위, 부정, 정도, 심경을 나타내는 부사 →

  ⑤ 대상을 나타내는 전치사 구

※ 아래의 예를 참고하시오.

① 这件事现在还没有完全解决。

② 我昨天在飞机场和他见了面。

③ 那件是我从来没对别人说过。

④ 我明天晚上7：00在电影院门口等你。

⑤ 代表团在休息室热情地互相交道。

⑥ 这个消息真令人兴奋。

2. 다중 한정어 : 어떤 주어와 목적어는 한정어를 하나 이상 갖는다. 이럴 때 한정어의 배열 순서는 구의 논리관계에 따라 결정한다. 중심어와 관계가 밀접할수록 중심어 가까이에 놓는다. 그러나 가끔 유동적인 어휘가 있는데 그

것이 바로 수량조사이다. 위치가 바르지 않으면 의미가 달라진다.

배열의 일반적인 규칙은 ① 종속관계를 나타내는 명사나 대명사→

② 시간, 장소명사 →

③ 명사 · 동사 · 전치사구 →

④ 지시대명사, 수량사 →

⑤ 형용사나 형용사 구 →

⑥ 수식성 명사나 "的"가 필요없는 형용사.

그 중 지시대명사, 수량사는 비교적 위치가 유동적이다.

문장의 내용에 따라 ②와 ③ 사이나 ⑥ 뒤에 쓸 수 있다.

예 : ① 朋友送的两个小花瓶。

② 两个朋友送的小花瓶。

③ 朋友送的很小的两个花瓶。

※ 아래의 예를 참고하시오.

① 你这两件衬衣的扣子怎么都掉了？

② 孩子吃糖是一件让很多家长头疼的事。

③ 弟弟穿了哥哥去年买的那件黑西服。

④ 我妈妈每天早晨头一件要干的就是听天气预报。

⑤ 我很希望一个出国进修的机会。

⑥ 小孩子的手里拿着一个大大的红频果。

1. 다중 상황어의 순서

2. 다중 한정어의 순서

3. 한정어, 상황어, 보어의 위치

4. 전치사구의 위치

5. 비교문의 순서

292

三. 연습문제

1. 姐姐性情温和，＿＿＿＿＿＿＿＿。

    A. 没跟任何人都发生过争吵　　　　B. 没发生过争吵都跟任何人

    C. 跟任何人都没发生过争吵　　　　D. 任何人都没跟发生过争吵

2. 她虽然＿＿＿＿＿＿＿＿，但心地善良，乐于助人。

    A. 长得很难看　　B. 难看长得很　　C. 很难看得长　　D. 长得难看很

3. 我觉得天津＿＿＿＿＿＿＿＿。

    A. 比较交通好　　B. 比交通较好　　C. 交通比较好　　D. 比较好交通

4. 他的话＿＿＿＿＿＿＿＿。

    A. 让我们真生气　　　　B. 我们真让生气

    C. 真让我们生气　　　　D. 生气真让我们

5. 他＿＿＿＿＿＿＿＿我，一句话也不说。

    A. 无力地靠在门上看着　　　　B. 看着无力地靠在门上

    C. 靠在门上看着无力地　　　　D. 无力地看着靠在门上

6. 产品质量上不去，＿＿＿＿＿＿＿＿。

    A. 我把急坏了　　B. 把我急坏了　　C. 我把坏急了　　D. 把急坏了我

7. ＿＿＿＿＿＿＿＿，怎么这么没礼貌。

    A. 这个朋友你的　　　　B. 你这个的朋友

    C. 你朋友的这个　　　　D. 你的这个朋友

8. 你下午______________。

    A. 在学校门口五点半等我   B. 等我五点半在学校门口

    C. 在学校门口等我五点半   D. 五点半在学校门口等我

9. 你这个玩笑______________了。

    A. 开太得过分   B. 开得太过分

    C. 太得过分开   D. 太过分得开

10. 如果你不明白，那么______________。

    A. 下课后我给你教   B. 下课后你给我教

    C. 下课后我教给你   D. 我教给你下课后

11. ______________？是从学校借的吗？

    A. 你这么多哪儿来的书   B. 这么多书你哪儿来的

    C. 你哪儿来的这么多书   D. 哪儿来的书你这么多

12. 爸爸听了他的话后，______________。

    A. 眼睛气得圆圆的瞪得   B. 气得眼睛瞪得圆圆的

    C. 气得圆圆的眼睛瞪得   D. 瞪得眼睛气得圆圆的

13. 从他的话中，我发现他已经______________了。

    A. 一点儿也跟原来不一样   B. 一点儿也不一样跟原来

    C. 跟一点儿原来也不一样   D. 跟原来一点儿也不一样

14. 我准备______________。

    A. 骑车去体育馆观看比赛   B. 观看比赛骑车去体育馆

    C. 观看去体育馆骑车比赛   D. 去骑车体育馆观看比赛

15. 图书馆____________！这些书都是我今天买的。

    A. 一次借这么多书哪能   B. 一次哪能借这么多书

    C. 一次这么多书借哪能   D. 哪能借这么多书一次

16. 这件上衣样式太老，颜色也不合适，我__________呢？

    A. 怎么穿得出去   B. 穿得怎么出去

    C. 出去得穿怎么   D. 出去怎么得穿

17. 虽然是第一次见面，但是他们____________。

    A. 那样地投机是谈得   B. 谈得是那样地投机

    C. 是那样谈得地投机   D. 是投机地谈得那样

18. 往饭里面____________呀？

    A. 放沙子可让人怎么吃   B. 让人可怎么吃放沙子

    C. 可怎么让人吃放沙子   D. 可让人放沙子怎么吃

19. 我一周前____________衬衣被他撕破了。

    A. 在国际大厦一楼那白色的一件买

    B. 买一件白色的在国际大厦一楼那

    C. 一件那在国际大厦一楼买白色的

    D. 在国际大厦一楼买的那一件白色

20. 他们俩说完话，几乎__________，好象完成了一项重要任务。

    A. 同时轻轻地一口气出了   B. 轻轻地同时出一口气了

    C. 同时轻轻地出了一口气   D. 同时出了一口轻轻地气

21. 天阴得这么厉害，说不定什么时候__________。

    A. 就下起来得雪　　　　B. 就得下起雪来

    C. 得就下起来雪　　　　D. 就得起来下雪

22. 情人节的时候，他送给我__________玫瑰。

    A. 一朵红的美丽　　　　B. 美丽的一朵红

    C. 一朵美丽的红　　　　D. 红的一朵美丽

23. 英国是__________大国。

    A. 西方的第一个承认我国　　　　B. 第一个承认我国的西方

    C. 第一个西方的承认我国　　　　D. 承认我国第一个的西方

24. 这件事我从没告诉过别人，__________呢。

    A. 连都不知道我的儿女　　　　B. 我的儿女都连不知道

    C. 连我的儿女都不知道　　　　D. 不知道连我的儿女都

25. 孩子们非常__________。

    A. 学习环境一个良好的有希望　　　　B. 希望有一个良好的学习环境

    C. 有一个学习环境良好的希望　　　　D. 希望一个良好学习环境的有

26. 对不起，我先走了，__________了。

    A. 得回家给孩子们做晚饭　　　　B. 给孩子们做回家得晚饭

    C. 给做晚饭得孩子们回家　　　　D. 做晚饭得孩子们给回家

27. 他__________通过了。

    A. 就第一次参加考试　　　　B. 就参加第一次考试

    C. 第一次参加考试就　　　　D. 考试参加第一次就

28. 厂里盖了6万多平方米的宿舍，可厂长至今还住着＿＿＿＿＿＿＿。

    A. 15平方米的小竹屋一踏上去的楼板就摇晃

    B. 一踏上去15平方米的小的竹屋楼板就摇晃

    C. 15平方米的小竹屋一踏上去楼板的就摇晃

    D. 一踏上去楼板就摇晃的15平方米的小竹屋

29. 为了准备今天的考试，我昨天晚上＿＿＿＿＿＿＿＿＿＿。

    A. 只睡觉了三个多小时   B. 只三个多小时睡觉了

    C. 三个多小时只睡了觉   D. 只睡了三个多小时觉

30. 我是＿＿＿＿＿＿＿＿＿的。

    A. 应邀到蓟县去参加山货节   B. 参加山货节应邀到蓟县去

    C. 应邀到参加蓟县山货节去   D. 到蓟县去参加山货节应邀

앞에서 특수문형, 비교문, 어순 부분의 연습문제를 마친 후 앞의 어법을 얼마나 이해했는지 계속해서 아래의 종합문제를 풀어보자. 모두 30문제로 정답은 (   ) 안에 써 넣는다. 제한시간은 20분으로 주어진 시간 내에 풀 수 있어야 한다. 문제를 다 풀고 난 후에 정답과 해설을 본다.

开始时间_____点_____分

(   ) 1. 明天要交的报告还没写完，A看来B今天C得D开夜车不可了。　　非

(   ) 2. A我B都听不懂上海话，C外国人就D更听不懂了。　　连

(   ) 3. 我A在回家路上B发生交通C事故D的。　　是

(   ) 4. A接到你的B电话，C我D立刻赶来了。　　一

(   ) 5. 他又没请假，你A知道B他C今天不会D来？　　怎么

(   ) 6. A你们B要C翻译的D这篇文章？　　是不是

(   ) 7. A去找大夫B看看吧，我C看你的病D去医院是不会好的。　　不

(   ) 8. 事情办得一团糟，我_____向领导交代呢？
A. 难道　　　　B. 怎么　　　　C. 如果　　　　D. 什么

( ) 9. 你们大声回答我，到底＿＿＿＿＿＿＿？

    A. 有信心不有   B. 有不有信心

    C. 有信心没有吗   D. 有没有信心

( ) 10. 张老师，您＿＿＿＿＿＿＿一遍，我还不太清楚。

    A. 能不能给我再讲   B. 能给不给我再讲

    C. 能给我再不再讲   D. 能给我再讲不讲

( ) 11. 坐旅游列车去北京＿＿＿＿普通列车快1个小时。

    A. 如   B. 有   C. 比较   D. 比

( ) 12. 那本小说虽然便宜一点儿，可是＿＿＿＿这本书有意思。

    A. 不如   B. 不是   C. 不比较   D. 不有

( ) 13. 王先生出院了，身体已经恢复得＿＿＿＿住院以前差不多了。

    A. 比   B. 不如   C. 有   D. 跟

( ) 14. 大哥可＿＿＿＿大嫂，他胆儿小，一点儿小事就吓得不行。

    A. 不比   B. 没有   C. 不相比   D. 不比较

( ) 15. 这几种衬衣都降价了，不过红色的＿＿＿＿蓝色的贵5元。

    A. 没有   B. 不如   C. 比   D. 有

( ) 16. 一年没见，孙女已经＿＿＿＿1米多高了。

    A. 等于   B. 有   C. 比   D. 达

（　　）17. 小王这次考试的成绩_____上学期一样，又是第一名。

    A. 如　　　　B. 比　　　　C. 有　　　　D. 和

（　　）18. 春天到了，天气一天_____一天暖和。

    A. 有　　　　B. 跟　　　　C. 象　　　　D. 比

（　　）19. 下班后我_____往常一样，连饭也来不及吃就直接去夜校学英语。

    A. 跟　　　　B. 比　　　　C. 有　　　　D. 相比

（　　）20. 自从禁止放烟花爆竹后，我觉得过年的气氛_____以前那么热烈了。

    A. 没有　　　　B. 不有　　　　C. 不和　　　　D. 没跟

（　　）21. 我在那个村子__________，一边下地劳动，一边搜集写作素材。

    A. 住了多六个月　　　　B. 六个多月住了

    C. 住了六个多月　　　　D. 六个月多住了

（　　）22. 生态安全是__________________。

    A. 一个的国家安全和社会稳定重要组成部分

    B. 国家安全一个和社会稳定的重要组成部分

    C. 一个重要的组成部分国家安全和社会稳定

    D. 国家安全和社会稳定的一个重要组成部分

（　）23. 世界是___________，如果其中的一个环节损毁，就
会出现意想不到的后果。
　　A. 一个普遍联系的统一整体
　　B. 一个整体普遍联系的统一
　　C. 统一整体一个普遍联系的
　　D. 整体一个普遍联系的统一

（　）24. ___________，我才把今天学习的内容复习完。
　　A. 两个多小时忙了　　　　B. 两个小时多忙了
　　C. 忙了两个多小时　　　　D. 忙两个多了小时

（　）25. 妈妈很喜欢___________。
　　A. 那束花我给她买的　　　B. 我给她买的那束花
　　C. 我买的那束花给她　　　D. 给她的那束花我买

（　）26. 我今年四十八岁，我爱人___________。
　　A. 一岁比我小　　　B. 比我一岁小
　　C. 我比小一岁　　　D. 比我小一岁

（　）27. 我是___________来天津大学的。
　　A. 三多个年以前　　　B. 以前三个多年
　　C. 三年多以前　　　　D. 三多年以前

（　）28. ___________，你可别笑话我。
　　A. 讲得不好我的汉语　　　B. 我的汉语讲不好得
　　C. 我的汉语不好讲得　　　D. 我的汉语讲得不好

（　　）29. 她喜欢独立思考问题，____________。

    A. 不问别人轻易　　　　B. 不轻易别人问

    C. 不轻易问别人　　　　D. 问别人不轻易

（　　）30.____________，可够让你伤脑筋的。

    A. 这么麻烦的事遇上　　　　B. 遇上这么的事麻烦

    C. 遇上这么麻烦的事　　　　D. 麻烦的事这么遇上

完成时间＿＿＿点＿＿＿分

분석 및 답안

1~10번은 특수문형에 관한 문제이다.

1. "非……不可" 형식의 이중부정문. "非"는 능원동사 "得" 앞에 와야 한다.

정답은 C

2. "连……都……" 강조구문. 주어인 "我"를 강조한다.   정답은 A

3. "是……的" 강조구문. 이야기의 발생 장소를 강조한다.   정답은 A

4. "一……就……" 연동문. "一"와 "就" 뒤에 반드시 동사가 와야 한다.

정답은 A

5. "怎么"가 이끄는 반어문. "怎么"는 동사 앞에 온다.   정답은 A

6. "是不是"가 이끄는 정반의문문.   정답은 B

7. "不……不……"식의 이중부정문.   정답은 D

8. "怎么"가 이끄는 반어문. "怎么"와 조사 "呢"가 호응하여 사용된다.

정답은 B

9. 정반의문문. 정반의문문을 사용할 때는 문장 끝에 "吗"를 쓰지 않는다.

정답은 D

10. 정반의문문. 능원동사가 있으므로 능원동사의 정반형식을 취한다.

정답은 A

11~20번은 비교문에 관한 문제이다.

11. "比"를 이용한 비교문. 형식은 "A＋比＋B＋형용사＋(보어)"이다. "比较"
    는 부사 혹은 동사로 비교문에는 쓰지 않는다.   정답은 D

12. "不如"를 이용한 비교문. 형식은 "A＋不如＋B＋(형용사)"이다. 정답은 A

13. "和", "跟", "与"를 이용한 비교문. 형식은 "A＋和/跟/与＋B＋差不多/
    一样"이다.   정답은 D

14. “不比”를 이용한 비교문. 형식은 “A＋不比＋B＋(형용사)”로 형용사는 생략 가능하다. 정답은 A

15. “有”, “没有”를 이용한 비교문의 형식은 “A＋有/没有＋B＋형용사”이다. “不如”를 이용한 비교문의 형식은 “A＋不如＋B＋(형용사)”이다. “比”를 이용한 비교문의 형식은 “A＋比＋B＋형용사＋(보어)” 정답은 C

16. “有＋수량＋형용사”는 “달성하다. 도달하다.”를 나타낸다. 정답은 B

17. “A＋和/跟/与＋B＋一样” 구조. 정답은 D

18. “一양사＋比＋一양사” 구조. 정답은 D

19. 문제 17번 참고. 정답은 A

20. “A＋有/没有＋B＋这么/那么＋형용사” 구조. 정답은 A

21~30번은 어순에 관한 문제이다.

21. 수량조사 “六个多月”는 동사 “住” 뒤에 와서 보어가 된다. 정답은 C

22. 다중 한정어. 단어결합 “国家安全和社会稳定”, 수량사 “一个”, 형용사 “重要”는 중심어 “组成部分”의 한정어이다. 조사 “的”는 수량사 뒤에 올 수 없으므로 A는 오답. “一个”는 “国家安全”과 “和社会稳定” 사이에 올 수 없다. 그래서 B 오답. “国家安全和社会稳定”는 마땅히 “一个重要组成部分” 앞에 와야 한다. 뒤에 오면 의미가 통하지 않는다.
  정답은 D

23. 다중 한정어. “整体”는 중심어. “一个”, “普遍关系”, “统一”는 한정어가 된다. 정답은 A

24. 숫자의 끝자리 수가 1~9 사이일 때 “多”를 써서 대략적인 수를 나타내는 형식은 “수사＋양사＋多＋(명사)”이다. “两个多小时”는 동사 “忙” 뒤에서 한정어가 된다. 정답은 C

25. 다중 한정어의 어순. “花”는 중심어, 전치사구 “我给他买的”, 지시대명

사 "那", 양사 "束"는 한정어이다. 정답은 B

26. "一岁"는 수량보어로 비교문의 형용사 "小" 뒤에 온다.."A + 比 + B + 형용사 + (보어) 의 구성이므로, 정답은 D

27. 문제 24번 참고. "年" 앞에는 양사 "个"가 필요없다. 정답은 C

28. 보어. "不好"는 동사 "讲"의 보어로 조사 "得" 뒤에 온다. "我的汉语"는 주어. 정답은 D

29. 부사 "不", "轻易"는 동사 "门"의 상황어이고, "别人"은 목적어이다.

정답은 C

30. "事"는 중심어로 의미상 분구의 목적어가 된다. 대명사 "这么"와 형용사 "麻烦"은 한정어가 된다. 정답은 C

19 모의고사

模拟试题

1. A这座山太高了，B不但人上不去，C老鹰D也很难飞上去。
　　连

2. 妹妹生日那天，A我B买C了D一台586电脑。　　　　给她

3. A请大家B等C一下儿D，经理马上就来。　　　　稍微

4. 1970年，我国用A自制B的火箭成功地发C射D第一颗人造卫
　　星。　　　了

5. 足球比赛进行到第20分钟时，天上突然A下B起C来D。　　雨

6. 现在流行真皮沙发，A你B人造革C沙发也该换换了D。　　这种

7. 小刘是我们学校的高材生，A我B怎么C和他相比D？　　能

8. 他比我来得晚，你们A怎么B先给他C上菜D呢？　　倒

9. 听说这次A涨工资没有他B，他C火了D。　　　　一下子

10. 等我们赶到车站的时候，A火车B已经C开走D了。　二十分钟

第二部分

说明：11~20题，在每一个句子中间都有一个或两个空儿，请在句中A，B，

C，D四个答案中选择一个最恰当的答案。

例如：16，我昨天买了一______铅笔。

A.条　　　B.块　　　C.支　　　D.件

我们只能说"我昨天买了一支铅笔"，所以第16题你应该选择C。

---

11. 昨天我给你打了两_____电话，你都不在。

  A.台　　　B.部　　　C.阵　　　D.次

12. 这个电视剧真没意思，看它_____不如去睡觉呢。

  A. 又　　　B.再　　　C. 更　　　D. 还

13. 在多年的教学工作_____，他总结了大量的教学经验。

  A. 上　　　B.中　　　C.来　　　D. 下

14. 我代表全体职工_____您能参加我们公司的开业典礼表示衷心感谢。

  A. 对　　　B.给　　　C.为　　　C.让

15. 他来信说, 他在那里一切都好, 让咱们别_____他担忧。

    A. 把   B. 为   C. 给   D. 向

16. 我一次_____一次给她写信, 可是一次也没收到她的回信。

    A. 加   B. 而   C. 更   D. 又

17. 这个问题好象很简单, _____并不简单。

    A. 其中   B. 尤其   C. 其实   D. 其次

18. 不懂_____不懂, 不要装懂。

    A. 如果   B. 就是   C. 除非   D. 可是

19. 我_____累了, 咱们休息几分钟吧。

    A. 一会儿   B. 一点儿   C. 一些   D. 有点儿

20. 你有多少_____没来上课了? 这些天你在干什么?

    A. 日期   B. 日子   C. 工夫   D. 期间

21. 听到门铃响, 他马上_____床上跳下来, 跑去开门。

    A. 从   B. 朝   C. 向   D. 往

22. 这件事不管我_____说, 爸爸妈妈就是不同意。

    A. 怎么   B. 多么   C. 这么   D. 什么

23. 犯了错误, _____领导不批评我, 我_____应该自我检讨.

    A. 不但   而且   B. 虽然   但是

    C. 宁可   也不   D. 即使   也

24. ＿＿＿你们都来帮助我，我哪能有这么大进步？

    A. 要不是   B. 无论   C. 与其   D. 因为

25. 很多事情都是看＿＿＿容易，做的时候才感到难。

    A. 下去   B. 出去   C. 起来   D. 下来

26. 老师留的作业我都做完了，你帮我＿＿＿＿好吗？

    A. 检查检查   B. 检查了检查   C. 检检查查   D. 检查一检查

27. 这件事我＿＿＿＿不知道，你最好问问别的同学。

    A. 确实确实   B. 非常确实   C. 确确实实   D. 十分确实

28. 俗话说"女大十八变"，你＿＿＿＿。

    A. 越来越漂亮了   B. 越来了越漂亮

    C. 越来越很漂亮了   D. 一越来就越漂亮了

29. 我也不知道你＿＿＿＿＿＿＿。

    A. 可以不可以参加考试   B. 可以不可以参加不参加考试

    C. 可不可以参加不参加考试   D. 可以参加不参加考不考试

30. 这些问题都是以前遗留下来的，到现在＿＿＿＿＿。

    A. 完全解决还没有   B. 没有解决还完全

    C. 还没有完全解决   D. 完全没有还解决

模拟试题

第一部分

说明：1~10题，在每一个句子后边都有一个指定词语，句中A，B，C，D是供选择
的四个不同位置。请判断这一词语放在句子的哪个位置上合适。
例如：6，我们A一起B去北京C旅行D过。　　没有
"没有"只有在句子的A位置上，使句子变成"我们没有一起去北京旅行
过"才合乎语法，所以第6题你应该选择A。

1. 她觉得A生活B一点儿意思也没C有，还不如死D好。　　　　了

2. 丈夫下决心说："我A再B也C赌博D了！"　　　　不

3. 你A怎么B连C信心D也没有？　　　　一点儿

4. 你已经学习A半年汉语了，B连这些常用的汉字都C写不出来D
吧。　　　不至于

5. A在我们学校里，B小张打C乒乓球D最好。　　　要数

6. 如果A经理B再C一些时间D，我保证干得更好。　　　给我

7. 这雨A怎么B下C没D完呢？　　　个

8. 孔子在政治思想，伦理道德等方面A都B有C主张D。　　自己的

9. 中国是个A民族B国家，共有五十六C个D民族。　　　多

10. A占领B市场，扩大销路，C厂里D对质量抓得很紧。　　　为了

11. 病人_____送往医院了。

　　　A.把　　　B.让　　　C.使　　　D.被

12. 昨天我买了一_____邮票，可回来的路上不小心丢了其中的
　　　一张。

　　　A. 对　　　B.张　　　C.群　　　D.套

13. 你买的这台空调和我家的一模一样，是幸福牌的_____?

　　　A.吧　　　B.啦　　　C.啊　　　D.呢

14. 这么重要的事情，你为什么_____不说，到现在才说?

　　　A. 刚　　　B.刚才　　　C.刚好　　　D.刚刚

15. 在我的印象______，他还是个什么事也不懂的小孩子呢。

  A. 中   B. 下   C. 上   D. 外

16. 一位七十多岁的老大爷正坐______门外聚精会神地看报。

  A. 了   B. 在   C. 着   D. 向

17. 昨天他们来找我的时候, 我正躺在床上______杂志。

  A. 看了 B. 看   C. 看见 D. 看望

18. 虽然我是第一次到这儿来, 但是这里的人______我都很热情。

  A. 对于 B. 关于 C. 对   D. 至于

19. 我写出"惭"字让他认, 他一下子就认______了。

  A. 过来 B. 下来 C. 出来 D. 起来

20. 这间教室______那间差不多。

  A. 对   B. 比   C. 从   D. 跟

21. 这部电影很吸引人, 使人看完一遍______想看第二遍。

  A. 又   B. 再   C. 还   D. 却

22. 我答应过的事情从不反悔, 难道你还信不______我吗?

  A. 动   B. 住   C. 过   D. 能

23. 这场雨真大, ______下了三天三夜。

  A. 一连 B. 始终 C. 终于 D. 继续

24. 别骗人了，______三岁的孩子也能听出你说的是假话。

    A. 只有   B. 如果   C. 就是   D. 既然

25. 哈尔滨的冬天太冷了，我______受不了，所以今年转学到杭州。

    A. 实在   B. 实在在   C. 很实在   D. 实实在

26. 要想完成这项工作，就得不怕吃苦，______是干不好的。

    A. 另外   B. 否则   C. 以免   D. 然而

27. 北京______是中国的政治中心，______是中国的文化教育中心。

    A. 不管   还   B. 不但   而且

    C. 如果   那么   D. 虽然   但

28. 今天我给大家介绍一下中国的茶文化，我想大家一定______。

    A. 感很大兴趣   B. 很大感兴趣   C. 很感兴趣   D. 兴趣得很

29. 下班以后，______。

    A. 到经理室你来一下   B. 你一下到来经理室

    C. 你到经理室来一下   D. 一下你来到经理室

30. 他______没有一丝笑容。

    A. 那满是皱纹的脸上   B. 脸上那满是的皱纹

    C. 满是皱纹那的脸上   D. 那皱纹脸上满是的

03 模拟试题

说明：1~10题，在每一个句子后边都有一个指定词语，句中A，B，C，D是供选择的四个不同位置。请判断这一词语放在句子的哪个位置上合适。
例如：6, 我们A一起B去北京C旅行D过。　　没有
"没有"只有在句子的A位置上，使句子变成"我们没有一起去北京旅行过"才合乎语法，所以第6题　应该选择A。

1. 即使同一个国家的人A学习B同一门外语，情况C不完全D相同。　　　　也

2. 今天A请B王主任给大家C介绍D开发区的情况。　　　　一下

3. 黄河由西A向东B, 流C九个省D, 在山东省流入大海。　　　　过

4. A他每次考试的成绩B都C我D低一点儿。　　　　比

5. A有些中小学生B依赖C父母，事事都D离不开父母的帮助。　　　过分

6. A鲁迅先生B向来C作为提高自己D修养的一种方法。　　把研究美术

7. 昨天请你A帮忙B买火车票C是谁D?　　　　的

8. 最近两A年，市场上农产品的B种类比以前C丰富D了。　　　多

9. 我A不敢再看B他，不然我的眼泪C会D掉下来。　　　准

10. 本市A元旦B安全稳定，截至去年年底C，全市已连续六年D
　　无特大恶性火灾。　　　期间

第二部分

说明：11～20题，在每一个句子中间都有一个或两个空儿，请在句中A，B，C，D
　　四个答案中选择一个最恰当的答案。
　　例如：16，我昨天买了一＿＿＿＿铅笔。
　　A.条　　　B.块　　　C.支　　　D.件
　　我们只能说"我昨天买了一支铅笔"，所以第16题你应该选择C。

11. 我已经原谅他了，你也原谅他＿＿＿＿。
　　A. 呢　　　B. 吗　　　C. 哇　　　D. 吧

12. 北京的香山我已经去过＿＿＿＿次，这次是第三次了。
　　A. 二　　　B. 两　　　C. 双　　　D. 第二

13. 这次考试一点儿都不难，你＿＿＿＿应该不及格。
　　A. 不　　　B. 没　　　C. 非　　　D. 更

14. 汉字是＿＿＿＿图画发展来的，最早的汉字好象一幅幅图画。
　　A. 由　　　B. 往　　　C. 让　　　D. 向

15. 你＿＿＿过李刚这个人吗？

    A. 据说   B. 听说   C. 按说   D. 传说

16. 这家公司成立＿＿＿两年了。

    A. 附近   B. 临近   C. 将近   D. 要是

17. 我生病住院后，同事，朋友和学生们＿＿＿来看我，让我十分感动。

    A. 以往   B. 往往   C. 往常   D. 常常

18. 明天上午10点＿＿＿你来我的办公室，我等你。

    A. 上下   B. 先后   C. 内外   D. 左右

19. 我完全听您的，您怎么说，我就＿＿＿干。

    A. 多么   B. 什么   C. 怎么   D. 要么

20. 博物馆建馆＿＿＿，共有近万名群众前来参观。

    A. 后面   B. 后来   C. 以来   D. 之来

21. 孩子们＿＿＿喜欢过春节了。

    A. 很   B. 十分   C. 可   D. 真

22. 我只知道中国封建王朝很多，＿＿＿一共有多少个，我就说不准了。

    A. 至少   B. 关于   C. 至于   D. 甚至

23. 播音员讲得太快，我没听＿＿＿他刚才说的内容。

    A. 得清   B. 清了   C. 不清   D. 清

24. 这次活动_____丰富了同学们的知识，_____增进了相互间的
　　了解。
　　　A.连　　也　　B.即使　　也　　C.不但　　而且　　D.虽然　　但是

25. 传统文化对人们的影响_____广泛 _____深远。
　　　A.既　　又　　B.也　　也　　C.或　　或　　D.越　　越

26. 会议之后请各部门的负责人留_____，咱们研究一下后半年的
　　生产工作。
　　　A.下去　　　B.起来　　　C.下来　　　D.过来

27. 我_____地告诉你，我决不干这种损人利己的事情。
　　　A.明白明白　　B.明白得很　　C.明白极了　　D.明明白白

28. 他工作最努力，谁也_____他。
　　　A.不比上　　B.比不上　　C.比得上　　D.比得了

29. 答完的同学___________。
　　　A.试卷请把老师交给　　　B.请把试卷交给老师
　　　C.把试卷请老师交给　　　D.请把老师交给试卷

30. 她正含笑看着我，我_____________。
　　　A.感到在她面前没有出丑第一次
　　　B.在她面前感到第一次没有出丑
　　　C.第一次在她面前没有出丑感到
　　　D.第一次感到在她面前没有出丑

1. 如果你们A不按我B说C去做D，就不能让你们进去。　　　的

2. 他走进A屋子，指B桌子上的书对C我说D："这是你的吗？"　着

3. 最近几天很冷，你最好A多B穿C衣服D。　　　一点儿

4. 虽然A下着雪，B他们C玩得十分D高兴。　　　却

5. 她轻轻地A拍着女儿，低声B唱着C她自己D也听不懂的催眠曲。　　　连

6. 他们出版社人员比我们少，A可是B出版的书籍C比D我们少。　　　不

7. 明明知道吸烟A对身体B有害，可有的人C要D吸。　　　偏

8. 现在已经出版的A HSK复习书，我B买C全D了。　　　都

9. 我个子不A太高, 跳起来也B不C着D篮板的下沿儿。　　　够

10. 我们A用B实事求是的C科学态度来看待部分企业的D破产。

必须

11. 小张又买了一＿＿＿领带。
　　A.条　　　B.把　　　C.根　　　D.件

12. 我不想去, 你＿＿＿？
　　A.吗　　　B.吧　　　C.呢　　　D.啊

13. 现在自行车很便宜, 花不了＿＿＿钱就能买一辆。
　　A.几　　　B.很少　　　C.多少　　　D.少量

14. 商店着火了! 请＿＿＿给消防局打电话。
　　A.匆忙　　　B.连忙　　　C.赶忙　　　D.着急

15. 大家别_____我担心，我这点儿小病不算什么，很快就会好的。

    A. 为　　　　B. 给　　　　C. 使　　　　D. 以

16. 这件事他干得真_____。

    A. 好看　　　　B. 美丽　　　　C. 优美　　　　D. 漂亮

17. 王新的弟弟_____王新矮多少。

    A. 没有　　　　B. 不比　　　　C. 不如　　　　D. 比不上

18. 在老师的帮助和指导_____，我顺利通过了这次考试。

    A. 下　　　　B. 上　　　　C. 中　　　　D. 内

19. 商店如果不能为顾客提供高质量的商品，服务_____好也是
　　没用的。

    A. 更　　　　B. 再　　　　C. 还　　　　D. 都

20. 把"日"和"月"两个字合_____就是"明"，表示"明亮"的意思。

    A. 上去　　　　B. 下来　　　　C. 起来　　　　D. 过来

21. 问题总会解决的，现在你_____着急。

    A. 不必　　　　B. 没必　　　　C. 未必　　　　D. 必然

22. 这部小说长_____长，可是很有意思。

    A. 一　　　　B. 了　　　　C. 不　　　　D. 是

23. 最近辛苦你了，现在我的病好一点儿了，你回去_____休息休息吧。

    A. 好　　　　B. 好好　　　　C. 很好　　　　D. 好一好

24. ＿＿＿＿只是嘴上讲团结，行动上却不讲团结，＿＿＿＿就算讲一
百年也毫无作用。

    A. 除非　才　　　B. 如果　那么　　　C. 与其　不如　　　D. 无论　都

25. 昨天我没来上课，这件事＿＿＿＿老师很生气。

    A. 使　　　　B. 对　　　　C. 给　　　　D. 向

26. 我们班同学都＿＿＿＿中国文化感兴趣。

    A. 对于　　　　B. 至于　　　　C. 关于　　　　D. 对

27. 如果＿＿＿＿人节约一角钱，全国每天就能节约一亿多元。

    A. 各　　　　B. 唯一　　　　C. 每　　　　D. 单独

28. 天气太热，咱们到外面＿＿＿＿＿去吧。

    A. 凉快一凉快　　　　B. 凉快凉快　　　　C. 凉一快　　　　D. 凉凉快快

29. 王羲之小时候练书法很刻苦，走路的时候也不停地＿＿＿＿＿＿＿。

    A. 用手指写字在身上　　　　B. 在身上写字用手指

    C. 写字在身上用手指　　　　D. 用手指在身上写字

30. ＿＿＿＿＿＿＿＿＿＿，也没等到他们。

    A. 我昨天两个多小时等了　　　　C. 我等了两个多小时昨天

    C. 昨天等了我两多个小时　　　　D. 昨天我等了两个多小时

模拟试题

1. 请大家先在A客厅等B一会儿，经理打C这个电话就来D。　　了

2. 这个A问题大家B都明白了吧，谁还C有D问题？　　　　其它

3. A挂着B的C照片是他们结婚五十年纪念日D照的。　　　墙上

4. 没想到他们A再次B见面C是相隔了D30年之后。　　　竟

5. 我A说完了，你现在B可以明白C我为什么D会那么做了吧。

　　　　　　　　　　　　　　　　　　　　　　　　　大概

6. A文学院里B男学生很少，C70%是D女生。　　　几乎

7. A物质，文化生活B水平的提高，C各种各样的保健品D大量进入家庭。　　　随着

8. 在事实面前，A他B承认C自己D错了。　　　不得不

9. 因为我从来没给A别人看过病, 只好红B脸说:"我只学C了一
   点儿基础知识, 还没有D临床经验。"   着

10. 我A想和B中国学生C一起上课啊, 那样可以更D快地提高汉
    语水平。   多

11. 在两三年以前, 我和他因一点儿小事曾闹过一＿＿＿＿误会。
    A.场   B.趟   C.遍   D.回

12. 经过调查分析, 我们已经＿＿＿＿到问题出在哪个方面。
    A.理解   B.认为   C.认识   D.明白

13. ＿＿＿＿, 持有会员卡在这家超市购物可享受九五折优惠。
    A.按说   B.据说   C.打听   D.传说

14. 在闲谈＿＿＿＿我发现他十分熟悉天津的历史。
    A.内   B.上   C.外   D.中

15. 小王是体育迷, 喜欢_____体育运动。

    A. 一共　　　B. 整个　　　C. 凡是　　　D. 所有

16. 如果将语言定位_____某种交流方式的话, 那么动物也应该
    有自己的语言。

    A. 为　　　B. 当　　　C. 作　　　D. 是

17. 他刚从国外回_____, 还没开始工作。

    A. 到　　　B. 了　　　C. 去　　　D. 来

18. 这本书我_____看了三遍。

    A. 至少　　　B. 很少　　　C. 很多　　　D. 许多

19. 我想查一下_____中国服装史方面的资料。

    A. 对于　　　B. 为了　　　C. 关于　　　D. 根据

20. 听了奶奶去世的消息, 他_____大哭起来。

    A. 忍得不住　　　B. 不忍住　　　C. 忍不得住　　　D. 忍不住

21. 经过努力, 他终于考_____了理想的大学。

    A. 上　　　B. 得　　　C. 下　　　D. 到

22. 除夕之夜, 人们从四面八_____涌到广场中心, 等待新年钟声
    的敲响。

    A. 面　　　B. 通　　　C. 地　　　D. 方

23. 这里居住着二十七个少数民族，他们虽然在文化，风俗习惯
上_____有_____的特点，却和睦相处，亲如一家。
A. 每　每　　B. 各　各　　C. 各　单独　　D. 每　单独

24. 你_____别听他的，他是在骗你。
A. 千万　　　B. 万一　　　C. 究竟　　　D. 稍微

25. 你必须公开承认错误，_____大家都不会原谅你。
A. 否则　　　B. 那么　　　C. 就　　　D. 以免

26. 现代科学技术的发展日新月异，_____从前神话中的内容都
已经成为了现实。
A. 以至　　　B. 因为　　　C. 既然　　　D. 那么

27. _____他到哪里，_____感到有双眼睛在看着他。
A. 虽然　　但是　　　B. 与其　　不如
C. 不论　　都　　　D. 因为　　所以

28. 您的意见和大家的一样，_____？
A. 是不是　　　B. 有没有　　　C. 好不好　　　D. 行不行

29. _____________，难道会听我的话？
A. 连妈妈的话都不听你　　　B. 你连妈妈的话都不听
C. 你都不听连妈妈的话　　　D. 你连都不听妈妈的话

30. 国际俱乐部_______，咱们走着去吧。
A. 从这儿很近　B. 离这儿很近　C. 到这儿很近　D. 很近离这儿

06 模拟试题

1. 我们公司A有8个部门, B每个部门C有自己的D工作。　　　都

2. A参加考试的B具体人数我还不清楚C, 只知道个D数字。　大概

3. A你B上星期C买的那本词典D借走了。　　　被他

4. A你别在这儿等了, 老王B已经C回家了D。　　　可能

5. 别唱A, 其他人还正B睡C觉D呢。　　　　了

6. 在农村A时候B, 我常常C锻炼D身体, 所以一直到现在我身体
　　都很好。　　　的

7. 小声A点儿, 别的人正B睡C觉D呢。　　　着

8. 我在北京语言大学A学习B了C一年D。　　　汉语

9. 妻子要照顾老人和孩子，A她B一点儿C不D轻松。　　　比我

10. 谁知道他是哪个村的A，B自己C是个下九流，D能指望什么
　　呢？　　再说

第二部分

说明：11~20题，在每一个句子中间都有一个或两个空儿，请在句中A，B，C，D
　　四个答案中选择一个最恰当的答案。
　　例如：16, 我昨天买了一＿＿＿铅笔。
　　A.条　　　B.块　　　C.支　　　D.件
我们只能说"我昨天买了一支铅笔"，所以第16题你应该选择C。

11. 看你，急得出了一＿＿＿汗，快擦擦。
　　　A.次　　　B.个　　　C.人　　　D.头

12. 领导关心，同志们齐心，困难＿＿＿大，我们也一定按时完成
　　任务。
　　　A.再　　　B.仅　　　C.正　　　D.又

13. 我买的皮鞋是＿＿＿，我最喜欢这种颜色。
　　　A.黑　　　B.黑黑　　　C.黑的　　　D.很黑

14. 这几天天气＿＿＿不大好，要多穿点儿衣服。
　　　A.一点儿　　　B.差点儿　　　C.不点儿　　　D.有点儿

15. 我只听说过他的名字, 可从来没有机会_____他。
    A. 知道   B. 认识   C. 理解   D. 领教

16. 人群中, 他穿的红衬衫十分_____人注目。
    A. 吸   B. 引   C. 招   D. 找

17. 一些地区的领导对环境保护不够重视, _____环境污染越来
    越严重。
    A. 以致   B. 由于   C. 而且   D. 反而

18. 他只是_____着我笑, 一句话也不说。
    A. 冲   B. 往   C. 给   D. 对于

19. 我去的那天, 天气好得不能_____好了。
    A. 又   B. 还   C. 再   D. 加

20. 我在报_____看到了母校50年校庆的通知。
    A. 上   B. 中   C. 里   D. 内

21. 别_____大话了, 你那两下子我还不知道。
    A. 谈   B. 说   C. 讲   D. 提

22. 这个办法很好, _____省钱, _____省时间。
    A. 虽然　但是　　B. 不仅　而且　　C. 因为　　所以　　D. 如果　　那么

23. "考古学"这一名称是从欧洲文字中翻译_____的, 最初泛指
    古代科学。

A. 过来　　　B. 起来　　　C. 下来　　　D. 回来

24. 他说如果早来几天，野果会更多，_____现在也不少，这么一
　　会儿，他就摘了满满的一大筐。
　　A. 所以　　　B. 那么　　　C. 否则　　　D. 其实

25. 这部小说一出版_____受到读者的好评。
　　A. 就　　　B. 很　　　C. 都　　　D. 才

26. 624房间的钥匙_____我弄丢了。
　　A. 让　　　B. 使　　　C. 令　　　D. 把

27. 他这个人说话_____，你最好别信他。
　　A. 不识数　　　B. 不记数　　　C. 不算数　　　D. 不认数

28. _______，老实人可吃不开喽。
　　A. 不能现在太老实　　　B. 现在太老实不能
　　C. 不能太老实现在　　　D. 现在不能太老实

29. 这件事没有别人知道，_______呢？
　　A. 你何必较真　　　B. 较真你何必
　　C. 何必你较真　　　D. 你较真何必

30. 他怎么还不回来，是不是出事了，_______。
　　A. 担心为他我真　　　B. 我真担心为他
　　C. 我真为他担心　　　D. 为他担心我真

模拟试题

1. 小王吃A饭出B去C了，他爱人在厨房里刷洗D着碗筷。　　　　过

2. A鄂伦春人B尊敬长辈的习惯，C我们请库波琴老人D尝了第一块肉。　　　　按照

3. 对不起，我实在A帮B不了C你的D。　　　　忙

4. A在这场地震中，下场地区B是我市C没有D受到损失的地区。

　　　　　　　　　　　　　　　　　　　　　　　　　　　　惟一

5. 他就住A在山脚下，做B40年的向导，已经七十多C了，可身体还那么硬朗D。　　　　过

6. A一路上B我们C怎么D一片红叶也没看见？　　　　连

7. 别老站A看B，快过来C帮D我一下。　　　　着

8. 他A在第一届全国运动会上B获得步枪射击C比赛D冠军。

曾

9. 老王没有儿子A, 只有一个30岁B还没结婚C女儿D叫淑珍。

的

10. 今天A晚上B没有C安排D演出, 请各位演员抓紧时间休息。

任何

第二部分

说明：11~20题, 在每一个句子中间都有一个或两个空儿, 请在句中A, B, C, D
四个答案中选择一个最恰当的答案。

例如：16, 我昨天买了一＿＿＿铅笔。

A.条　　　B.块　　　C.支　　　D.件

我们只能说"我昨天买了一支铅笔", 所以第16题你应该选择C。

11. 他已经在超级市场找到一＿＿＿临时的工作。

　　A.件　　　B.份　　　C.场　　　D.笔

12. 儿子眼看就三十岁了, 可对象还连个＿＿＿也没有。

　　A.面目　　　B.样子　　　C.照相　　　D.影子

13. 你去群众中＿＿＿一下, 看看大家还有什么意见和要求。

　　A.了解　　　B.理解　　　C.知道　　　D.认识

14. 这是什么, 你_____。

    A. 看上看   B. 看又看   C. 看了看   D. 看一看

15. 他来信说那里一切都好, 让咱们别_____他担忧。

    A. 把   B. 为   C. 给   D. 以

16. 那几只狗都是细身狗, 长得_____猎犬差不多。

    A. 比   B. 比较   C. 更   D. 和

17. 在大兴安岭, 好客的猎民是从不_____尊贵的客人吃隔夜肉的。

    A. 让   B. 由   C. 使   D. 把

18. 在我们居住的院里, 有很多叫_____名字的花草。

    A. 不到   B. 不出   C. 不动   D. 不够

19. 吹鼓手走出村时, 眼前的景象_____他们呆住了。

    A. 把   B. 使   C. 给   D. 被

20. 他吹得委婉细腻, 学_____鸟叫象_____鸟叫。

    A. 怎么　怎么   B. 哪儿　哪儿   C. 什么　什么   D. 那么　那么

21. 我什么也不怕, _____跟你要饭, 我_____情愿。

    A. 就是　也   B. 如果　那么   C. 既　又   D. 尽管　但是

22. 一个同伴忽然记_____说："今天是不是重阳节?"

    A. 出来   B. 上来   C. 起来   D. 过来

23. 大家把我在黑板上写的内容抄_____，这是本课的重点。

    A. 出来　　　　B. 下来　　　　C. 过来　　　　D. 起来

24. 写完信，他并没马上装入信封，而是_____信反复看了几遍。

    A. 给　　　　B. 对　　　　C. 把　　　　D. 用

25. 夏天去武汉，_____是活受罪。

    A. 几乎　　　　B. 立刻　　　　C. 应该　　　　D. 简直

26. _____乒乓球台_____，他根本不是我的对手。

    A. 在　上　　　　B. 在　中　　　　C. 在　下　　　　D. 在　里

27. 他没有到国外旅行过，_____国内也很少旅行。

    A. 更　　　　B. 也　　　　C. 甚至　　　　D. 还

28. _______，你有时间吗？一起去吧。

    A. 我们去看京剧明天　　　　B. 明天我们看去京剧

    C. 我们去明天看京剧　　　　D. 我们明天去看京剧

29. 现在中国很重视发展轻工业，怪不得_______多多了。

    A. 比以前轻工业产品　　　　B. 以前比轻工业产品

    C. 轻工业产品比以前　　　　D. 比轻工业产品以前

30. 我的汉语讲得不好，_______我。

    A. 你可别笑话　　　　B. 可你别笑话

    C. 可别笑话你　　　　D. 你别可笑话

1. 学校的资金不A足B，全年的经费C只D用三四个月的。　　够

2. 外面下雨A，给B你C借D一件雨衣吧。　　了

3. 推A开门，只见B教室里的灯亮C，可是一个人也没有D。　着

4. 早上A起来B运动运动，对你身体健康C有D好处。　　大

5. 香山就是高，A一进山门，B看到门槛C跟玉泉山顶D一样平。
　就

6. 你A这次成绩差的主要原因B是上课不认真听讲，下课不及时复习，C答题不细心还在D。　　其次

7. 四点半就发车，现在A已经B四点二十多了，C他们也该来了D。　　按说

8. A同学们B的作文我已经看过了C, D有几篇写得相当不错。　其中

9. 王经理突然改变了A去北京B的日期, C是发生了什么D重要的
　　事情了吧。　　　　别

10. A她考试成绩B每次都C我D高一点儿。　　　比

第二部分

说明：11~20题, 在每一个句子中间都有一个或两个空儿, 请在句中A, B, C, D
　　　四个答案中选择一个最恰当的答案。
　　　例如：16, 我昨天买了一＿＿＿＿铅笔。
　　　A.条　　　B.块　　　C.支　　　D.件
　　　我们只能说"我昨天买了一支铅笔", 所以第16题你应该选择C。

---

11. 弟弟新买了一＿＿＿＿摩托车, 样子很漂亮。
　　　A.个　　　B.架　　　C.辆　　　D.台

12. 只要是男人＿＿＿＿办到的事, 我们女人也一定能办到。
　　　A.能　　　B.会　　　C.该　　　D.愿

13. 这个计划必须保密, 如果让他们知道了, 就＿＿＿＿不了了。
　　　A.实际　　　B.实在　　　C.实现　　　D.其实

14. 老人说："一到山腰, 就＿＿＿＿都看见了。
　　　A.什么　　　B.怎么　　　C.哪　　　D.要么

15. 路边的红树叶_____没红，所以登山时我们都没注意这些树。

    A. 还　　　　B. 更　　　　C. 在　　　　D. 再

16. 他还嫌弃我？我还_____他呢！

    A. 看不得　　　B. 看不出　　　C. 看不上　　　D. 看不起

17. 大家别_____我担心，这点儿小病不算什么，过不了几天就会好的。

    A. 使　　　　B. 给　　　　C. 为　　　　D. 把

18. 我最近很忙，_____晚上都得加班。

    A. 在　　　　B. 就　　　　C. 连　　　　D. 当

19. 因为她是在阴历十二月出生的，所以爸爸_____她起名叫"腊月"。

    A. 给　　　　B. 把　　　　C. 对　　　　D. 向

20. 必须在每月十号以前交电话费，_____电信局就会给你停机。

    A. 因此　　　B. 所以　　　C. 于是　　　D. 否则

21. 莫娜杰今年7月刚_____北京大学毕业回来。

    A. 离　　　　B. 往　　　　C. 从　　　　D. 跟

22. 售货员，您可以帮我把这件礼物包_____吗？

    A. 过来　　　B. 下来　　　C. 上来　　　D. 起来

23. 这件事你知道就行了，可千万_____告诉别人啊！

A. 不　　　　B. 别　　　　C. 不必　　　　D. 决不

24. _____躺在床上做白日梦，_____实实在在做点儿事情。

A. 如果　那么　　B. 即使　也　　C. 只要　就　　D. 与其　不如

25. 他那热烈的讲话_____每个人都兴奋起来。

A. 给　　　　B. 对　　　　C. 被　　　　D. 使

26. 这孩子整天就知道玩儿，太_____了!

A. 不说话　　　　B. 不是话　　　　C. 不像话　　　　D. 不对话

27. 关于你申请调动的事我们还得_________，等有了结果我们通知你。

A. 研究研究一下　　　　B. 研究了研究

C. 研研究究　　　　　　D. 研究研究

28. 为这件事，_________，可他硬是不答应。

A. 我好几次找过小王　　　　B. 找过小王好几次我

C. 我找过小王好几次　　　　D. 我好几次小王找过

29. 开车时必须集中注意力，_________。

A. 一点儿也不能大意　　　　B. 也不能大意一点儿

C. 一点儿大意也不能　　　　D. 大意一点儿也不能

30. 这本书我有两套，_________吧。

A. 喜欢就你拿去　　　　B. 你就喜欢拿去

C. 就拿去你喜欢　　　　D. 你喜欢就拿去

模拟试题

说明：1~10题, 在每一个句子后边都有一个指定词语, 句中A, B, C, D是供选择的四个不同位置。请判断这一词语放在句子的哪个位置上合适。

例如：6, 我们A一起B去北京C旅行D过。　　没有

"没有"只有在句子的A位置上, 使句子变成 "我们没有一起去北京旅行过" 才合乎语法, 所以第6题你应该选择A。

1. 快A下雨了, 咱们B往回走吧, 要不然C准D挨淋。　　　　得

2. 听说父亲出了车祸A, 他B细问C, D急忙赶往医院。　　来不及

3. 昨天下午的会议我没A参B加C, 你参加D吗?　　　了

4. 宋濂是A我国明朝B初期C文学家D, 一辈子写了很多书。　　的

5. A我的办公室B在二楼, C你有事D来找我, 不要客气。　　尽管

6. 他净说别人不好, A不B承认C自己D也有错误。　　从来

7. A房间里B床和书桌C以外, D净是书。　　除了

8. 我没有A去问, B不知道他C病得怎么样D。　　到底

9. 我虽然很努力, 但A和B他C还D差得很远.　　相比

10. 经过A八年的艰苦斗争, B终于C侵略者D赶出了中国。   把

11. 过生日的时候, 他送给我了一_____花。

    A.条　　　B.束　　　C.根　　　D.棵

12. 秦始皇兵马俑的发现_____称为"世界第九大奇迹"。

    A.把　　　B.叫　　　C.被　　　D.让

13. 曹操的军队马上就要来, 如果十天才造好箭, 一定会_____了
大事。

    A.误会　　　B.耽误　　　C.错误　　　D.误解

14. 这些钱都是血汗钱, 是我_____力气挣来的。

    A.据　　　B.由　　　C.靠　　　D.让

15. 这个房间太小了, _____能站下十个人。

    A.刚好　　　B.将要　　　C.渐渐　　　D.起码

16. 那个面包他吃了一口_____扔了, 太不像话了。

    A. 都　　　　B. 并　　　　C. 还　　　　D. 就

17. 这个报告会有_____可听的, 咱们还是别去了。

    A. 多么　　　B. 什么　　　C. 这么　　　D. 要么

18. 他的情况我_____多_____少地了解一些, 就简单地给您讲讲。

    A. 不　　不　　B. 时　　时　　C. 或　　或　　D. 越　　越

19. 昨天我_____老张打了电话, 他说今天准来。

    A. 对　　　　B. 给　　　　C. 向　　　　D. 使

20. 前几次试验_____没有成功, _____我们大家还缺乏经验。

    A. 之所以　　是因为　　　　B. 因为　　所以

    C. 如果　　那么　　　　　　D. 既然　　那么

21. 他_____我一笑, 什么也没说就走了。

    A. 使　　　　B. 对　　　　C. 对于　　　　D. 给

22. 我开了两天夜车, 终于把稿子赶写_____了。

    A. 出来　　　B. 起来　　　C. 下去　　　D. 过来

23. 经过几年的艰苦学习, 他_____圆了大学梦。

    A. 到底　　　B. 究竟　　　C. 毕竟　　　D. 终于

24. 你可别当真, 他的话有点儿靠不_____。

    A. 下　　　　B. 起　　　　C. 上　　　　D. 住

25. 他______离开三天, 可我却觉得好象好几年没见到他了。
    A. 竟　　　B. 一直　　　C. 才　　　D. 刚才

26. 他的腿伤恢复得很快, 现在已经______走路了。
    A. 想　　　B. 能　　　C. 会　　　D. 敢

27. 从火车站到我们公司至少要______小时。
    A. 一个左右　　　B. 一个上下　　　C. 一多个　　　D. 一个多

28. 太危险了, 司机如果开得______的话, 我们就没命了。
    A. 再一点儿快　　　B. 再快一点儿
    C. 有点儿再快　　　D. 再快有点儿

29. 小刘是我们学校的高材生, ______?
    A. 我和他相比怎么能
    B. 怎么能和他我相比
    C. 和他相比我怎么能
    D. 我怎么能和他相比

30. ______, 5000多年以前我们的祖先就在这片土地上生活, 劳动了。
    A. 黄河是中华民族的摇篮
    B. 是中华民族的摇篮黄河
    C. 黄河的是中华民族摇篮
    D. 中华民族的是黄河摇篮

1. 这事我A还B跟父母C商量一下D, 不能马上回答你。　　　得

2. 今年A5月初, 美国总统B对我国C进行了D三天的访问。　　为期

3. 我对A他说B："你别担心C, 我已经替你准备好D。"　　　了

4. 交老王A那样的朋友B, C他重友情, D讲义气, 乐于助人。　值得

5. 北京市当时的A市长彭真B是C乘坐 "大红旗" 轿车的D第一位国家领导。　　　正式

6. 你刚才去A学生宿舍, 看见从日本B新C来D留学生了吗?　　的

7. A刘老师B还C没有D带来。　　　把试卷

8. A美国的教育水平B来说, C70%的人受过中等教育, D受过大学教育的人占17%。　　　就

9. 今天这么A早B你就起C了, 外面天还黑D呢。　　　着

10. A王大爷B在去买菜的路上C一辆汽车D撞倒了。　　　被

第二部分

说明：11~20题, 在每一个句子中间都有一个或两个空儿, 请在句中A, B, C, D
四个答案中选择一个最恰当的答案。

例如：16, 我昨天买了一_____铅笔。

A.条　　　B.块　　　C.支　　　D.件

我们只能说 "我昨天买了一支铅笔", 所以第16题你应该选择C。

11. 从北京到塘沽新修了一_____高速公路。
    A.道　　　B.条　　　C.列　　　D.排

12. 我刚去时一句日语也不会, 现在已经_____跟他们用日语交谈了。
    A.会　　　B.能　　　C.要　　　D.想

13. 我们都_____这种结果很满意。
    A.对　　　B.给　　　C.向　　　D.跟

14. 这种复制技术太了不起了, 这些画看_____象真的一样。
    A.上来　　　B.出来　　　C.起来　　　D.下来

15. 这件事你干得真_____。
    A.好看　　　B.美丽　　　C.优美　　　D.漂亮

16. 陈静_____心里感谢这个小伙子,硬把一百块钱塞到他手里。

    A. 向   B. 到   C. 打   D. 往

17. 国家教育委员会正式发布了《_____外国留学生凭汉语水平证书注册入学的规定》。

    A. 给   B. 关于   C. 至于   D. 甚至

18. 希望你接受教训,_____不要再犯类似的错误。

    A. 后来   B. 以后   C. 然后   D. 之后

19. 你别不在乎,这件事很重要,关系_____你将来的发展。

    A. 到   B. 起   C. 上   D. 下

20. 小王的哥哥个子特别高,我看_____有1米80。

    A. 至多   B. 开始   C. 起码   D. 从来

21. 小王,你出去的时候,顺手_____门关上。

    A. 把   B. 让   C. 给   D. 使

22. _____大家都嫌脏怕累,_____我们的卫生谁来打扫?

    A. 不但　而且   B. 如果　那么   C. 与其　不如   D. 除非　才

23. 你的心情我可以理解,但事情已经过去了,你也_____后悔了。

    A. 未必   B. 没必   C. 并非   D. 不必

24. 音乐会已经结束了,那美妙的乐曲声_____在我耳边回响。

    A. 再   B. 又   C. 还   D. 才

25. ＿＿＿多东西不好带，你还是以后再买吧。

    A. 这么　　　　B. 什么　　　　C. 这儿　　　　D. 如何

26. 张先生很喜欢写作，＿＿＿地给报刊写些文章。

    A. 常不常　　　B. 时不时　　　C. 动不动　　　D. 往不往

27. 我儿子总的说来还不错，＿＿＿有爱吃零食的毛病。

    A. 而且　　　　B. 那么　　　　C. 就是　　　　D. 不如

28. 他＿＿＿走的时候让我把这封信转交给你。

    A. 刚　　　　B. 临　　　　C. 正　　　　D. 才

29. 我答应过的事就一定办，＿＿＿＿＿＿吗？

    A. 你还难道信不过我

    B. 我难道你还信不过

    C. 你还信不过我难道

    D. 难道你还信不过我

30. 看这种电视剧真没劲，＿＿＿＿＿＿吧。

    A. 还不如睡上一觉

    B. 睡上一觉还不如

    C. 不如还睡上一觉

    D. 还睡上一觉不如

11 模拟试题

1. 你大概还不知道A吧，七月份去B拉萨的飞机票已经预定C完D。　　　了

2. 这件事要是让经理A知道了, B你C得D挨批评。　　　准

3. 这条A牛仔裤B是不是你新C买D?　　　的

4. 许多人由于A喝水少B而C身体D积累了过多的脂肪。　　　使

5. 对我还A这么客气, B你显得C太见外了D。　　　有点儿

6. 我在百货大楼A买了B温州生产的黑色C长筒D皮靴。　　　一双

7. 今天A外边B冷C, 你要是出去得多D穿一点儿。　　　极了

8. 只要A学校B放C假D我就去旅游。　　　一

9. 从师范大学毕A业B并不标志C你已经成为D一名优秀的教师
   了。　　　　着

10. 小张这个人A最B爱C和女同学D。　　　　开玩笑

第二部分

说明：11~20题，在每一个句子中间都有一个或两个空儿，请在句中A, B, C, D
　　　四个答案中选择一个最恰当的答案。
　　　例如：16, 我昨天买了一＿＿＿＿铅笔。
　　　A.条　　　B.块　　　C.支　　　D.件
　　　我们只能说"我昨天买了一支铅笔"，所以第16题你应该选择C。

11. 你看参加这场比赛的马，哪＿＿＿＿能得第一？
　　　A. 头　　　B. 匹　　　C. 只　　　D. 条

12. 我＿＿＿＿同屋今天晚上都去看比赛，宿舍里没有人。
　　　A. 或者　　　B. 还是　　　C. 和　　　D. 及

13. 您今天有时间吗？我＿＿＿＿跟你谈谈。
　　　A. 就　　　B. 肯　　　C. 敢　　　D. 想

14. ＿＿＿＿有多大困难，这项任务你一定要在10天内完成。
　　　A. 不管　　　B. 尽管　　　C. 即使　　　D. 只要

15. 要说成绩优秀, 我在班里可数不_____, 比我好的多着呢。

  A. 起　　　　B. 来　　　　C. 上　　　　D. 住

16. 张老师对工作_____认真负责, 你尽管放心。

  A. 一致　　　　B. 一向　　　　C. 一味　　　　D. 一律

17. 这件大衣_____长一点儿就好了。

  A. 又　　　　B. 还　　　　C. 仅　　　　D. 再

18. 到今天_____, 我已经到中国整整一年了。

  A. 停止　　　　B. 来看　　　　C. 为止　　　　D. 止住

19. 全国人民在中国共产党的领导下, _____"四个现代化"的伟大目标不断前进。

  A. 往　　　　B. 对　　　　C. 随　　　　D. 向

20. 请替我_____你全家问好。

  A. 向　　　　B. 朝　　　　C. 让　　　　D. 为

21. 敦煌莫高窟是我国三大石窟_____。

  A. 之一　　　　B. 中一　　　　C. 之内　　　　D. 一个

22. 王世俊除了喜欢音乐以外, _____就是喜欢打乒乓球。

  A. 又　　　　B. 更　　　　C. 再　　　　D. 还

23. 请你把这几本书_____刘老师带去。

  A. 送　　　　B. 给　　　　C. 往　　　　D. 去

24. 每只船上都有五六千支箭，_____有十万多支。

    A. 统一　　　　B. 一起　　　　C. 总共　　　　D. 积累

25. 这种事是瞒不_____的，迟早会被别人发现。

    A. 过去　　　　B. 出去　　　　C. 进去　　　　D. 回去

26. _____大家再三劝阻，_____他就是不听。

    A. 即使　也　　　B. 尽管　可　　　C. 因为　所以　　　D. 不管　都

27. 谁知道孩子的下落，请 _______。

    A. 与孩子家长联系马上　　　　B. 马上与孩子家长联系

    C. 马上联系与孩子家长　　　　D. 马上孩子家长与联系

28. 你以后说话要当心，_______。

    A. 不要老是得罪人　　　　B. 不要得罪人老是

    C. 老是不要得罪人　　　　D. 得罪人不要老是

29. 听说，_______后来就没有人住了。

    A. 从前死人那间房子过　　　　B. 那间房子死过人从前

    C. 过那间房子从前死人　　　　D. 那间房子从前死过人

30. 这种玩具我有好些呢，_______吧。

    A. 喜欢就你拿去　　　　B. 你就喜欢拿去

    C. 你喜欢就拿去　　　　D. 就拿去你喜欢

12 模拟试题

1. 请马上A派人B都搬到C商店的仓库D去。　　　把食品

2. 你现在就A把钱B给我, C我D去买东西。　　　好

3. 他A对于B这种事C也不D关心。　　　一点儿

4. A今天B中午, 我要C家去D飞机场接朋友。　　　从

5. 我A今天很忙, B你C身体又不好, D咱们就别去商店了。　　再说

6. 我想A现在你该B明白C我的意思D吧。　　　了

7. 我伸展A睡B了一夜而变得C麻木D的腿脚。　　　着

8. 我的自行车是借的, 你A那B辆自行车C是自己买D吧。　　　的

9. A我B是C谁, D闹了半天是你。　　　当

10. A小王B是个书呆子, C每天D看书就是看书。　　　　除了

第二部分

说明：11~20题, 在每一个句子中间都有一个或两个空儿, 请在句中A, B, C, D
四个答案中选择一　最恰当的答案。

例如：16, 我昨天买了一______铅笔。

A.条　　　B.块　　　C.支　　　D.件

我们只能说"我昨天买了一支铅笔", 所以第16题你应该选择C。

---

11. 我以前对他那么好, ______他现在这样对待我, 真让我寒心。

    A. 不然　　　B. 否则　　　C. 可是　　　D. 以免

12. 一______火车呼啸着开了过来。

    A. 辆　　　B. 列　　　C. 架　　　D. 艘

13. 我想和她再说两句, 可她转______脸去不理我了。

    A. 了　　　B. 过　　　C. 到　　　D. 起

14. 我视力不好, 看不______黑板上写的字。

    A. 懂　　　B. 上　　　C. 动　　　D. 清

15. 出门时我______叮嘱他回来时买油, 可他还是忘了。

    A. 再三　　　B. 往常　　　C. 一向　　　D. 一时

16. 他_____会做出这样的事，真让人吃惊。

    A. 果然   B. 竟然   C. 仍然   D. 当然

17. 他看起来挺年轻，没想到他岁数比我_____大。

    A. 很   B. 不   C. 多   D. 还

18. 他很有语言天赋，_____说六种外语。

    A. 会   B. 肯   C. 能   D. 要

19. 请你解释一下，为什么这样做不行_____？

    A. 吗   B. 呢   C. 吧   D. 啊

20. 他在大会_____号召大家向范玉恕同志学习。

    A. 里   B. 中   C. 内   D. 上

21. 先进的技术，严格的检测，_____这种产品深受顾客欢迎。

    A. 为   B. 使   C. 被   D. 给

22. 我_____一万元奖金捐献给了自己的母校。

    A. 为   B. 把   C. 以   D. 用

23. 大家都不同意他的看法，但又都怕他，不敢说_____。

    A. 过来   B. 上来   C. 起来   D. 出来

24. 都八点了还不回来吃晚饭，十有_____是和朋友在外边吃了。

    A. 八九   B. 七八   C. 五六   D. 六七

25. 王先生向我们_____手, 转身登上了飞机。

　　A. 伸了伸　　　B. 拍了拍　　　C. 挥了挥　　　D. 扭了扭

26. _____明天下雨, 我_____要去旅行。

　　A. 即使　也　　B. 无论　也　　C. 虽然　可　　D. 只有　才

27. _____同意不同意, 你倒是表个态呀!

　　A. 尽管　　　B. 不管　　　C. 只有　　　D. 除非

28. _____________, 打了很多胜仗。

　　A. 带领着军队岳飞抵抗入侵的金国

　　B. 入侵的金国岳飞带领着军队抵抗

　　C. 岳飞带领着军队抵抗入侵的金国

　　D. 岳飞抵抗入侵的金国带领着军队

29. 我昨天 _______, 今天头疼得厉害。

　　A. 很多酒喝了　　　B. 很多喝了酒

　　C. 很多喝酒了　　　D. 喝了很多酒

30. 最近工作很忙, 他___________。

　　A. 工作十几个小时不休息经常一连

　　B. 经常一连工作十几个小时不休息

　　C. 一连工作经常不休息十几个小时

　　D. 十几个小时经常一连工作不休息

13 模拟试题

说明：1~10题, 在每一个句子后边都有一个指定词语, 句中A, B, C, D是供选择的四个不同位置。请判断这一词语放在句子的哪个位置上合适。

例如：6, 我们A一起B去北京C旅行D过。　　没有

"没有" 只有在句子的A位置上, 使句子变成 "我们没有一起去北京旅行过" 才合乎语法, 所以第6题你应该选择A。

1. 刚才他还有说A有笑地和我谈B生活问题, 现在却一动不动C地躺D在医院的病床上。　　着

2. 这件事我A倒B不生气C, 只是觉得D委屈。　　有点儿

3. 我A给你B打了C电话D, 你都不在。　　两次

4. A一年级的新生B都必须C住校, D不能私自到校外租房。　　凡是

5. A我已经B劝了他好几次, 可C他D是不改。　　就

6. 我A是在回家路上B发生交通C事故D。　　的

7. 都一个学期了, 他A还B把实验报告C写D出来。　　没

8. 今天晚上A正好B没C事D, 咱们一起去看电影吧。　　什么

9. A我的计算机水平B都C不如D, 怎么能和您比？　　　连他

10. 我昨天骑A车进城B买C一双上海生产D的运动鞋。　　　了

11. 妻子过生日时, 我送她一_____项链作礼物。
    　　A.把　　　B.条　　　C.颗　　　D.双

12. 你要替我保密, 这个消息千万不能_____她。
    　　A.告诉　　　B.说　　　C.讲　　　D.谈

13. 这里交通_____, 公路, 铁路, 航运都很发达。
    　　A.顺利　　　B.流利　　　C.麻利　　　D.便利

14. 他去韩国已经_______了, 可是一直没给家里写信。
    　　A.一个半月　　B.一月半　　C.一个月又半　月　　D.一半月

15. _____时间不够, 我哪能只去这一个地方？
    　　A.为了　　　B.由于　　　C.要不是　　　D.虽然

16. 最近我忙得_____，恨不得把吃饭和睡觉的时间也利用起来。

    A. 极了　　　　B. 要命　　　　C. 死了　　　　D. 透了

17. 我_____来几天，对这里的情况不太熟悉。

    A. 刚　　　B. 正　　　C. 在　　　D. 刚才

18. 这件事不能再拖了，你明天_____给我一个明确的答复。

    A. 必须　　　B. 能够　　　C. 故意　　　D. 当然

19. 想了半天我_____明白他这句话的意思。

    A. 就　　　B. 才　　　C. 然后　　　D. 已经

20. 今天这桌菜是我们特意_____你准备的。

    A. 使　　　B. 向　　　C. 对　　　D. 为

21. _____那件事以后，我再也不敢马虎大意了。

    A. 当　　　B. 往　　　C. 到　　　D. 从

22. 他自始_____终都不明白这是怎么回事。

    A. 从　　　B. 至　　　C. 到　　　D. 由

23. _____他来说，这不是什么奇怪的事。

    A. 对　　　B. 向　　　C. 给　　　D. 于

24. _____出门时带了雨伞，不然准得挨淋。

    A. 即使　　　B. 除了　　　C. 既然　　　D. 多亏

25. ＿＿＿＿说我们帮助了他们, ＿＿＿＿说他们帮助了我们。

    A. 与其　　不如　　　　B. 因为　　所以

    C. 除非　　才　　　　　D. 不管　　总是

26. 那里风景优美, 气候宜人, 吸引着＿＿＿＿＿＿＿的游人前往。

    A. 千方百计　　B. 成千上万　　C. 百发百中　　D. 千变万化

27. 商场里人太多了, ＿＿＿＿＿＿＿。

    A. 不得了挤得　　B. 得挤不得了　　C. 挤得不了得　　D. 挤得不得了

28. ＿＿＿＿＿＿＿, 咱们不能去爬山了。

    A. 越来越下雪　　　　B. 下雪得越来越大

    C. 雪越下越大　　　　D. 雪越来了越大

29. ＿＿＿＿＿＿＿＿＿＿, 第二天又去蓟县游览了盘山。

    A. 我们先参观游览了市内的景区

    B. 市内的景区我们先参观游览了

    C. 先我们参观游览了市内的景区

    D. 先市内的景区我们参观游览了

30. 离开家久了, ＿＿＿＿＿＿＿＿＿＿。

    A. 心里家中的亲人总想

    B. 家中的亲人心里总想

    C. 心里总想家中的亲人

    D. 总想心里家中的亲人

14 模拟试题

第一部分

说明：1~10题，在每一个句子后边都有一个指定词语，句中A,B,C,D是供选择的四个不同位置。请判断这一词语放在句子的哪个位置上合适。

例如：6, 我们A一起B去北京C旅行D过。　　没有

"没有"只有在句子的A位置上，使句子变成"我们没有一起去北京旅行过"才合乎语法，所以第6题你应该选择A。

1. 这种A以培养听说B能力为主C课叫作"听说D课"。　　　　的

2. 夜深A了，房间里的灯都关B上了，只有壁炉里的木柴着C，照亮D了房间的一角。　　　　着

3. 我可没说过A下B课就马上回C家D。　　　　了

4. 这道题A不算太难，B每个学生都C会D做。　　　　应该

5. 约翰A把鞋B放在C你的椅子上D？　　　　怎么

6. A您如果B有什么需要帮忙的C告诉D我。　　　　尽管

7. 这件衣服虽然A小了B，扔了怪可惜C的，凑合着D穿吧。
　　一点儿

8. 既然你们A不反对，B那C咱们D签定合同吧。　　　　就

9. 他A才学了一年汉语, B看中文报纸时C要D查查词典。　　难免

10. 来帮我搬家的人很多, A就B搬C完了D。　　不一会儿

11. 坐在河岸上, 一_____微风吹来, 顿觉全身清爽。
　　A.阵　　　B.场　　　C.番　　　D.批

12. 时间过得真快, 到今天为止我来中国已经_____年了。
　　A.二　　　B.俩　　　C.两个　　　D.两

13. _______, 她突然哭了起来。
　　A.说一说　　　B.说着说着　　　C.说说　　　D.说了说

14. 我一次_____一次去找他, 可他就是不见我。
　　A.再　　　B.还　　　C.又　　　D.也

15. 昨天打了好几次电话, 可你家电话_____占线, 怎么也打不通。
　　A.一连　　　B.一直　　　C.一块　　　D.一致

16. 都五月了, 怎么这两天倒冷_____了。
    A. 上来　　　B. 过来　　　C. 出来　　　D. 起来

17. 小张_____利用假期好好休息一下儿。
    A. 敢　　　B. 要　　　C. 肯　　　D. 准许

18. 我_____昨天夜里说梦话的事一点儿也不知道。
    A. 关于　　　B. 对于　　　C. 有关　　　D. 至于

19. 孔子死后, 他的学生_____他说过的话整理成《论语》。
    A. 把　　　B. 被　　　C. 使　　　D. 让

20. 我们也没强迫你, 你不_____去就算了, 何必哭呢!
    A. 愿意　　　B. 必须　　　C. 可以　　　D. 应当

21. 那个人低着头在路边_______, 好像在找东西。
    A. 走走来去　　　B. 来去走走　　　C. 走来走去　　　D. 走去走来

22. 我_____今年的研究生要扩招, 你知道详细情况吗?
    A. 听说　　　B. 据说　　　C. 传说　　　D. 按说

23. 问题_____没有解决, _____变得更严重了。
    A. 不但　可是　　　B. 不管　却
    C. 不仅　反而　　　D. 不论　都

24. 在我的印象_____, 他总是手捧一本书。
    A. 上　　　B. 内　　　C. 下　　　D. 中

25. 请通知_____留学生，明天下午在礼堂举行中秋联欢会。

    A. 全体   B. 整个   C. 一切   D. 整体

26. _____没想到，处于中等水平的天津女子排球队竟得了联赛冠军。

    A. 千万   B. 十分   C. 万万   D. 万分

27. 那部电影特没劲，_____大家不爱看。

    A. 顾不得   B. 恨不得   C. 舍不得   D. 怪不得

28. 我刚来一个星期，__________。

    A. 还不太熟悉对这里的情况

    B. 不太熟悉还对这里的情况

    C. 对这里的情况还不太熟悉

    D. 这里的情况对还不太熟悉

29. __________，我随后就到。

    A. 你们马上送他到医院

    B. 送他到医院你们马上

    C. 你们马上到医院送他

    D. 马上你们送他到医院

30. __________，他始终没有上班。

    A. 自从以后摔伤了腿

    B. 自从摔伤了腿以后

    C. 摔伤了腿自从以后

    D. 摔伤了腿以后自从

15 模拟试题

1. 在家A中B能阻止C他哭闹行为的D是他奶奶。　　　　　惟一

2. 经理A叫我B整理整理C送到档案室去D。　　　　把文件

3. 我请求她再给我一次机会, A可B没想到C她D拒绝了我。　　却

4. 他跑A到B教室, 对老师说C："对不起, 我迟到D了。"　　　着

5. 我们公司的职员必须A是B大学毕业C生, 你们公司D呢？
　　的

6. 飞机到达A的时间我已经问B了, 他们说C明天下午四点左右
　　到D。　　　　　过

7. 爸爸很喜欢听音乐, A我B很C喜欢D听音乐。　　　　也

8. 安娜的普通话A说B得C真D好。　　　　可

9. 他A年龄不大, B可是C看的书D不少。   倒

10. 这次参加会议的代表很多, 总数A有B五百C多人D。   大约

11. 听说他穿的那_____皮鞋是在国外买的, 五百多美元呢。
    A.副   B.对   C.双   D.只

12. 这只是我个人的看法, _____这样做好不好, 请你们再考虑一下。
    A.关于   B.对于   C.由于   D.至于

13. 每晚_____睡前, 他都要把一天中发生的事情回忆一下儿。
    A.临   B.离   C.从   D.当

14. 请你_____记住这句话:一寸光阴一寸金, 寸金难买寸光阴。
    A.悄悄   B.牢牢   C.偷偷   D.往往

15. 我有点儿胖, 他比我_____胖。
    A.更   B.确实   C.一点儿   D.很

16. 做完手术_____一天，病人就要求出院。

    A. 刚才　　　　B. 刚　　　　C. 马上　　　　D. 立即

17. 这个地区虽然贫困，可家长对子女的教育问题却_____重视。

    A. 极了　　　　B. 极力　　　　C. 高级　　　　D. 极为

18. 妹妹的成功，让全家都感到脸上有_____。

    A. 亮　　　　B. 笑　　　　C. 面　　　　D. 光

19. 剩下的工作_____我一个人做就行了，大家先回去吧。

    A. 由　　　　B. 对于　　　　C. 使　　　　D. 被

20. _____天气的关系，飞机起飞了晚一个小时。

    A. 为了　　　　B. 因此　　　　C. 自从　　　　D. 由于

21. 从第一次到内蒙古大草原起，我就深深地爱_____了那片美丽的地方。

    A. 到　　　　B. 起　　　　C. 住　　　　D. 上

22. 这次同学聚会_____难得了，到时候咱们得好好聊聊。

    A. 太　　　　B. 很　　　　C. 非常　　　　D. 挺

23. 海尔公司生产的电器产品已经_____世界先进水平，出口二十多个国家和地区。

    A. 得到　　　　B. 受到　　　　C. 达到　　　　D. 收到

24. 他_____技术好，_____有礼貌，要不然大家怎么都喜欢他。

    A. 既　又　　B. 不但　而且　　C. 不是　就是　　D. 除非　还

25. 一家人坐在沙发上，_____吃饭，_____看电视。

    A. 与其　不如　B. 是　还是　　C. 一边　一边　　D. 既然　那么

26. 母亲身体不好，________。

    A. 需要别人照顾　　　　B. 为了别人照顾

    C. 照顾需要别人　　　　D. 需要照顾别人

27. 他的医术实在不怎么样，这种病________。

    A. 你找别的医生看最好　　　B. 找别的医生看你最好

    C. 你最好找别的医生看　　　D. 别的医生看你最好找

28. 你__________呢？丢了怎么办！

    A. 怎么能把包儿交给不认识的人保管

    B. 把包儿交给不认识的人保管怎么能

    C. 怎么能保管把包儿交给不认识的人

    D. 交给不认识的人保管怎么能把包儿

29. 时间还早呢，您________吧。

    A. 一会儿多坐　　　B. 多一会儿坐

    C. 多坐一会儿　　　D. 坐多一会儿

30. 我从早上起来就写，__________。

    A. 到吃晚饭才一直停笔　　　B. 停笔一直才到吃晚饭

    C. 一直停笔到吃晚饭才　　　D. 一直到吃晚饭才停笔

 模拟试题

1．明天的计划是游览A北海再去B参观C亚运村D。　　　　了

2．这种事A是瞒不过去的，B会被C发现D。　　　迟早

3．A人们B逐渐重视使用自然材料，C最近D在汉城等大城市兴起
一股使用黄土制品的热潮。　　　随着

4．由于人们越来越A重视B健康，今后人们在兴建房屋C时会更
多D使用有益健康的建筑材料。　　　地

5．在A求职竞争中，给B面试人员C留下D第一印象十分重要。
良好的

6．报名学开车A不难，但是B要想C通过考试拿到驾驶执照D可不
简单。　　　并

7．目前青少年A自杀人数B不断C增加的问题D引起社会各界广

泛的关注。　　　已经

8. A韩国的风俗, B结婚时C男方家要D送给女方家一个礼箱, 新
   娘家要负担全部家具和各种生活用品。　　　按照

9. A就是我在妈妈B面前哭着喊着找C的那个D人。　　　他

10. 小王一天到晚A就B知道抽烟喝酒C, D不知道学习。　　一点儿

11. 玛丽, 你这_____台灯是在哪儿买的?
    A. 个　　　B. 盏　　　C. 架　　　D. 把

12. 这部电影我虽然已经看过好几_____了, 可还想再看。
    A. 遍　　　B. 趟　　　C. 下儿　　　D. 阵

13. 这件事你一定要小心, _____别出什么岔子。
    A. 万万　　　B. 实在　　　C. 十分　　　D. 千万

14. 这件事交给我办您_____放心。
    A. 随便　　　　B. 连续　　　　C. 继续　　　　D. 尽管

15. 外边很冷, 你出去时要多穿点儿衣服, 不然_____感冒的。
    A. 肯　　　　B. 能　　　　C. 会　　　　D. 应该

16. 王志这个人真笨, _____事都干不成。
    A. 哪个　　　　B. 哪儿　　　　C. 怎么　　　　D. 什么

17. 大家_____为我担心, 我会照顾好自己的。
    A. 不必　　　　B. 未必　　　　C. 不曾　　　　D. 决不

18. 我遇到事情_____感情用事, 总是沉不住气。
    A. 往往　　　　B. 默默　　　　C. 渐渐　　　　D. 悄悄

19. 访问日本的经贸代表团_____30人组成。
    A. 由　　　　B. 被　　　　C. 让　　　　D. 使

20. 我_____历史方面的书籍很感兴趣。
    A. 由于　　　　B. 关于　　　　C. 对于　　　　D. 至于

21. 他已经听懂了警察说的话, 可成心说_______。
    A. 听不懂　　　　B. 听得不懂　　　　C. 不听得懂　　　　D. 不听懂

22. 别看他个子矮, 跑步_____是全校最快的。
    A. 不过　　　　B. 却　　　　C. 然而　　　　D. 但

23. 保龄球我喜欢_____喜欢，就是打不好。

    A. 是   B. 一   C. 就   D. 又

24. 我是刘紫昆呀，怎么，认不_____了？

    A. 过来   B. 起来   C. 出来   D. 上来

25. _____要了解一个国家的文化，_____得先学好这个国家语言。

    A. 不但　而且   B. 宁可　也不   C. 如果　就   D. 即使　也

26. _____大家都听过了，我_____不再多说了。

    A. 因为　所以   B. 既然　就   C. 虽然　可   D. 只有　才

27. 这个提案董事会_______，最终也没通过。

    A. 讨论来讨论去   B. 讨论着讨论

    C. 一直讨论了讨论   D. 讨论去讨论来

28. 老王愁眉苦脸地坐在沙发上，_______。

    A. 不知在什么想   B. 在想什么不知

    C. 不知在想什么   D. 在不知想什么

29. 他刚出生就_________了。

    A. 狠心地被父母抛弃   B. 被父母狠心地抛弃

    C. 父母被狠心地抛弃   D. 狠心地抛弃被父母

30. "上名牌大学——找好工作——多挣钱"，_________。

    A. 努力的方向已成为年轻一代   B. 已成为年轻一代努力的方向

    C. 已努力成为年轻一代的方向   D. 年轻一代已成为努力的方向

17 模拟试题

1. 我正要出门时, 突然A下B起C来D了。　　　　雨

2. A在B全国中医院校中C要D北京中医药大学最有名。　　　数

3. 我一直听A, 开始时很高兴B, 可是听C到后来, 心情越来越紧
　　张D。　　　着

4. 他学的时间不长, 可汉语说A比B我流利C多D了。　　　得

5. 爸爸, 你可要A早B到C幼儿园来D接我。　　　一点儿

6. 中国女足A正在B参加C四国女足邀请赛D而准备。　　　为

7. 蓟县八仙山A风景B不错, C只是交通D不太方便。　　　是

8. 这件事A你B知道, 为什么C说D不知道呢？　　　明明

9. 游览了漓江后, 你A会B被C桂林迷人的景色D吸引住。　　肯定

10. 他病了好些A日子B, 一直C不见好D。　　　　了

1. 放假我想回_____老家, 已经有三年没回去了。

    A. 一回　　　B. 一趟　　　C. 一遍　　　D. 一下儿

12. 这本书你_____借给我看看吗?

    A. 必须　　　B. 应该　　　C. 可以　　　D. 需要

13. 阿里, 你_____借的那本小说已经被别人借走了。

    A. 应　　　B. 能　　　C. 肯　　　D. 要

14. 送货上门给人们的生活带来很大的方便, 同时也_____了劳
动者的就业机会。

    A. 增强　　　B. 增长　　　C. 增进　　　D. 增加

15. 你＿＿＿着急, 问题总会解决的。

    A. 不必   B. 没必   C. 未必   D. 必然

16. 这是我们校长＿＿＿我写的介绍信。

    A. 为   B. 由   C. 向   D. 对

17. 看到诸葛亮送来的十万多支箭, 周瑜无话＿＿＿说。

    A. 可   B. 要   C. 能   D. 想

18. 我＿＿＿社会工作一直很感兴趣。

    A. 在于   B. 关于   C. 对于   D. 由于

19. 这台冰箱和我家的一模一样, 是冰山牌的＿＿＿?

    A. 吧   B. 咦   C. 呢   D. 啊

20. 在新中国成立以前, 我国的农业生产基本上是＿＿＿天吃饭。

    A. 趁   B. 靠   C. 据   D. 以

21. 在那种气氛中, 我根本控制＿＿＿自己的感情。

    A. 不住   B. 不起   C. 不动   D. 不能

22. 如果一根不够长, 你就把两根绳子连接＿＿＿。

    A. 上来   B. 起来   C. 出来   D. 过来

23. ＿＿＿营养越来越好, 现在的孩子普遍比以前高了。

    A. 由于   B. 因此   C. 可见   D. 其实

24. 你＿＿＿老去厕所, 这么一会儿工夫就去了三四次？

    A. 什么　　　　B. 如何　　　　C. 怎样　　　　D. 怎么

25. 我一接电话就听＿＿＿是老同学张小梅。

    A. 起来　　　　B. 上来　　　　C. 出来　　　　D. 过来

26. 这个问题还要进行深入＿＿＿＿, 现在不能草率作决定。

    A. 研究　　　B. 研究一研究　　　C. 研究下去　　　D. 研究研究

27. 我不相信别人说的, ＿＿＿亲眼看见, 我＿＿＿相信。

    A. 不论　都　　　B. 只有　才　　　C. 不仅　还　　　D. 尽管　却

28. ＿＿＿＿, 又把钥匙落在家里了。

    A. 一趟我得回去　　　　B. 回去一趟我得

    C. 我回去得一趟　　　　D. 我得回去一趟

29. 在韩国, ＿＿＿＿＿＿。

    A. 大学的知名度非常重要　　　　B. 非常重要大学的知名度

    C. 知名度的大学非常重要　　　　D. 非常重要的大学知名度

30. 你别瞎说, ＿＿＿＿＿＿。

    A. 没有这样根本的事　　　　B. 根本没有这样的事

    C. 事根本没有这样的　　　　D. 没有根本这样的事

18 模拟试题

第一部分

说明：1~10题，在每一个句子后边都有一个指定词语，句中A，B，C，D是供选择的四个不同位置。请判断这一词语放在句子的哪个位置上合适。

例如：6, 我们A一起B去北京C旅行D过。　　没有

"没有" 只有在句子的A位置上，使句子变成 "我们没有一起去北京旅行过" 才合乎语法，所以第6题你应该选择A。

1. 最近A我们B邀请了C四位教授来中文系D做学术报告。　　先后

2. 老师让大家A保持安静，B可是他C说话D。　　　　偏偏

3. A这道题B太容易了，C小学生D都会做。　　　　连

4. 蓝五吹了一段以后，大家鼓A掌B，拿开C板凳让他们走D。　着

5. 你A真是，B有你C这样D谈恋爱的吗？　　　　也

6. A留学生B多和中国人C交谈D，不多说是学不好汉语的。　应该

7. 5号选手A在场上B表现C让所有D观众大失所望。　　　　的

8. 请你A说B得C慢D，我们的汉语水平比较低。　　　　一点儿

9. 我昨天晚上感到A头昏，恶心B，吃C晚饭D就睡了。　　　　了

"

10. 据说京沪高速铁路建成后，从北京到上海只需A四B个C小时
　　D。　　　多

11. 他猛一抬头，突然发现两_____明亮的目光在看他。
　　　A.条　　　B.道　　　C.行　　　D.双

12. 我怎么听来的就怎么说，你们也_____信。
　　　A.不必　　　B.没必　　　C.不必然　　　D.必然

13. 他一心想出国留学，所以婚后_____没要孩子。
　　　A.连续　　　B.一致　　　C.一连　　　D.一直

14. _____今年4月开始，我转到高级班学习了。
　　　A.离　　　B.往　　　C.到　　　D.打

15. 你们夫妻俩白天都上班，谁_____你们带孩子？
　　　A.给　　　B.让　　　C.使　　　D.由

16. 这么点儿事都办不成，你可真_____笨的！

    A. 够   B. 很   C. 太   D. 特别

17. 在老师的帮助和鼓励_____，他的成绩提高很快。

    A. 上   B. 下   C. 中   D. 外

18. 我看他们今天来不了了，咱们_____别等了。

    A. 可是   B. 总是   C. 还是   D. 要是

19. 我困得_____了，今天不写了，睡觉！

    A. 很   B. 死   C. 不行   D. 极

20. 都十一点了，丈夫也_____回来了。

    A. 能够   B. 应该   C. 需要   D. 可以

21. 别放弃，只要努力，你一定赶得_____其他同学。

    A. 过   B. 了   C. 上   D. 着

22. 你_____，我有点儿事情要问你。

    A. 过来   B. 来过   C. 去过   D. 过去

23. 今天早上_____吃饭，现在感到饿得慌。

    A. 别   B. 非   C. 不   D. 没

24. 他看得入了迷，两个小时不知不_____地过去了。

    A. 觉   B. 感   C. 道   D. 明

25. 工作中我们要_____大处着眼，不要只顾眼前利益和个人利益。

    A. 按   B. 沿   C. 顺   D. 从

26. 遇到这种事，我们感到很_____。

    A. 为难   B. 难免   C. 难以   D. 困难

27. _____火车票买不到，_____只好坐飞机了。

    A. 不仅　而且   B. 既然　就   C. 既　又   D. 只有　才

28. 请不要介意，_________。

    A. 都是气话他说的   B. 他说的都是气话

    C. 他的气话都是说   D. 气话都是他说的

29. 你说的是几年前的事吧，_________。

    A. 我记不得有些了   B. 我有些记不得了

    C. 有些记不得了我   D. 记不得我有些了

30. 帮别人搬了一天的东西，_________。

    A. 我累得要命   B. 要命我累得

    C. 我要命累得   D. 累得要命我

19 模拟试题

1. 结婚以后我们A还B一起C去外地D旅行过。　　没有

2. 我和他下周还A要B再见C面D, 到时候我再跟他说。　　一次

3. 如果你这样问他, 我A断定B他C会D说 "不知道"。　　一定

4. 虽然大家都反对, A他B不C听别人的劝告, D铁了心要贷款办公司。　　可

5. 那次A云南之行B我C终生D难忘。　　令

6. 听着这感人的话语, 看着这动人的场面, 我A激动B说C不出话D来。　　得

7. 我们曾经A请南大的王教授来B作C几次报告D。　　过

8. 她往A楼下一看B, 只见C一群人围D一辆汽车, 不知发生了什

事。　　　着

9. 她A发誓说："我B也C不会相信他D了。"　　　再

10.《生死抉择》A这部B影片在群众中C产生D影响很大。　　　的

11. 小张, 听说最近空调降价了, 你还不赶快去买一_____。
　　　A.架　　　B.座　　　C.台　　　D.套

12. 周瑜对诸葛亮说："现在军中_____箭, 请先生负责赶造十万
　　　支"。
　　　A.缺少　　　B.缺勤　　　C.缺点　　　D.缺席

13. 你真不够意思, 结婚这样的大事怎么不告诉我_____?
　　　A.吗　　　B.吧　　　C.啦　　　D.呢

14. 雪后路滑, 走路可_____小心呀!
　　　A.得　　　B.会　　　C.能　　　D.想

15. 出发前大家详细阅读了有关资料，_____尽快熟悉当地的情况。

    A. 以免   B. 然而   C. 幸亏   D. 以便

16. _____自己有了孩子，_____能真正体会到父母对子女的养育之情。

    A. 即使　也   B. 不是　就是   C. 只有　才   D. 宁可　也不

17. 等了一会儿，雪_____没停，_____越下越大了。

    A. 因为　所以   B. 不仅　反而   C. 既　又   D. 尽管　可是

18. 妻子的工资比我_____高。

    A. 很   B. 还   C. 真   D. 太

19. 刘爷爷每天早上五点钟_____起床去外边锻炼了。

    A. 才   B. 就   C. 曾   D. 总

20. 我要是能看懂，_____请你翻译？

    A. 何必   B. 如何   C. 难道   D. 怎么样

21. 中国现已成为全球发展最快的手机市场_____。

    A. 之一   B. 中一   C. 唯一   D. 一个

22. 这部著作_____传播中国古代文化作出了贡献。

    A. 向   B. 给   C. 于   D. 对

23. 他_____我的话深深地吸引住，坐在那儿一动也不动地听着。

    A. 对   B. 靠   C. 由   D. 被

24. 你每次给我们理发都不收钱, _____ 我们感到过意不去。

    A. 让　　　　B. 把　　　　C. 以　　　　D. 将

25. 只是一点儿轻伤, _____, 上点儿药几天就好。

    A. 不要紧　　　　B. 不客气　　　　C. 不起眼　　　　D. 不得了

26. 他什么都好, 就是工作中粗心大_____。

    A. 情　　　　B. 事　　　　C. 意　　　　D. 手

27. 我还不知道这次_____英语六级考试。

    A. 能不能通过　　　　B. 能没能通过

    C. 能通不通过　　　　D. 能通过不通过

28. 你别生气, _____呢。

    A. 我是跟你闹着玩儿　　　　B. 闹着玩儿我是跟你

    C. 我是闹着玩儿跟你　　　　D. 跟你我是闹着玩儿

29. 快考试了, _____。

    A. 我着手复习从明天开始　　　　B. 着手复习我从明天开始

    C. 从明天开始着手复习我　　　　D. 我从明天开始着手复习

30. 中秋节后, _____。

    A. 月饼的价钱很多降了　　　　B. 降了很多月饼的价钱

    C. 月饼的价钱降了很多　　　　D. 价钱降了很多的月饼

20 模拟试题

说明：1~10题, 在每一个句子后边都有一个指定词语, 句中A, B, C, D是供选择
 的四个不同位置。请判断这一词语放在句子的哪个位置上合适。
 例如：6, 我们A一起B去北京C旅行D过。　　没有
"没有"只有在句子的A位置上, 使句子变成"我们没有一起去北京旅行
过"才合乎 语法, 所以第6题你应该选择A。

1. 他常驻广州, 每隔一A个B月C左右D才能回家一趟。　　　半

2. 吃饭A时候, 李研B常常听C音乐D。　　　的

3. A培养孩子的独立性B是家长C忽视的一个D问题。　　不能

4. 这件事都是我不好, A您B千万别C我D计较。　　跟

5. A好几天B没看见他C, 原来D他回国了。　　怪不得

6. 这么A好的B皮衣服C划了一个口子, D让人心疼。　　真

7. A上次你B请的客C, 今天我D吧。　　来

8. 小王, 老板A叫B你到C办公室去D。　　一下

9. 阿里最爱管闲事A, B事他都要C发表D看法。　　什么

10. 我们边吃边聊，不觉A两B个C钟头D过去了。　　　　多

11. 水是宝贵的，我们要节约每一＿＿＿水。

　　　A. 粒　　　B. 滴　　　C. 颗　　　D. 丸

12. 他连方言都＿＿＿听懂，可见中文水平相当高。

　　　A. 肯　　　B. 会　　　C. 得　　　D. 能

13. 我明天先去白马寺，＿＿＿再去少林寺。

　　　A. 然后　　　B. 后面　　　C. 之后　　　D. 后来

14. 不印完这份文件，我＿＿＿睡觉。

　　　A. 不曾　　　B. 不必　　　C. 不要　　　D. 决不

15. 量＿＿＿体温吧，你看起来有点儿发烧。

　　　A. 一阵　　　B. 一遍　　　C. 一回　　　D. 一下儿

16. 他们总是笑我傻,_____他们才是真的傻呢。

    A. 其实   B. 甚至   C. 不然   D. 可是

17. 他要送我一块高档手表,_____我谢绝了他的好意。

    A. 却   B. 并   C. 也   D. 但

18. _____有多大困难,这件事你一定要在10天内完成。

    A. 假如   B. 因此   C. 不管   D. 既然

19. 今晚的音乐会是_____票入场。

    A. 凭   B. 借   C. 用   D. 以

20. 这样的结果_____人感到很意外。

    A. 使   B. 给   C. 对   D. 为

21. 这次地震_____这一地区造成了严重的损失。

    A. 叫   B. 将   C. 给   D. 令

22. 他_____学习成绩优异,_____其他方面表现得也很突出。

    A. 之所以   是因为   B. 不但   而且

    C. 如果   那么   D. 只要   就

23. _____明天你没有时间的话,会议_____安排在下周吧。

    A. 只有   才   B. 不是   而是

    C. 既然   那么   D. 如果   就

24. 他刚一讲完, 听众不约而同地鼓____掌____。
    A. 起　来　　　　B. 上　去　　　　C. 下　来　　　　D. 过　去

25. 看着他那张____笑非笑的脸, 我不知道该说什么。
    A. 像　　　　B. 似　　　　C. 是　　　　D. 有

26. 中国共产党一贯坚持实事求____的原则。
    A. 是　　　　B. 真　　　　C. 诚　　　　D. 全

27. 我自始____终都不相信他会干这种事。
    A. 到　　　　B. 来　　　　C. 而　　　　D. 至

28. 听说________, 得了第一名。
    A. 这次考得不错你　　　　B. 你这次不错考得
    C. 你考得这次不错　　　　D. 你这次考得不错

29. 我以为她们年龄差不多, 没想到__________。
    A. 李玲比方芳八岁大　　　　B. 比方芳李玲八岁大
    C. 李玲比方芳大八岁　　　　D. 李玲大八岁比方芳

30. 要让孩子__________的好习惯。
    A. 先吃饭前养成洗手　　　　B. 养成先洗手吃饭前
    C. 养成吃饭前先洗手　　　　D. 养成先吃饭前洗手

二十. 정답

1. 명사(名词)

1. A 2. D 3. A 4. A 5. C 6. A 7. A 8. B 9. C 10. D 11. B 12. A 13. C 14. A 15. A 16. D
17. A 18. A 19. C 20. C 21. B 22. C 23. D 24. C 25. B 26. B 27. B 28. C 29. D 30. D

2. 동사(动词)

1. A 2. B 3. B 4. A 5. B 6. C 7. D 8. A 9. C 10. A 11. B 12. C 13. A 14. D 15. A 16. A
17. B 18. C 19. A 20. C 21. C 22. A 23. D 24. C 25. B 26. A 27. C 28. C 29. A 30. A

3. 형용사(形容词)

1. B 2. A 3. B 4. A 5. B 6. C 7. D 8. C 9. B 10. A 11. C 12. A 13. A 14. C 15. B 16. C
17. A 18. C 19. B 20. B 21. C 22. C 23. D 24. A 25. D 26. C 27. B 28. B 29. C 30. A

4. 양사(量词)

1. C 2. C 3. C 4. B 5. C 6. A 7. A 8. B 9. A 10. B 11. D 12. A 13. B 14. A 15. D 16. D
17. C 18. B 19. C 20. A 21. B 22. C 23. D 24. B 25. B 26. A 27. B 28. B 29. C 30. B

5. 수사(数词)

1. A 2. A 3. B 4. C 5. B 6. A 7. D 8. A 9. B 10. C 11. C 12. A 13. D 14. D 15. A 16. B
17. C 18. A 19. D 20. B 21. A 22. C 23. B 24. B 25. A 26. D 27. A 28. C 29. D 30. D

6. 대명사(代词)

1. C 2. C 3. B 4. D 5. B 6. A 7. A 8. C 9. B 10. C 11. B 12. A 13. B 14. B 15. A 16. A
17. B 18. A 19. C 20. B 21. B 22. C 23. C 24. B 25. C 26. B 27. C 28. D 29. A 30. A

7. 부사(副词)

1. D 2. B 3. C 4. A 5. D 6. C 7. B 8. C 9. C 10. B 11. C 12. B 13. B 14. A 15. D 16. A
17. D 18. B 19. A 20. B 21. A 22. B 23. A 24. C 25. B 26. C 27. B 28. B 29. C 30. B

8. 조사(助词)

1. C 2. C 3. D 4. C 5. C 6. B 7. A 8. C 9. C 10. C 11. C 12. A 13. B 14. B 15. B 16. B
17. B 18. B 19. D 20. B 21. C 22. C 23. A 24. D 25. B 26. C 27. B 28. C 29. A 30. C

9. 접속사(连词)

1. A 2. C 3. B 4. C 5. C 6. A 7. D 8. B 9. B 10. B 11. A 12. D 13. B 14. B 15. D 16. A
17. C 18. B 19. A 20. B 21. B 22. C 23. C 24. C 25. C 26. A 27. B 28. A 29. B 30. C

10. 전치사(介词)

1. C 2. C 3. C 4. C 5. B 6. A 7. C 8. A 9. B 10. C 11. A 12. B 13. B 14. B 15. D 16. A
17. C 18. C 19. B 20. D 21. D 22. A 23. B 24. A 25. B 26. D 27. D 28. A 29. A 30. D

11. 성어(成语)

1. B 2. C 3. B 4. D 5. A 6. C 7. D 8. A 9. C 10. C 11. A 12. B 13. B 14. A 15. D 16. D
17. D 18. A 19. C 20. B 21. C 22. B 23. D 24. B 25. A 26. B 27. A 28. D 29. B 30. C

12. 관용어(习用语)

1. D 2. B 3. C 4. B 5. B 6. A 7. B 8. B 9. B 10. B 11. A 12. D 13. B 14. D 15. A 16. D
17. C 18. A 19. C 20. A 21. B 22. D 23. C 24. A 25. C 26. D 27. B 28. A 29. B 30. B

13. 고정어구(固定结构)

1. D 2. A 3. C 4. C 5. D 6. B 7. A 8. C 9. C 10. B 11. B 12. C 13. A 14. B 15. A 16. D
17. A 18. C 19. A 20. D 21. C 22. A 23. D 24. C 25. A 26. A 27. D 28. A 29. A 30. B

14. 한정어, 부사어, 보어(定语, 状语, 补语)

1. B 2. B 3. C 4. A 5. D 6. B 7. B 8. A 9. A 10. C 11. B 12. C 13. D 14. C 15. C 16. B
17. D 18. B 19. A 20. A 21. A 22. B 23. A 24. D 25. A 26. B 27. D 28. A 29. C 30. B

15. 방향보어(趋向补语)

1. A 2. B 3. B 4. B 5. A 6. D 7. C 8. A 9. D 10. C 11. D 12. A 13. A 14. B 15. B 16. A
17. D 18. C 19. A 20. C 21. B 22. C 23. B 24. D 25. A 26. B 27. B 28. A 29. A 30. B

16. 특수문형(几种特殊句型)

1. B 2. B 3. C 4. B 5. B 6. A 7. C 8. D 9. C 10. B 11. C 12. B 13. A 14. B 15. B 16. A
17. B 18. A 19. A 20. B 21. A 22. A 23. B 24. A 25. A 26. D 27. A 28. C 29. C 30. D

1. D　2. C　3. D　4. C　5. A　6. D　7. A　8. D　9. A　10. B　11. C　12. D　13. D　14. C　15. A　16. D
17. D　18. A　19. A　20. A　21. D　22. B　23. C　24. A　25. C　26. D　27. C　28. C　29. C　30. C

18. 어순(语序)

1. C　2. A　3. C　4. C　5. A　6. B　7. D　8. D　9. B　10. C　11. C　12. B　13. D　14. A　15. B　16. A
17. B　18. A　19. D　20. C　21. B　22. C　23. B　24. C　25. B　26. A　27. C　28. D　29. D　30. A

19. 모의고사(模拟试题)

模拟试题 1

1. C　2. B　3. B　4. D　5. C　6. B　7. C　8. B　9. C　10. D　11. D　12. D　13. B　14. A　15. B　16. D
17. C　18. B　19. D　20. B　21. A　22. A　23. D　24. A　25. C　26. A　27. C 28. A　29. A　30. C

模拟试题 2

1. D　2. C　3. C　4. B　5. B　6. C　7. C　8. C　9. A　10. A　11. D　12. D　13. A　14. B　15. A　16. B
17. B　18. C　19. C　20. D　21. C　22. C　23. A　24. C　25. A　26. B　27. B 28. C　29. C　30. A

模拟试题 3

1. C　2. D　3. C　4. C　5. B　6. C　7. C　8. D　9. C　10. B　11. D　12. B　13. A　14. A　15. B　16. C
17. D　18. D　19. C　20. C　21. C　22. C　23. D　24. C　25. A　26. C　27. D　28. B　29. B　30. D

模拟试题 4

1. C　2. B　3. C　4. C　5. C　6. C　7. C　8. B　9. B　10. A　11. A　12. C　13. C　14. C　15. A　16. D
17. B　18. A　19. B　20. C　21. A　22. D　23. B　24. B　25. A　26. D　27. C　28. B　29. D　30. D

模拟试题 5

1. C　2. D　3. A　4. C　5. B　6. C　7. A　8. B　9. B　10. A　11. A　12. C　13. B　14. D　15. D　16. A
17. D　18. A　19. C　20. D　21. A　22. D　23. B　24. A　25. A　26. A　27. C　28. A 29. B 30. B

模拟试题 6

1. C　2. D　3. D　4. B　5. A　6. A　7. C　8. D　9. D　10. B　11. D　12. A　13. C　14. D　15. B　16. B
17. A　18. A　19. C　20. A　21. B　22. B　23. A　24. D　25. A　26. A　27. C　28. D　29. A　30. C

模拟试题 7

1. A　2. A　3. D　4. C　5. B　6. D　7. A　8. A　9. C　10. D　11. B　12. D　13. A　14. D　15. B　16. D
17. A　18. B　19. B　20. C　21. A　22. C　23. B　24. C　25. D　26. A　27. C　28. D　29. C　30. A

模拟试题 8

1. D　2. A　3. C　4. C　5. B　6. D　7. C　8. D　9. C　10. C　11. C　12. A　13. C　14. A　15. A　16. C
17. C　18. C　19. A　20. D　21. C　22. D　23. B　24. D　25. D　26. C　27. D　28. C　29. A　30. D

模拟试题 9

1. D　2. B　3. D　4. C　5. D　6. A　7. B　8. C　9. C　10. C　11. B　12. C　13. B　14. C　15. A　16. D
17. B　18. C　19. B　20. A　21. B　22. A　23. D　24. D　25. C　26. B　27. D　28. B　29. D　30. A

模拟试题 10

1. B　2. D　3. D　4. B　5. C　6. D　7. D　8. A　9. D　10. C　11. A　12. B　13. A　14. C　15. D　16. C
17. B　18. B　19. A　20. C　21. A　22. B　23. D　24. C　25. A　26. B　27. C　28. B　29. D　30. A

模拟试题 11

1. D　2. C　3. D　4. C　5. C　6. B　7. C　8. B　9. C　10. D　11. B　12. C　13. D　14. A　15. C　16. B
17. D　18. C　19. D　20. A　21. A　22. C　23. B　24. C　25. A　26. B　27. B　28. A　29. D　30. C

模拟试题 12

1. B　2. D　3. C　4. C　5. B　6. D　7. A　8. D　9. B　10. D　11. C　12. B　13. B　14. D　15. A　16. B
17. D　18. A　19. B　20. D　21. B　22. B　23. D　24. A　25. C　26. A　27. B　28. C　29. D　30. B

模拟试题 13

1. B　2. D　3. C　4. A　5. D　6. D　7. B　8. C　9. B　10. C　11. B　12. A　13. D　14. A　15. C　16. B
17. A　18. A　19. B　20. D　21. D　22. B　23. A　24. D　25. A　26. B　27. D　28. C　29. A　30. C

模拟试题 14

1. C　2. C　3. B　4. C　5. A　6. C　7. B　8. D　9. C　10. A　11. A　12. D　13. B　14. C　15. B　16. D
17. B　18. B　19. A　20. A　21. C　22. A　23. C　24. D　25. A　26. C　27. D　28. C　29. A　30. B

模拟试题 15

1. B 2. B 3. D 4. A 5. D 6. B 7. B 8. C 9. D 10. A 11. C 12. D 13. A 14. B 15. A 16. B
17. D 18. D 19. A 20. D 21. D 22. A 23. C 24. B 25. C 26. A 27. C 28. A 29. C 30. D

模拟试题 16

1. A 2. B 3. A 4. D 5. D 6. A 7. D 8. A 9. A 10. D 11. B 12. A 13. D 14. D 15. C 16. D
17. A 18. A 19. A 20. C 21. A 22. B 23. A 24. C 25. C 26. B 27. A 28. C 29. B 30. B

模拟试题 17

1. C 2. D 3. A 4. A 5. B 6. B 7. B 8. B 9. A 10. B 11. B 12. C 13. D 14. D 15A 16. A
17. A 18. C 19. A 20. B 21. A 22. B 23. A 24. D 25. C 26. A 27. B 28. D 29. A 30. B

模拟试题 18

1. B 2. C 3. C 4. A 5. A 6. B 7. B 8. D 9. C 10. C 11. B 12. A 13. D 14. D 15. A 16. A
17. B 18. C 19. C 20. B 21. C 22. A 23. D 24. A 25. D 26. A 27. B 28. B 29. B 30. A

模拟试题 19

1. B 2. C 3. C 4. A 5. B 6. B 7. C 8. D 9. B 10. D 11. C 12. A 13. D 14. A 15. D 16. C
17. B 18. B 19. B 20. A 21. A 22. D 23. D 24. A 25. A 26. C 27. A 28. A 29. D 30. C

模拟试题 20

1. B 2. A 3. C 4. C 5. A 6. D 7. D 8. D 9. B 10. C 11. B 12. D 13. A 14. D 15. D 16. A
17. D 18. C 19. A 20. A 21. C 22. B 23. D 24. A 25. B 26. A 27. D 28. D 29. C 30. C